SHIWAN GE WEISHENME

十万个为什么

科技天下

新世纪版

朱照宏 沈福熙 主编

U0732421

少年儿童出版社

工程科学分册

　主　编　朱照宏　（同济大学　教授）
　　　　　沈福煦　（同济大学　教授）

撰稿者（排名不分先后）

　　杨　櫅　孙　钧　孙承元　王西秩　韩王荣
　　罗伟忠　黄　蔚　王　瑜　裘树平　朱洁茹
　　朱忠隆　郝思军　钱平雷　茅以升　王燮山
　　刘鸿越　杨　谋　吴润元　吴惟龙　应书填
　　沈新生　林　秀　柯　依　诸伟方　陶世龙
　　曹富津　湜　介　谢　础

SHIWANGE

WEISHENME

目录

十万个为什么（新世纪普及版）

SHIWANGE WEISHENME

1

未来的交通将是什么样的

你想像过乘上火箭去太空旅游吗？你能相信汽车既能在陆地上行驶，又能在空中飞翔、在大海里航行吗？如果你想周游世界，只要在家中将旅行计划输入电脑，一切交通过程都将被妥善安排好……这听起来像是一种幻想，但这个"梦"完全有可能在不久的将来成为现实。

在未来，随着科学技术的不断发展，无论是新型交通工具的外观、性能、燃料方面，还是交通的观念和形式上，都将发生

许多重大的改变。例如，全电脑控制的水、陆、空三用汽车将问世：当你在地面道路上行驶遇到堵车现象时，它可以自动升空飞行；当你来到海边时，它又能直接驶入大海，像游艇一样地航行。未来的火车速度将超过音速，以超导磁悬浮列车为代表的新型火车，配上特别的真空隧道，行驶速度将达到 1000 千米/时以上，那时，更多的人将选择火车而不是飞机作为旅行工具。

你一定知道双体客轮，它的特点主要是稳定性好，载客多。目前，科学家正在研究将这种交通形式"移植"到空中。预计有 4 个发动机的双机身巨型客机，将能乘载 2000 名以上的乘客，而且速度快，稳定性也大大增强。

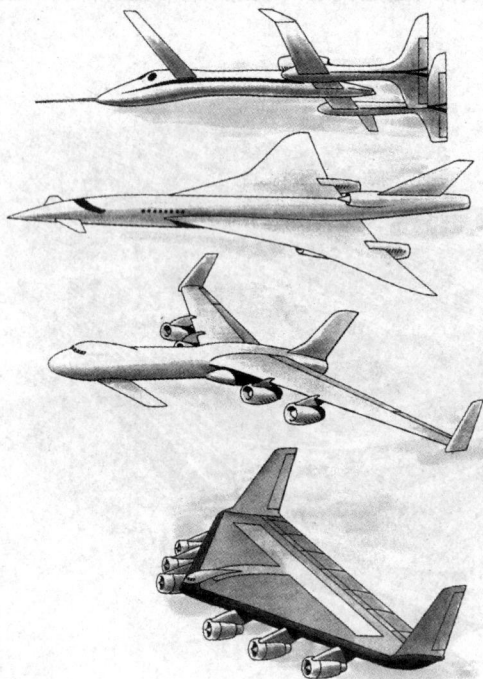

在不久的将来，潜水艇将不再是军事和科研的专用工具。人们将乘坐海底观光潜艇，

潜到几百米深的海底世界,观赏海底的奇妙景色。潜水艇还将成为一种实用的大型交通工具,因为在水下航行,不受风浪影响,旅客将感到特别的平稳、舒适。

在不久的将来,各种交通工具将主要以太阳能、原子能为能源,它们不但清洁无污染,而且动力强大、取之不尽。所有的车、船、飞机等,都将由电脑控制,既准确又安全。而且,未来的交通工具外表美观、装备舒适,使人们在乘坐时绝无旅途劳累的感觉。

☞关键词:未来交通工具

为什么各种交通工具可以并行不悖

我们都知道,要跨越海洋或渡过没有架设桥梁的河流,需要借助船舶为交通工具,当然也可以乘坐飞机;而在陆上旅行时,如果旅途较长,常常需要乘坐火车,或者乘飞机以缩短旅行时间,短途情况下则以乘汽车最为方便。现在,许多地区和城市之间的交通十分发达,如上海和南京之间,就有飞机、火车、汽车和轮船等交通工具可供人们选择。这些交通形式相互竞争,但却能长期共存,这是为什么呢?

原来,各种交通形式各有所长,因此都有存在和发展的价值。火车基本上不受气候情况的影响,不管是刮风下雨,还是起雾飘雪,火车通常都能准时开车、准时到站;火车的速度也比较快,安全性较好,因而长期以来,一直是长途陆运的主要工具,如我国南北东西的物资调运,主要就是以铁路为运输形式的。公路运输是近年来发展最快的交通运输方式之一，尤其是随着各地高速公路的建成和汽车性能的大大提高，汽车行驶的速度已可以和火车相比了。公路交通运输的最大优势，就是公路网络四通八达，汽车行驶机动灵活，可以到达城乡的每一个角落，无论是乘客还是货物，都能实现"门到门"的服务，因此受到人们的广泛欢迎。但与火车相比，汽车在人力、物力和能源等方面的耗费都比较高。

在所有交通工具中，飞机的速度最快，但能源消耗和运输成本也最高；而船舶的航行速度最慢，而且最容易受恶劣气候的影响。对于现代社会崇尚时间价值的人们来说，由飞机来实现快速交通和运输，无疑是一种理想的选择。不过，船舶运输虽然速度较慢，但像煤炭、石油、矿石、粮食及建筑材料等货物，由于其体积和数量巨大，价值相对较低，且往往需要通过跨海进行长途运输，因此选择水路船运仍然是比较实际的方式。同时，作为观光旅游的一种载体，船舶也是一种很好的休闲和旅行相结合的交通工具。

随着社会经济的发展，交通运输的速度也有了很大提高。客运飞机的速度早已突破了音速，高速铁路的车速已达到200千米/时，高速公路上的汽车时速普遍超过了100千米，连高速船也达到了与汽车速度相近的80千米/时。同时，人们的物质生活也得到了极大的丰富，在公务、旅游、寄运货物等场合，可以根据时间、费用、气候以及个人爱好等因素，方便地选择合适的交通和运输方式，这就是各种交通工具能够并行不悖的原因。

☞ 关键词：交通工具

为什么越野车能轻松地翻山越岭

如果你是一名体育爱好者,就一定不会对紧张、刺激的汽车拉力赛感到陌生:无论是沙尘飞扬的沙滩荒漠,还是泥泞崎岖的山区公路,或者是湿滑难行的浅河石滩,都无法阻止越野车勇往直前的车轮……

为什么越野车能轻松地翻山越岭呢?

原来,越野车的设计结构不同于普通汽车。越野车的功率一般比较大,它的 4 个车轮全都具有驱动功能,而普通汽车一般采用两轮驱动,因此,越野车在爬坡时常常显得特别"轻松"。越野车的刹车性能也十分优良,非常适合于需要急停急动的复杂道路条件。

更重要的是,越野车的底盘离地较高,这样,在高低不平

的路面上行驶时,就不易碰伤车体了。同时,越野车的转弯本领也极高,能在很小的范围内转弯、掉头,这当然特别适合在山地公路上行驶了。

另外,越野车的轮胎通常比较大,也比较宽,这样就能提高车辆的离地间隙,增加轮胎与地面的接触面积。我们知道,汽车在松软的路面和沙滩上行驶时,车轮会因陷在泥沙中而大大影响行进速度,而宽轮胎就可以缓解车轮下陷的程度,从而保证汽车的驱动性能。目前,许多越野车采用调压轮胎,汽车在行驶时,驾驶员可以根据不同路面来调节轮胎气压,改变轮胎的宽度。如汽车在坚硬的路面上行驶时,可保持较高的胎内气压,以减少滚动阻力和轮胎的磨损;当汽车行驶在松软的泥沙路面上时,可使胎内气压降低约一半;如果是在沼泽地带或雪地上行驶,胎内气压可再减小一半,以便加大轮胎与地面的接触面积,降低轮胎对地面的压力,提高其附着性能。

越野车有了这么多优良的性能,难怪它能轻松地翻山越岭了。

关键词:**越野车**

极地越野车和普通汽车有什么不同

对地球的两极进行科学考察,是人类探索生存环境过程中既十分重要又非常艰难的一步。极地,对于大多数人来说,是个非常遥远和模糊的概念,但对于科学工作者而言,它所蕴藏着的资源和对地球环境的影响等许多方面,都是大自然中有待探索的重要领域之一。

　　进行极地科学考察首先遇到的问题就是交通工具。虽然破冰船能够压破厚厚的冰层，将考察者送上南极大陆，但要从南极大陆的边缘，跨过一望无际、终年为冰雪覆盖的土地，向南极的腹地行进，没有适当的交通工具显然是不行的。乘坐飞机虽然可以直接抵达南极的内陆，但要进行大范围的科学考察活动，还是需要一种特殊的交通工具。

　　许多人都知道，普通汽车在冰雪路面上行驶时，由于摩擦力太小，车轮往往会空转，因而前进非常困难。雪橇是一种传统的雪上交通工具，它在不少寒冷的地区被广泛采用。但雪橇要靠狗或驯鹿来拖拉，载人载物非常有限，速度也太慢，显然不能满足大规模的科学考察之需。有没有一种更好的极地交通和运输工具呢？

　　科学家通过不断研究和试验，设计制造出了一种新颖的极地越野车。和普通汽车相比，极地越野车的最大特点就是"车轮"部分发生了根本性的改变。科学家从生活在极地的企鹅和海豹身上获得了启示：平时走路蹒跚的企鹅，时常会趴下身体，用退化了的翅膀配合带蹼的脚掌，用力蹬踏冰雪，使身体在冰雪上快速滑行；看起来十分笨重的海豹，则是用演化成鳍脚的四肢，来帮助身体贴在冰面上灵活行动的。因此，极地越野车的行走部分被设计成一种特殊的轮勺，它既有些像脚，又类似坦克履带。行进时，车底贴在冰面上，轮勺飞快转动，通过不断"抓挖"冰雪的表层，使车辆向前行驶。这种行进方式不同于简单的在冰面上滑行，因为它可以通过控制装置，准确灵活地转弯、变速，改变了普通汽车在冰面上"滑到哪里是哪里"的失控状况。

目前，性能较好的极地越野车速度已达到 50 千米/时，这使极地考察工作具备了很好的交通运输基础。

☞ 关键词：极地越野车

为什么高速客车广泛采用无内胎轮胎

随着城市交通的日趋高速化，城市内以及城市与城市之间的高速公路日益完善，高速客车以其乘坐的舒适性、行驶的灵活性而深受人们的欢迎，并已经开始逐步取代传统的铁路运输，成为人们出外旅行的主要代步工具。

但是多年来，高速客车的发展却一直受到其本身的弱点——轮胎的制约。由于轮胎的原因，爆胎成了高速公路交通事故的主要起因。目前，国内外许多汽车轮胎生产厂家，都在致力于研究高速轮胎，与此同时，不少世界名牌车辆普遍采用了无内胎轮胎。

什么是无内胎轮胎呢？顾名思义，无内胎轮胎就是轮胎没有内胎，只有外胎。它的外形与普通轮胎相似，但空气是直接压入外胎中的。

无内胎轮胎的特别之处既简单、又重要，那就是轮胎只有在爆破时才会失效。对于无内胎轮胎来说，空气只能经由胎体泄出。当轮胎被刺破后，空气只能从被刺穿的胎孔中泄出，因而漏气很慢，压力不会急剧下降，轮胎通常仍能安全地继续行驶相当长一段时间。甚至在某些情况下，当轮胎被利物穿孔后，由于轮胎本身处于压缩状态而紧裹着穿刺物，这时候它几

8

乎不漏气;即便将穿刺物拔出,亦能暂时保持轮胎内气压,汽车可继续行驶。

由于无内胎轮胎没有内胎和衬带,汽车在行驶中,轮胎由于摩擦产生的热量可从轮辋中直接散出,消除了内、外胎之间的摩擦,所以,无内胎轮胎的行驶温度较普通轮胎低 20% ~ 25%,这将十分有利于汽车高速行驶。此外,无内胎轮胎结构简单,重量轻,且轮胎的使用寿命也比普通轮胎长约 20%。

当然,无内胎轮胎也并非十全十美,它对制造材料及生产工艺的要求较高,胎圈与轮辋的密封较为困难,充气时需要专门的装置来进行,途中修理也不太方便。

关键词:无内胎轮胎　高速客车

"走合车"是什么意思

公路上车水马龙。在川流不息的各种汽车中,你常常可以看到,在一些汽车的后车窗玻璃上,贴有"走合车"字样的标签。它是什么意思呢?

汽车开动,实际上是其内部许多机械的运动组合,它是通过许多组零件的相互配合运动来实现的。新车或经过大修的汽车,尽管经过了生产磨合,但零件的加工表面总是存在各种几何偏差,以及肉眼很难看见的凹凸不平,零件之间相互运动的间隙很小,零件表面和润滑油的温度也很高,因此零件磨损很大。如果这时车辆高速运转甚至满负荷工作,则会加剧零件的磨损。为了使汽车逐渐达到良好的技术状况,就必须要规定汽车的走合期。"走合"的意思,就是指车辆在行驶中逐渐磨合。在走合期内,汽车各零件经过比较"温和"的磨合过程,改善零件的表面摩擦状况,逐渐形成比较光滑、耐磨而可靠的工作表面,以承受正常的工作负荷。现在,"磨合"一词还常被用来形容一支球队或一个集体中的成员相互适应、增强配合的过程。

汽车的走合期通常为行驶 1000~1500 千米,相当于 40~60 个工作小时。汽车在走合期内,载重量一般不得超过额定载荷的 80%,不允许拖挂或拖带其他机械,最高车速一般不超过 40~45 千米/时。另外,发动机在启动时,预热温度应超过 50℃。走合期内的汽车,还应尽量避免在恶劣的道路条件下行驶,以减轻汽车各部分所受的震动和冲击。在行驶 150 千米后,需仔细检查机件情况,消除漏水、漏油和漏气现象;在行驶 500 千米后,要更换润滑油。

☞ 关键词: 走合车　磨合

为什么液罐汽车都采用圆形的车厢

液罐汽车是一种特殊用途的运输工具,用来装运液体物资。特别是当它运载一些容易燃烧和挥发的液体,如汽油、柴油等,这时候,液罐汽车上常常标有"严禁烟火"的字样,有的还在车头插有一面黄色的小旗,上面标写"危险"二字,这都是用来提醒行人和过往车辆,注意避让。

如果你仔细观察,会发现这些液罐汽车的车厢都是圆形的。这是为什么呢?

　　学过几何的人都知道,同样面积的材料,以圆形围成的体积最大,但这并不是液罐汽车外形设计的主要依据。由于液罐汽车是运输易燃液体或其他液体的,罐内必须留有一定空间,目的是防止液体受热膨胀,使罐体受到过大的内应力而破裂。通常,在装运易燃液体或其他液体时,罐体内至少应保留5%的空余容积。但是,车辆在行驶中,由于路面情况会产生一定的跳动和机械振动,由于罐内留有一定的空隙,因而车辆的震动便引起液体的晃动,对罐内壁产生冲击力。如果罐体是圆形的,震动所产生的冲击波就会沿罐体的圆周方向均衡地分散到罐壁上,不会造成应力过于集中的现象,使罐体破裂。如果罐体外形是像集装箱那样的长方形,车辆在震动时产生的液体冲击力容易造成应力集中,罐体的棱角部位由于承受应力过大,可能产生破裂。

　　另外,

液罐为圆形的汽车一般行驶比较稳定,结构强度比较高,即使发生碰撞和摩擦,也比有棱有角的方形车厢更不易破损。

冷藏车有什么特别之处

中国是世界上地域最宽广的国家之一, 但由于南北相距千里,许多物资的运输就不很方便了,特别是一些容易腐烂变质的食品,过去常常难以长途转运。

早在唐朝时,传说中唐玄宗为讨杨贵妃的欢心,命人用驿马接力的方式, 日夜兼程将南方特产的热带水果——荔枝送到长安(今西安市),供杨贵妃品尝。即便如此,容易腐烂的荔枝在送抵长安时,也已不太新鲜了。

随着交通运输事业的发展, 各种快速交通运输工具使物资的转运变得越来越方便、迅捷。如用飞机将南方的荔枝运送到北方任何城市,最多只需几个小时。可是,飞机运输成本较高,且运量有限。有没有一种运价低、运量大、保鲜效果又好的运输方式呢?

冷藏车的出现,使许多容易腐烂变质的水果、肉类、冷饮等食品,能够在冷冻保鲜的条件下实现长距离运输。

冷藏车分为冷藏汽车和铁路冷藏车两大类。冷藏汽车主要运用于城市内部的食品转运,如将冷饮、鲜果、鱼肉等从工厂运送到各个商店, 有时也进行中、短距离的城市间冷藏运输。铁路冷藏车则担负起中、长距离的冷藏食品运输任务。

过去，一些冷藏车采用加冰冷藏的方式来制冷，也就是在冷藏车的车厢内，放置许多大块的冰块和盐的混合物，这能使车厢内环境温度保持在 -8℃ 以下。可是，这种制冷方式只能维持有限的一段时间，如果要进行长途冷藏运输，必须在运输线路沿线设置一系列加装冰盐的场所，以使冷藏车不断补充"冰源"，保持冷藏效果。

现在，机械冷藏车得到了更广泛的使用。它的工作原理和家用电冰箱基本相同，也是通过制冷剂吸收热量后汽化，汽化后的制冷剂进入压缩机增压和升温，再进入冷凝管冷却成液体，随后进入新一轮吸热制冷过程。机械冷藏车能长时间地使车厢内温度保持在 -18℃ 以下，因此，许多人把这种冷藏车称为"移动的超级大冰箱"，既形象，又准确。

随着人们生活需求的不断增加，冷藏保鲜技术也有了越来越多的发展。除了对需要冷藏的食品本身进行各种有效的保鲜处理，冷藏船、冷藏集装箱等储运工具和方式也相继出现，这为冷藏物资的运输提供了更实际的选择。

☞ 关键词：冷藏车　冷藏　保鲜

为什么小排量出租汽车将被淘汰

多年以来，在我国的许多城市，车型较小而价格相对低廉的天津夏利，一直占据着出租汽车行业的半壁江山。据统计，在上海市的出租汽车中，以夏利车为主的排量小于 1.6 升的小轿车，曾占到整个出租汽车量的 55%。在全国的其他城市，此比例也居高不下。可是自 1995 年起,上海市的出租汽车管理部门规定,发动机排量为 1.6 升以下的出租汽车,使用年限不得超过 5 年或行驶总里程不得超过 30 万千米,在实际上开始逐步淘汰小排量的出租汽车。这是为什么呢?

原来,在上海这样的现代化大都市,随着城市道路交通设施的逐步完善,交通的拥挤状况已得到了很大的改观,这为城市交通的快速运行创造了条件,同时也对各种车辆的快速通过性能提出了更高的要求。出租汽车作为城市交通的一个重要工具,当然也要适应这种变化。我们知道,汽车的车速决定于它的功率大小,而车辆的功率是以汽缸的排量大小来表示的,排量大的汽车,能达到的车速当然就较高。而排量在 1.6 升以下的车辆要达到较高的车速,就必须始终处于高负荷运转状态,造成发动机早期磨损,油耗上升,并由于燃料未充分燃烧而污染环境。

另一方面,出租车作为人们出门代步的一种交通工具,往往要求乘坐环境较为舒适,如空调的使用率较高等。但是,空调的动力同样来自于发动机,也就是说,空调的使用是以牺牲一部分动力为前提的,这势必对发动机功率提出更高的要求。在实际上,一些小排量的出租车在开足空调时,不但车速大大降低,有时在爬坡时还会突然熄火抛锚,造成交通堵塞。

因此,淘汰小排量的出租汽车,从根本上来说,是为了满足日益发展的现代城市的交通需求。

☞ 关键词:**出租汽车　排量**

为什么会有"五轮汽车"

我们平时看到的汽车，通常都只有四个车轮。有些大卡车虽然有许多个轮胎，但它们总是形成四组车轮，分别组成车辆的左前轮、右前轮、左后轮、右后轮，这当然不包括两节的公交巨龙车和超长的大型平板车。可是，你见过有五个(组)车轮的汽车吗？

原来，五轮汽车是针对一二百吨以上的载重卡车而设计的，它主要用于矿山工程。载重卡车虽然载重量大，但它们却有自己的弱点，那就是"笨手笨脚"，特别是转弯、掉头时显得

不够灵活。为了提高载重卡车的灵活性，汽车设计师想到给汽车安装第五个轮子。

第五个车轮设置在载重卡车前部的正中位置。当汽车在平常的道路上直行时，第五个轮子就被提起来，藏在前保险杠下边。当遇到转弯时，司机就按下专门的按钮，开动液压机，把第五个车轮放下来。这时，左右前轮被抬离地面，汽车由两个后轮与前面的第五个车轮支持。五轮汽车的奥妙就在于，三个支点转弯要比四个支点转弯容易得多：车辆转弯时，只要踩住刹车，使后轮保持不动，然后拨动方向盘，通过控制车头的第五个轮子来拐弯，后轮便会随之渐渐扭转，使整个车辆很快调整方向。依靠三个轮子运转，汽车就能在 15 分钟左右的时间里做 180°大转弯。而如果是普通的四轮卡车，即使是最有经验的驾驶员，要想在不宽的路面上勉勉强强转这么一次弯，往往需要花费更多的时间和力气。更何况如果是大吨位的重型卡车，要在较窄的路面上转弯、掉头，简直就像大军舰开进了小河沟，几乎无法动弹。而有了第五个轮子，载重卡车就像装上了一个活络的关节，能自如地转弯了。

☞ 关键词：**五轮汽车　车辆转弯**

什么是"顶级车"

近年来，我国与许多世界发达国家不断进行汽车技术方面的交流，各种高级轿车也渐渐涌入我国，如"奔驰"、"凯迪拉克"、"克莱斯勒"、"公爵王"、"宝马"等。这些豪华轿车驶上街头,往往特别引人注目,更受到爱车人士的赞赏。人们往往把它们称为"顶级车"。

究竟什么是"顶级车"呢?

顶级车,首先要有精心的外观设计,高雅独特的造型,强劲的功率,豪华的内饰,齐全的设备;其次,要有周全的乘坐舒适性和观赏性,灵巧新颖的操作性,而更重要的是由此而产生的长久的声誉和影响力。

很久以来,人们一直把英国生产的"劳斯莱斯"轿车看作是顶级车之冠。其实,纵观汽车百年发展史,顶级车排行第一的,当数英国的阿斯顿·马田·拉贡达公司生产的"维利亚"牌轿车。这是一种大型轿车,车身造型为古典风格,线条流畅,衔接和过渡极为自然、完美。该车安装了先进的电子通信设备,其内饰极为豪华舒适,是当今名车世界中最杰出的代表,价格达到 60 万美元。

顶级车中名列第二的是意大利罗达斯公司生产的"布加迪 EB112"超级轿车,其价格接近 50 万美元。它在总体上和"维利亚"相当,只是车窗较大,后车厢和乘坐厢连为一体。该车从启动加速到 100 千米/时,只需 4.7 秒钟,最高车速为300 千米/时。

而我们所熟悉的"劳斯莱斯"轿车,在顶级车排列中只能居第三位。其实,"劳斯莱斯"并非汽车商标,而是公司的名称,该公司生产"劳斯莱斯"和"本特利"两个系列几十个牌子的轿车,其最高级别是"银灵"车。

☞ 关键词:顶级车

未来的安全汽车是什么样的

全世界的汽车数量多达数亿辆，其中的大部分集中在一些大城市中。由汽车行驶造成的交通事故，给车辆、行人带来极大的不安全因素。据统计，我国每年因汽车交通事故伤亡的人数就有约 5 万人。因此，汽车驾驶的安全性一直是汽车重要的技术性能指标之一，在目前，它主要是通过汽车的转向可靠性和制动有效性来实现的。

那么，随着交通设施建设和功能的不断完善，未来的汽车将如何来提高安全性能呢？

对于汽车驾驶者来说，许多设计巧妙的安全汽车，将使驾驶汽车变得更轻松、安全。例如，有一种装有弹射椅的汽车，汽车座椅用特殊的方式与强力弹簧助推器连接在一起，座椅内配备有降落伞。当汽车遇到险情并危及驾乘人员生命时，只要一按开关，车顶盖板即自动打开，强力助推器能将人连座椅迅速抛到数十米的高空，同时，降落伞迅速打开，使驾驶员连人带椅子一起缓缓降落着地。

汽车工程师还设计了"长翅膀"的汽车。这种汽车具有特殊的滑翔功能。当汽车发生坠崖或冲出高速公路路沿等险情时，只要一按开关，两侧车门便迅速展开成机翼状，同时启动翼上的发动机，使汽车加快滑坡速度，汽车能像飞机一样平稳地安全着落。

还有一种反冲击力汽车。这种汽车除了原有的发动机外，还装有一套类似火箭的喷气装置。当疾速行驶的汽车即将发生碰撞事故时，只要启动喷气装置开关，汽车就能喷射出强大的气流,将汽车往反方向推进,从而及时避免车祸的发生。有人还设计了一种能改变形状的汽车。这种汽车的外壳用特种塑胶制成,能变形、伸缩。当汽车将发生车祸时,汽车的轮子能立刻缩到车"肚"里,车子的外形瞬间就变成了封闭的甲壳状,柔软而有弹性的车辆外壳,使车辆即使翻滚坠落也不会危及驾乘人员的生命。

在目前,汽车工程师主要靠先进的电子技术、红外线技术等来解决汽车的安全问题,特别是随着计算机控制技术的发展,汽车的安全性能将得到大大的提高。

关键词:安全汽车

为什么未来汽车可以不用钥匙

在我们的日常生活中,各种汽车、摩托车甚至助动车,都离不开钥匙:开车门用钥匙,开行李箱用钥匙,开汽油箱用钥匙,最重要的是,发动汽车时点火也离不开钥匙。可以说,离开钥匙,汽车将寸步难行。

可是,汽车摆脱钥匙"控制"的日子,可能不会太远了。一些汽车制造公司目前正在开发一种无钥匙汽车。这种汽车采用一套先进的电子控制系统,传统的汽车钥匙被一个信用卡大小的电子装置所取代。该装置上有信号接收器和发送器,使用微型电池,使用者可方便地将其随身携带。使用时,只要将信用卡式装置插入车身上的专用卡孔,车上的电子装置就会发出信号,核对密码后,车门将自动打开。上车后,只要按动相应按钮,汽车便会点火启动。同时,这种信用卡式装置还具有控制车库门、发出警报等其他功能。

　　用这种信用卡式装置取代车辆所用的多把钥匙,其结果是以精密、小巧的电子材料,取代车门及发动机内复杂的机械设计和连接机构,这将减轻一部分车辆设计重量,同时,也为未来汽车在各方面升级换代作好了准备。

👉 关键词: 汽车钥匙

"迷你车"有多小

　　许多国家对公路运输车辆的外廓尺寸都有一定的规定和限制,这是为了使汽车外廓尺寸适合于公路、桥梁、涵洞和铁

路运输的标准,以保证行驶的安全性。我国对公路车辆的极限尺寸规定如下:总高不大于 4 米;总宽不大于 2.5 米;总长:货车和一般大客车不大于 12 米,铰接式大客车不大于 18 米,牵引车拖带挂车不大于 16 米,汽车拖带挂车不大于 20 米。但是,对于汽车的极限小尺寸却无任何规定。而在现代城市中,拥挤的交通,狭小的道路,使得小型城市汽车越来越受青睐,"迷你车"也就应运而生了。

迷你车一词源于英文 mini – car,意为微型汽车。到了 20 世纪 90 年代,世界各国的主要汽车生产商都在致力于开发微型汽车。那么,迷你车到底有多小呢?

在 1996 年的德国法兰克福车展中,著名的奔驰汽车公司推出的新一代都市用迷你车,车长为 3.06 米。在此后的日本东京车展中,日产汽车展示了一辆超微型电动概念车 Hy – permini,它的车长只有 2.5 米,车宽仅为 1.47 米。该公司采用挑高车顶的方式来克服坐进车内产生的压迫感,其高度为 1.55 米,比一般迷你车高出 10 多厘米。它的最大优点在于利用缩小的车身来减轻车重,并大大改进了电动车行车距离的限制,它的极限速度可达到 100 千米/时。

许多迷你车生产商采用轻型材料来组装迷你车,有些轻型材料的强度已接近钢铁。这使迷你车既小又轻,其安全性却不打折扣。随着汽车工业的发展,包括智能公路和智能汽车安全行驶系统的应用,都为迷你车的进一步发展开拓了更为宽广的领域。

关键词:迷你车　微型汽车

21

变形汽车是怎样"变形"的

在日内瓦举办的一次汽车展览会上，美国通用汽车公司别出心裁地推出了一种"变形"汽车。顾名思义，这种汽车的最大优点，当然就是可以变形喽! 人们可以按个人喜好和使用目的，随心所欲地变换汽车的外观和内部设置。因此，这种变形汽车能满足人们各种不同的需求。

通用汽车公司之所以要生产变形汽车，其主导思想是要开发一种全新的制造工艺，用以更新传统的压制钢生产工艺。设计人员先用挤制的铝部件制成一个车骨架，然后通过焊接，将其各部分连接起来。最后，再用铝质或塑料的车身板，将汽车内架夹紧，或用螺栓进行紧固安装。这种变形汽车可以在几分钟内从一辆普通的载客轿车，被改装成敞篷式轻便小汽车。运用同样的方法，该车还能从普通轿车改装成客货两用车，或从面包车变成小吨位货运车。

挤制铝部件比压制钢的柔性要强得多，如在采用相同制造工具的条件下，前者容易使汽车变换出更多的形态。这种变形汽车所具有的柔性，还可使消费者在装修自己的汽车时更灵活，并能达到较高的精度。例如，对车内空间的安排，座位的安装，车形以及车内所需设备的摆放等，均能达到较为理想的安装水准。

可以相信，这种未来式的汽车将会大大地刺激人们的动手本能和兴趣，并成为爱车一族的"最爱"。

关键词: **变形汽车**

为什么"方程式赛车"的样子特别怪

汽车从诞生以来,一直就是人们最重要的交通工具。与此同时,汽车还加入了体育竞赛的行列。汽车比赛不但是对运动员驾驶技能的一个考验,也是检验各种汽车性能优良程度的一种方式。许多汽车制造厂都在汽车比赛的刺激下,不断采用新材料,研究新技术,以体现各自产品的高品质。

在众多的汽车比赛中,"一级方程式赛车"比赛最为紧张刺激,吸引了全世界大批的赛车爱好者。什么是方程式赛车呢?原来,这些赛车的长、宽、重及轮胎直径等数据都有严格的规定,其复杂程度和精确程度,就如同数学方程式一样。于是,这种赛车就被称为方程式赛车了。根据赛车汽缸容积和功率大小,方程式赛车又分为一级、二级、三级。其中,一级方程式

赛车汽缸容积为 3.5 升，功率为 350～380 千瓦，速度达到 300 千米/时，是最快速的一种赛车。

许多人都对一级方程式赛车的外形颇感兴趣：它的车身看上去特别矮，前面还装有一块鸭嘴一样的薄板，车轮显得又宽又大，与一般的汽车大不一样。赛车为什么要设计成这种怪模样呢？

原来，方程式赛车的速度特别快，因此，降低车身十分有利于减少空气阻力。但即使采用扁平的流线型车形，赛车在高速行驶时，迎面而来的气流，仍有一部分会"钻"入车底，产生巨大的升力，使赛车产生向上"漂"起的倾向，从而失去控制。科学家经过研究发现，在车头和车尾装上翼形的扰流板，就能防止气流下钻，减小其举升力；而且，从车顶一跃而过的气流，反而增强了赛车轮胎和地面的附着力，大大提高了赛车操纵的稳定性。

赛车的轮胎特别宽大，这也是为了最大限度地增强赛车的地面附着力。赛车在急转弯或加速时，整个重量主要落在后轮上，因此，赛车的后轮设计得更为宽大，以增加车辆的稳定性。比赛中，经常可以看到赛车驶入维修站，工作人员以最快的速度为其更换轮胎，而后重新驶向赛道。这是由于赛车车轮是用柔软的黏性橡胶制造的，其表面没有任何花纹和沟槽，这也是为了尽可能加大轮胎与地面的接触面积。但同时，高速旋转的车轮与地面产生的剧烈摩擦，使其磨损十分严重。因此，一场比赛的过程中，赛车往往要更换好几次轮胎。

关键词：赛车　方程式赛车　车形

运动型轿车和跑车有什么不同

在众多外观漂亮的汽车中，运动型轿车和跑车常常特别引人注目。可是，你知道它们有什么不同吗？

跑车是一种双门单排座的小汽车，有固定顶的，也有可折叠篷顶的；运动型轿车则是指加速性、操纵稳定性和制动性能等都较好，车速也较快的一类轿车，它可有两门或四门。

运动型轿车是一类追求舒适和实用的汽车，而跑车则是一些车迷"玩"车的对象。对跑车驾驶者来说，开车本身就是目的，讲究驾驶乐趣，要求转向准确、拐弯快速。所以，跑车多用中置发动机，尽量使发动机转速保持在最佳状态，且采用机械变速器而不用自动变速器。驾驶跑车在进行长途旅行时通常不易感到疲劳，因为这类车子的直线性较好，在高速行驶时风

声较小；此外，由于乘员位置设在汽车重心附近，因而感觉车身震动较小。

那么，怎样从外观上一眼就区分出双门运动型轿车和跑车呢？两者的外观差异主要在轮胎上：跑车因为功率大，所以采用宽断面的轮胎。当同级双门轿车的轮胎断面宽度为195毫米时，跑车的非驱动轮断面宽度即为205毫米，而驱动轮断面宽度更是达到了225毫米。

☞ 关键词：运动型轿车　跑车

什么是空中轿车

轿车可以在空中行驶？对！它是一种既能在马路上行驶，又能在空中飞翔的"空中轿车"。

在公路上，空中轿车以105千米/时的速度行驶；在空中，它的飞行速度能达到320～640千米/时。这是美国的一位名叫沃尼克的发明家设计的杰作。沃尼克在一家直升机制造公司从事了35年飞机垂直升降的研制工作。他相信，空中轿车采用了短机翼的设计，不但能解决拆卸机翼的麻烦，还能集飞行和地面行驶于一体，所以他的空中轿车无需对飞行进行事先的准备。空中轿车的机翼深度尺寸比跨度要大，它们被安装在车的后部，这样既保持了稳定，又减少了阻力，解决了翻车难题。

目前，沃尼克已对1/3比例的模型完成了动力测试。未来的空中轿车有4个座位，长7.3米，重1270千克，一次加油可在路面上行驶约 20000 千米，或在空中飞行 2100 千米，飞行高度为 3000 米。这样，它将比目前大多数直升机飞行的距离都要远。空中轿车采用一台发动机，在公路上，螺旋桨被垂直锁定，发动机通过 2 个液压马达驱动链传动装置驱动后轮；如果要升空，驾驶员只需把脚踩到方向舵的踏板上，使发动机驱动螺旋桨，这种转换过程无需停车进行。

空中轿车是一种着眼于未来的设计，但它已经不再是一个梦想。

☞ 关键词：空中轿车

什么叫智能汽车

有这样一种汽车，当它沿着马路急驶时，如果前面突然有人横穿马路，或者临时发现前方出现障碍物，汽车就会立即自动刹车；而当路人已经穿过，或者障碍物已经搬走，它又徐徐开动，继续前进。这就是国外最近研制成功的智能汽车。它可以自动启动，自动刹车，也可以自动绕开一般的障碍物，顺利地前进。智能汽车的主要特点，就是在错综复杂的情况下，能"随机应变"，自动地选择最佳方案，操纵和驾驶车子运行。

为什么智能汽车如此"聪明"呢？

原来，智能汽车的操纵驾驶系统，由道路图像识别装置、小型电子计算机和用电信号控制的自动开关三部分组成。道路图像识别装置，主要就是安装在汽车前面的两架电视摄像机。它如同人的"眼睛"，用来识别前方的障碍物，而且两架电视摄像机就可以分清是阴影还是障碍物了。这种图像识别装置,能"看"清道路前方 5～20 米的空间,并按照汽车的运动性能,把高度在 10 厘米以上的物体作为障碍物来处理。装置按每 1 米的间隔,对 16 个地点进行扫描。在扫描中,如果发现前方有障碍物,就发出电脉冲。由于对 16 个地点进行扫描,前方障碍物的分布状况,就可以很清楚地识别了。

小型电子计算机如同人的"大脑",是用来进行判断决策的。它从道路图像识别装置获得信息以后,就要作出判断:汽车是继续开下去,还是停下来、后退或减速? 这些都要根据当时当地的实际情况,来选择最能适应环境的下一个动作。汽车设计师预先对各种场合的情况给予充分的估计, 将最佳的一组操纵参数输入到电子计算机的存贮器中。在行驶中,只要利用电子计算机的高速检索功能选择操作方案就行了。汽车在行驶时,必须遵守交通规则,服从交通警、交通标志的指挥。因此,智能汽车的电子计算机还具有接受、存贮和处理这方面信息的能力。

在智能汽车上,过去由人的手脚控制的开关,已转变为由电信号控制的自动开关。汽车的转向器、节流阀、制动器等等,都由指令信号来控制操纵,因而在行车时不但可以转弯,还能安全地超越前面的车辆。

除此之外,智能汽车上还装有检测车胎气压和驾驶者瞌睡的报警装置,有些智能汽车还有能自动诊断故障的装置呢!

关键词:智能汽车　道路图像识别装置

什么是"概念车"

随着科学技术的迅猛发展和改革开放政策的推行，人们有更多的机会接触到世界上最先进的车辆技术。通过各种媒介，我们可以看到，在一些大型车展中，常常出现各种各样造型奇特、外形美观的新型车辆，它们往往被冠以"概念车"的名称。

"概念车"一词是由英文"concept car"翻译而来的，它是一种介于设想和现实之间的中间产物，主要用于车辆的研究和试验，可以为探索汽车造型提供可靠的科学依据。可以说，概念车的开发过程，实际上就是新款汽车设计诞生的孕育期。

概念车绝对不可能在大街小路上见到。那么，它又有什么

用处呢?

概念车虽然尚未进入市场,但它作为一种尝试性的设计,是汽车造型设计中充分发挥想像力和突出特殊风格的一个园地。概念车的设计,大都以改进汽车的空气动力性为主要目标,尤其是着重降低汽车行驶过程中所受的空气阻力。所以,概念车的流线型车形常常给人留下深刻的印象。

当然,除了新颖的外形,概念车作为车展中的样品车,在内部结构上,也常常尽可能地采用各时期最杰出的技术、最新型的材料和最合理的设计方式。可以说,概念车集中了当今世界各个科技领域中最先进的科学技术成果,是汽车行业中的尖端产品。

虽然概念车在某些方面还不具备成为商品车的条件,如制造成本昂贵,某些设计思想不一定符合实际情况,等等,但它作为一类具有超前意识的理想化汽车,对汽车设计的启发和推动却是不可忽视的。

☞ 关键词:概念车

"网络汽车"有哪些特点

"网络汽车"是一种具有全球通信能力的高技术汽车。它把各种先进的电子设备,如电话、电脑、电视、音响、卫星接收和全球定位系统等集于一身,在车上形成一个功能非凡的"汽车网络"。

网络汽车有许多优点。例如,它能优化行车路线。利用专用的便携式电脑，司机可把行车时间表输入到自己的随车电脑中，汽车就可沿最佳路线到达目的地。汽车的导航系统，还能记录下行车里程，简化费用统计。网络汽车还能与外界随时保持联络。除了电话，外部发来电子邮件时，开车者只要按一下汽车内的键盘，电子邮件信息便会出现在挡风玻璃上，也可以把电子邮件设置成有声状态，开车者可用耳朵收听。

网络汽车还像一个移动的工作室或娱乐室，行车中可随时接收信息、观看节目。车上乘员除了可用语言识别系统拨打电话、选择自己喜爱的电台外，还可上因特网跟踪最新交通信息、查询股票行情，收听新闻广播；有雅兴的乘员还可以通过专用卫星服务器，收看付费电影和电视节目，利用配套高速因特网服务器上网浏览。当然，这些都是在安全行车或停车休息的前提下进行的。

当网络汽车发生故障时，汽车会自动发出报警声。如果车主打电话到服务中心求助，服务中心可对车辆故障进行远程诊断，并检查维修记录；汽车如在途中抛锚或迷路，可利用车上的全球定位系统定位，并通知服务中心立即派员前来维修、指路。

网络汽车还具有超强防盗功能。车主可利用因特网远程锁定汽车，关闭车灯。当确认车辆被盗后，车主还可锁定和关闭发动机，使被盗的车辆寸步难行。

网络汽车的优越功能，吸引了世界上众多的电子、计算机、通信公司及汽车厂家。据估计，这种高科技汽车有望在21世纪的第一个10年中上市销售。

☞ 关键词：网络汽车

为什么电车要有"小辫子"

提到电车，相信大家不会感到陌生，它最引人注意的地方，当然就是车顶上那两根搭在电线上滑行的集电杆，人们常常形象地称之为电车的"小辫子"。

我国最早于1914年在上海开始运行无轨电车，1950年以来，相继有24个城市兴建了无轨电车系统。在城市交通中，电车有不少比公共汽车优越的方面，例如，它不会排放有害气体，行驶时噪声低，牵引性能好，驾驶操作十分简便。尤其是在崇尚绿色环保的今天，电车的发展更加受到重视。但是，乘坐电车也会遇到麻烦，那就是电车上的"小辫子"在一定程度上限制了电车的行驶速度，并且在道路行驶带上有一定范围的限制，行驶中稍有不慎，就容易"翘辫子"（集电杆与架空电线

脱离），导致电车抛锚。

电车能不能不要"小辫子"呢？

电车的外观和结构虽然与公共汽车差不多，可是它们的动力来源却大不相同。汽车是靠燃油发动机来发动的，而电车则是靠电能来驱动的。不过，电车上的电能并不是由车上自身携带的发电机提供的，而是依靠特别的集电装置来获得动力。电车顶上装有两根带有触轮的集电杆，它和专门架设的两根架空电线相接触。电流由一根电线通过集电杆，经控制设备到达电车上的牵引电动机，然后经另一根集电杆到另一根架空电线，形成回路，从而使电车获得行驶时所需的动力。一旦任何一根集电杆脱落，就好比断开了电路开关，电流就一下子中断，电车也就失去了动力来源，当然无法继续前行了。所以，"小辫子"对于电车来说，虽然不太方便，却又是必不可少的。

☞ 关键词：电车　集电杆

电车的拖履和架空电线之间
为什么会发出绿色的火花

在日常生活中，如果仔细地观察各种火焰，可以发现不同的燃烧物会发出不同颜色的火焰，比方说，酒精的火焰是很淡的蓝色，煤油灯的火焰带一点绿色，燃烧纯一氧化碳时，就会看到很鲜明的绿色。

在自然界里，不仅煤油、酒精会燃烧，就是金属也会燃烧，只是金属的起燃温度比煤油和酒精的高得多。在高温中，许多金属会燃烧。金属燃烧起来也有特殊的颜色,例如,钠燃烧时是黄色的,钾燃烧时是紫色的,铜燃烧时是绿色的。

电车顶上的拖履(集电杆最顶部的一个凹形物体)和架空电线接触处,常常会发出弧光,也就是一簇耀眼的绿色火花。产生弧光的原因,主要是由于电车轻度跳动时,会使集电杆和架空电线脱离一会儿,在两者分开的空隙处,空气受到电的作用而变成导体,因此产生了温度很高的电弧。由于架空电线是铜质的,电弧能使它暂时燃烧而发出铜原子所特有的绿色光。当集电杆和架空电线重新达到良好的接触状态时,电弧就自行熄灭了。

关键词:弧光　电车拖履

为什么电动汽车能够东山再起

电动汽车是指不使用内燃机、不燃烧汽油,而用直流电动机作驱动装置的汽车。

电动汽车是与内燃机汽车同时代的产物,在 20 世纪中期,曾因汽油紧缺而大受欢迎。到了 20 世纪 60 年代以后,由于石油的广泛开采,油类燃料价格相对便宜,同时,内燃机性能大大改进,而蓄电池技术发展缓慢,这使得电动汽车无论从动力性能还是蓄电池容量方面来讲,都无法与内燃机汽车竞争。于是,兴盛一时的电动汽车逐渐被人们冷落了。

随着现代社会人们的环境保护意识增强,燃油汽车的弊病日益被人们所认识。它所排放的二氧化碳、氧化氮、致癌的烃类化合物和铅等物质,严重危害着人体健康,成为大气中的一个流动污染源。加上嘈杂的噪声,严重地影响了人们的工作生活环境。与此相反,电动汽车没有空气污染,行驶时噪声小,操纵方便,使用寿命长,经济效益高。特别是经过长期努力,蓄电池性能大有提高,其他使用性能也有许多改进。于是,电动汽车又在世界各国"复兴"起来。

德国制造了一种采用钠硫蓄电池的电动汽车,充电后能连续行驶 180 千米,最高时速可达 125 千米;法国生产的雪铁龙 AX 型电动车,发动机最大功率为 20 千瓦,最高时速 91 千米,一次充电可行驶 80 千米,每行驶 10 千米只需花费 1 法郎,既体现了环保性,又突出了低能耗、经济性和舒适性,被誉

为是市区最理想的交通工具。瑞士和美国的一些地区，已采取立法对排污汽车进行限制，这在客观上推动了电动汽车的生产和使用。据估计，在未来一二十年间，75%的燃油汽车将被电动汽车替代。

在全球的环保浪潮中，东山再起的电动车，将领导汽车发展的新潮流。

☞ 关键词：电动汽车　环境保护

为什么一踩制动踏板，汽车就会停下来

"加速轰油门，减速踩制动。"这是驾驶一辆汽车最基本的常识。在现实生活中，大多数人都离不开汽车这一快捷、方便

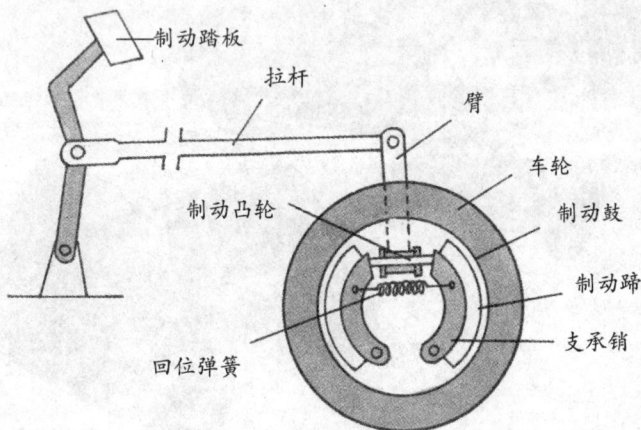

制动踏板
拉杆
臂
车轮
制动凸轮
制动鼓
制动蹄
支承销
回位弹簧

的高速运输工具。但是，为什么一踩制动踏板，也就是通常所说的"刹车"，汽车就会停下来呢？

我们知道，作用力是改变物体运动状态的原因。对于汽车来说，与之相接触的外界只有地面，所以这个作用力只可能是地面给予的。那么，汽车的制动踏板与地面又有什么关系呢？汽车的制动传动装置主要由制动踏板、拉杆、制动凸轮等零件组成，制动作用由旋转元件制动鼓和不旋转元件制动蹄、支承销、回位弹簧等零件组成，踏板由驾驶员来操纵。

制动装置不工作时，制动鼓的内圆柱面和制动蹄摩擦衬片之间保持有一定的间隙，使制动鼓可以随车轮自由转动。当要使行驶中的汽车减速时，驾驶员踩下制动踏板，通过拉杆和臂使制动凸轮转动一个角度，从而克服回位弹簧的拉力，推动制动蹄绕支承销转动，蹄的上端向两边分开。这样，不旋转的制动蹄就在旋转着的制动鼓上产生一个摩擦力矩，其方向与车轮旋转方向相反。这个力矩在传给车轮后，由于车轮与路面的附着作用，车轮对路面产生一个向前的切向作用力，与此同时，根据作用力与反作用力的原理，路面也对车轮有一个大小相等、方向相反的反作用力，这就是阻碍汽车前进的制动力。

因此，当驾驶员踩下制动踏板后，经过汽车内部制动装置的一系列作用过程，就能在很短时间内，使车辆稳稳地停住了。

☞ 关键词：刹车　制动装置

为什么汽车在刹车时
一定要刹住后轮

假如有人问你，汽车刹车时，是刹住后轮呢，还是刹住前轮？也许你会一时回答不出来。如果你仔细看一下汽车的刹车过程，就会发现汽车刹车时，总是刹住后轮的。这是为什么呢？

原来，汽车的发动机一般是驱动后轮的。司机一开动发动机，发动机就带动后轮转动起来，后轮在地面上滚动以后，前轮方才跟着转动，整个车身也就往前行驶了。前轮的任务是保持车身的平衡，以及引导汽车前进，它跟司机手中的方向盘是连在一起的，司机把方向盘朝右转，前轮就朝右偏；方向盘朝左转，前轮就朝左偏。由于汽车的前轮和后轮职责不同，所以它们的名称也不同：前轮叫导向轮，后轮叫驱动轮。

快速行驶中的汽车，一旦遇到紧急情况必须立刻停住的时候，如果汽车的刹车是装在前轮上的，那么，即使前轮停住不转动了，后轮还在转动，它会强迫车身向前冲。在这种情况下，向前冲的力既然无法使车身向前位移，车身后半部就会向上跳起来，甚至整个车身会以前轮为支点向前翻倒。你看，这有多么危险啊！

那么，刹住后轮为什么不会使车子翻倒呢？因为这时整个车身以后轮为支点，由于车身受到地面的阻碍，向前冲的惯性并不能使车身往前翻。汽车设计师也是因为考虑到刹车时产生的实际问题，才把汽车的后轮作为驱动轮的。

关键词：刹车　驱动轮　导向轮

为什么汽车大多是用后轮推动前轮的

我们知道,大多数汽车都是用后轮驱动的。但奇怪的是,汽车的发动机却大多是装在前面的。这就产生了一个问题:汽车发动机为什么不直接带动前轮,而要通过一根长长的传动轴去带动后轮呢?

确实,要是发动机直接驱动前轮,不仅可以省去那根长长的传动轴,而且还能使汽车的重心降低,行驶时更加平稳。但如果这样做,同样一辆汽车,它的最大牵引力就不及后轮来驱动的大,而且爬坡的能力也变小了。

原来,汽车的最大牵引力,取决于驱动车轮与地面的附着力的大小,附着力大,最大牵引力也大;而地面附着力又与驱动车轮上的载重量成正比。所以,用哪一对车轮来作驱动轮,只要看哪对车轮的载重量大就行了。通常,压在汽车前轮的重量约占总载重量的1/4,而后轮则往往要负荷3/4的载重量。所以,大多数汽车都是以后轮来驱动的,也就是用后轮推动前轮。

也许你会问:在设计汽车时,为什么不让前轮的载重大于后轮呢?这是由于车辆在加速行驶时,车上的物体有向后移动的倾向。如果把车辆设计成"前重后轻",它在爬坡时会特别费力,而在下坡时又有前冲翻滚的危险。除此之外,驾驶室一般总是设在汽车前方,以便于观察,因此,乘客或货物所加的重量就相对更靠近后轮。假如用前轮驱动,同时又要转向,汽车的行路机构就会变得更加复杂,不便于驾驶操纵。

在一些特殊场合，前轮驱动、后轮转向的汽车也是有的，还有前轮、后轮同时驱动的汽车呢！如军用的吉普车和农业上用的某些轮式拖拉机，为了获得更大的牵引力以适应各种坎坷、泥泞的道路，其前后轮就都能驱动。

☞ 关键词：驱动轮

为什么汽车轮胎上有各种凹凸不平的花纹

绝大多数车辆，如大卡车、小汽车、公共汽车、无轨电车、三轮车、自行车和轮式拖拉机等，使用的都是橡胶轮胎。有意思的是，轮胎并不是光滑的，而是有许多凹凸不平的花纹。而且，轮胎不同，花纹的形状、宽窄也各不相同。这是为了好看吗？

原来，车辆轮胎上的花纹，是为了加大车轮与地面间的摩擦力，防止车轮在路面上打滑。例如，我们穿上底面已经磨光的球鞋在结冰的马路上走，很容易摔跤，这是因为鞋底与地面的摩擦力太小，所以难以举步。而穿上鞋底有花纹的新球鞋，就不容易滑倒了。车轮上有各种花纹，也是同样道理。

在轮胎上设置花纹，起始于1892年前后。开始时，轮胎花纹非常简单，仅是些直线型的楞花。以后，随着车辆载重量和行驶速度的日益提高，以及路面的改进，轮胎花纹才逐渐多样、复杂起来。现在，人们习惯将车轮花纹分为通用、高越野性和联合式花纹3大类，而它们的几何形状大体有纵向直线、横向直线、斜线、块形和混合式等5种。通用花纹也叫公路花纹，是使用最早而又最普遍的一种，如公共汽车轮胎上常见的纵向直线型和锯齿型花纹，它们可以消除噪音，所以也称无声花纹。高越野性花纹专供车辆在荒野及松软土地上行驶，块大，都带有宽而深的"啃泥"花纹沟，行驶时不易夹石、藏土和打滑，它们特别适用于牵引力和对地面抓着力要求高的拖拉机、起重机。联合式花纹的轮胎既能在硬性路面和沙砾路上行驶，亦可以驶于松散、泥泞或冰雪路面上。针对我国地形复杂、公路路面质量差别很大的情况，这种联合式花纹有它特殊的使用价值。

☞ 关键词：**汽车轮胎　轮胎花纹**

为什么拖拉机的前轮小，后轮大

一般汽车都有两对同样大小的车轮。拖拉机也有两对轮子，可是它们看上去怪别扭的：后面的一对大，前面的一对小。这是为什么呢?

原来,拖拉机的前轮主要是引导方向,也叫导向轮。要是把前轮做得又宽又大,拖拉机手在调整方向盘转动前轮时,为了克服轮子受到的阻力,就必须多花气力,而且操纵又不灵便。拖拉机通常在田野里工作,而田野里土质松软,并且坎坷不平,如果前轮又宽又大,地面对它的阻力就会增大,这样,拖拉机就要白白消耗很多动力。

拖拉机的后轮是驱动轮。也就是说,动力是直接传递给后轮的,它所负担的重量也要比前轮重得多。拖拉机在田地里操作时,总要拖拉上一架农业机器,譬如播种机、插秧机、圆盘犁等。这些钢铁制造的机器在与拖拉机相连以后,它们的重量有一部分移到拖拉机上。拖拉机本身就很重,现在又有了外加的负担,整台机器的重心就落在了拖拉机的后轮上。在这种情况下,假如后轮的大小跟前轮一样,由于后轮承担的重量比前轮大得多,就会陷进松软的田地里。后轮做得宽大了,它与地面的接触面就大,使单位面积承担的重量变小,这样,拖拉机的前轮和后轮负担的平均重量才不致相差很大。当然,后轮加宽加大了,它受到的阻力也确实增加了,不过,这是它所担负的"职责"的需要。

此外,与同样功率的汽车相比,拖拉机的速度要求不高,以此换来强大的驱动力。所以,同样的重物,汽车拖不动,而相同功率的拖拉机却能一拖就动。

☞ 关键词: 拖拉机　导向轮　驱动轮　驱动力

为什么汽车前轮要向外倾斜

在我们的直观印象中，汽车的轮子总是竖直安装并垂直于水平面的。但实际情况是，汽车的前轮上方总是略微向外倾斜，呈不明显的"内八字"，而且，载重量越大，汽车前轮外倾角也越大，一般载重汽车前轮外倾角为1°左右。这是为什么呢？

汽车前轮向外倾斜的作用，在于提高车轮运转时的行驶安全性。对于运动机械来说，为了保证零件间的相对运动，一般在装配时要留有间隙。所以，在车轮的轮毂和轴承之间及其他相互运动表面，都存在着装配间隙，这些间隙在不同程度上影响着前轮的正常工作。若汽车空车时，车轮正好垂直于路面；而当车辆装满货物时，这些间隙由于货物的重压而减小，甚至消除。车轴（也称作车桥）也因承受货物的重量而发生弯曲变形，这就可能使车辆由原先垂直路面的状态，变化为车轮上方向内倾斜的状态。车轮的向内倾斜，会使车轴和紧固螺母所受外力增

43

大，从而缩短寿命，严重时还可能使紧固螺母损坏，出现车轮"飞脱"的严重事故。此外，车轮内倾还会使车轮在滚动行驶时出现相对滑动的现象，从而加速了轮胎的早期磨损。所以，为了避免汽车前轮内倾而产生危险的后果，车轮在安装时，就要预先留有外倾角，使车辆在满载时车轮与路面接近于垂直。

另外，城市交通路面大都呈拱形，汽车的前轮外倾正好与之相吻合，从而始终保持汽车车轮与地面垂直，以获得最大路面附着力。

☞ 关键词：汽车前轮倾斜

为什么汽车的左右车轮使用的螺母旋紧方向不同

如果我们留意一下，就会看到在汽车车轮的外侧，沿圆周方向均匀地排列着一组螺母，汽车的车轮就是靠这些螺母固定在汽车的前后车桥上。在通常情况下，我们总是习惯于向右旋紧螺母。但是，汽车车轮上的螺母却很特别，按车头方向为前，汽车左侧的车轮是用左旋螺纹的紧固螺母，而在汽车的右侧却是右旋螺纹的紧固螺母。这是为什么呢？

其实，在早期的汽车上，对左右车轮使用的螺母并没有严格的区分，因为当时汽车的车速不快，它只是一种时髦的代步工具。后来随着汽车工业的高速发展，车辆行驶速度越来越快，随之不断发生车辆在行驶过程中车轮脱落的行车事故。经过分析，人们发现，这类事故往往是由于固定车轮的螺母松动,造成车轮脱落而造成的。可是,旋紧的螺母怎么会松动呢?

我们来做一个小试验:把一个小圆环套在你的右手食指上,然后你的右手不停地转动,你会看见套在你食指上的圆环,也绕着你的食指在不停地旋转。这时,如果你的手突然停止旋转,圆环并没有随着你的手的停止而马上停止,而是继续按原方向旋转一阵后才停止,这就是惯性。

上面提到的紧固螺母与车轮旋转也是同样的道理。原来,当车轮由高速运转状态突然停止时,车轮上的紧固螺母会产生一种继续运动的惯性,使螺母在瞬间继续沿原方向略微地旋转。这时,如果螺母的紧固方向与此旋转方向一致,则会使螺母紧固而更加牢靠;反之,如果螺母紧固方向与车轮旋转方向相反,在紧急刹车时,螺母就会有细微的松动,久而久之,经常"松动"的螺母就变得不再紧固了。最后,螺母脱落,从而造成事故。由于汽车在前进过程中,由惯性产生的旋转运动方向对左右轮是不同的,所以,汽车右侧车轮的紧固螺母应该选用右旋螺纹,而汽车左侧车轮的紧固螺母则应是左旋螺纹。这样才能使紧固螺母越旋越紧,免去车轮松动脱落的危险。

関键词: **车轮　紧固螺母　旋紧方向**

为什么汽车的前灯要装上有横竖
条纹的玻璃灯罩

你用过手电筒吗? 手电筒灯泡的前面有一块平整的玻璃。你注意过汽车的前灯吗?汽车前灯也有一块灯前玻璃,但它和手电筒的灯前玻璃不一样,上面有横竖的条纹。这是为什么呢?

在漆黑的夜间,你不妨打开手电筒观察一下,它的光束是那样狭窄而笔直。这对夜间手执手电筒赶路的行人,当然很有用,然而对一辆急速行驶的汽车来说,这种照明方式却隐含有莫大的危险!

原来,狭窄而界限分明的光束,虽然能使人看清前方,但路边的一切几乎都不能看见,这给车辆驾驶时观察道路情况带来极大困难。再说,亮处明晃晃,暗处黑糊糊,这种一暗一明的强烈对比,还会使驾驶员目眩,特别是在汽车震动或晃动的时候,由于亮处不断地急剧变位,驾驶员为适应照明情况的不断变化,视觉很容易疲劳。因此,车辆前灯不能采取这种照明方式。

现在的车辆前灯,先是采用同毛玻璃相仿的磨砂灯泡,通

过散光程度的增加而削弱灯光的炫目作用，使驾驶员能很好地辨清周围环境，如向左或向右的支路、林阴树、路缘等等。后来，又有人用散光程度相仿的磨砂灯前玻璃来替代磨砂灯泡。但是，磨砂灯泡和磨砂玻璃的散光作用不仅发生在车子的侧面和前方，也发生在上方，因此有许多光束就被浪费掉了。而用有横竖条纹的散光玻璃，就能克服这些缺点。

这种散光玻璃实质上是透镜和棱镜的组合体，具有将光线折射而分散到所需要方向的作用。所以，现代汽车装有这种灯前玻璃以后，汽车前灯就能均匀柔和地照亮它前进的道路和路边的景物。另外，这种散光玻璃还能使其中一部分光折射得略偏向上和两侧，以便照明道路标志和里程碑等。

一块不甚醒目的灯前玻璃，竟然起着如此重要的作用！

关键词：汽车前灯　散光玻璃

为什么汽车的前窗玻璃是倾斜的

现代汽车的发展速度非常之快，无论是整车外形，还是内部的构件，甚至是汽车的材料、燃料及其功能，也都在很短时间内发生着令人目不暇接的变化。可是，不知你注意到没有，无论汽车怎么变，汽车的前窗玻璃在安装时，上部总是向后倾斜成一定角度。这是为什么呢？

汽车玻璃如此倾斜安装有不少好处。首先，这种形式使车辆看上去更美观，绝无突兀的棱角。其次，汽车在向前行进的过程中会遇到较强的空气阻力，前窗玻璃向后倾斜，能使迎面而来的空气"轻易"地从玻璃上方流过。因此,前窗玻璃倾斜安装符合减小空气阻力的道理,是汽车向流线型发展的一个组成部分。

不过,汽车前窗玻璃倾斜安装的更重要原因,却是为了保证行车的安全。你一定会有这样的体会:当你晚上乘坐在公共汽车上,透过竖直安装的侧向玻璃窗向外观望时,如果车内比较明亮,车里面的景物就会在玻璃上形成清晰的虚像,这个虚像会和窗外的景物重叠在一起,常会使人产生难辨内外的幻觉。这时的玻璃窗,就像是一面透明的镜子。如果汽车的前窗玻璃也是竖直安装的,车内景物的虚像就会反映到前窗玻璃上,它和车外景物的影像重叠混杂在一起,就会给观察道路和车流、行人情况的司机造成视觉上的困惑,极容易导致交通事故的发生。

那么,为什么把前窗玻璃倾斜一定角度后,就能避免视觉干扰呢?原来,汽车前方的景物是通过光线透射过玻璃而落入

司机的眼睛里的，而车内景物的虚像则是由于玻璃反射光线的原因被司机所看到。因此，汽车前窗玻璃经过倾斜后，它的透射光线性能几乎未变，而却将车内景物的虚像反射到了司机视野的下方，因而对行车安全有非常实际的作用。

☞ 关键词：汽车前窗玻璃　虚像

为什么汽车的雾灯要用黄色光

大雾是车辆交通的一大障碍。车辆在遇到大雾时，常常会打开车头上的雾灯，让一簇灿烂的黄色灯光开路，既照亮了前方的道路，又标明了自己的位置，使迎面而来的车辆行人能够透过浓浓的雾幕，迅速避让，防止碰撞事故发生。

汽车雾灯照射出来的光是黄色光，这是经过科学家精心研究以后作出的最佳选择。为什么不用比较醒目的红光呢？因为雾灯的光必须具有散射的作用，才能让光束尽可能向前方散布成面积较大的光簇，使迎面来车的驾驶员既能看清目标又不觉得刺眼。而黄色光的散射强度是红色光散射强度的5倍。显而易见，采用黄色光作为汽车雾灯的光色比用红色光效率高得多。

黄色光不仅用在汽车雾灯上。城市道路的十字路口，到了深更半夜，行人车辆稀少，交通灯上只有一盏黄灯一闪一闪地发出间断光芒，使深夜行驶的车辆驾驶员在很远的地方就能发现，以便及时降低车速，安全驶过十字路口。

也许有人问，光谱家族中，绿色光、蓝色光和紫色光不是比黄色光的散射作用更强吗？为什么偏要挑上黄色光作雾灯的光呢？原来，绿色光早就被作为"安全"和"可以通过"等的标志光；至于蓝色光和紫色光，虽然它们的波长都很短，散射作用较强，但它们有一个先天不足的弱点，就是光色较暗，而且它们的颜色与傍晚、黎明或阴天时的天空颜色十分接近，而大雾恰恰最容易在这样的时候弥漫大地。在这种大环境背景衬托下，再使用蓝色或紫色光，显然不符合信号标志的要求。

☞ 关键词：汽车雾灯　黄色光　散射作用

为什么汽车在冬天有时会难以启动

冬天，汽车在启动时，往往需要预热一段时间，然后才能正常运转。有时候，公共汽车在停站后重新启动时，往往会发动不起来。这是为什么呢？

我们都有这样的感觉，冬天由于气温很低，人的肌肉就会绷得很紧，关节也不灵活。这时候，如果要进行体育活动，往往就需要先活动一下身体和四肢，然后才能投入紧张的比赛。汽车在冬天也像人体一样，需要有一个"热身"过程。

汽车作为一种机械，它的各个机械部分是通过润滑油来润滑的，而液体都有热胀冷缩的特性，润滑油也不例外。冬天来临，润滑油遇冷凝结，流动性变差，润滑效果大大下降，这使汽车发动机在启动时，各器件阻力增大，难以达到启动所需的转速。其次，由于温度低，作为发动机燃料的汽油，其蒸发性也变差，气管内的气体流速减慢，造成混合气达不到可点燃的浓度,汽车当然就难以启动了。另外,作为汽车供电设备的蓄电池,其中的电解液也由于天气寒冷而黏度变大,电阻随之增大,电压显著下降,使发动机得不到所需的输出功率,也造成了汽车的启动困难。

所以,在冬天,汽车的启动都有一个发动机预热的过程。选用优质的润滑油和汽油,可以改善汽车发动时"发冷"的情况。

关键词: 汽车启动　发动机预热

为什么有的汽车后面拖着
一根"铁尾巴"

在马路上,你会发现不少车辆的后面,悬着一串拖到地上的铁链。是粗心的驾驶员没把它收拾好吗?可是,不少小轿车的车尾下方,也有一根短短的铁杆,随着车子行进,铁杆不时地触到地面。这是什么原因呢?

生活中,你一定不会对静电太陌生:冬天脱毛衣时,常常会听见轻轻的一阵"噼噼啪啪"的响声,伴随着毛衣上闪出一点点小火花;夏天,一些衣裤常常会紧紧贴在身上,拉也拉不开。其实,这都是静电在作怪。

一般来说,静电不会对人体有什么伤害。但是,对于在公路上快速行驶的车辆来说,静电就是一种潜在的危险,尤其是那些装载易燃物品的油罐车。

汽车上的静电是从何而来的呢?原因有很多种,例如汽车在快速行驶中,车身与空气摩擦会产生静电;汽车发动机的排气管与高速排出的气体发生摩擦,也会产生静电;对于油罐车来说,油液与金属壁和管道之间的摩擦、冲击,产生了更多的静电。可是,汽车的橡胶轮胎是绝缘的,汽车产生的静电如果不传入地面,就会在车身中越积越多。当静电荷积累达到一定程度时,车辆和其他相邻物体界面之间的电压,甚至会达到数千伏(民用电压通常为220伏)。这么高的电压,很有可能击穿中间介质,从而产生火花和放电,这对高速行驶中的车辆,显然十分危险。

所以,不少汽车后面安装了金属链条或接地铁杆,利用金属的导电性,使车辆中的静电荷能传到地面,消除自身的危险因素。

👉 关键词: **静电 接地铁杆**

52

为什么汽车行驶要限制速度

　　1885 年，德国人本茨制成了世界上第一辆以内燃机为动力的四冲程汽车。在汽车发展至今的 100 多年历史中，人们对汽车的设计制造，一直以追求高速度为目的。现代城市道路的快、慢车道之分和高架道路的设置，也是为了能充分发挥汽车内在的高速性能。

　　但是，汽车车速可以无限制地加快吗？

　　汽车作为快速的陆上交通工具，是靠轮胎与地面的摩擦力来推动汽车前进的。汽车依靠其自身的重量来加大与地面的摩擦力，如果汽车脱离了与地面的接触，就会失去控制而造成危险。汽车在高速行驶时，由于空气的对流对汽车会产生一种向上的升力，车速越快，升力越大。这种升力加大了汽车脱离地面的可能性，当汽车自身重量不能克服升力时，就会发生翻车现象。因此，限制车速是一种必要的措施。

　　世界各国对车速的限制规定各不相同。德国是少数不限制车辆时速的国家之一，但高速拐弯、急刹车仍被认为是违反交通规则。最高时速为 130 千米的国家有法国、奥地利、瑞士等；最高时速为 120 千米的国家有保加利亚、南斯拉夫、芬兰、比利时、卢森堡、西班牙、葡萄牙等；最高时速为 110 千米的国家有瑞典、捷克、英国、波兰；最高时速为 100 千米的国家有日本、匈牙利、希腊、丹麦、荷兰；最高时速为 90 千米的国家有罗马尼亚、土耳其、挪威等；美国是车祸发生率最高的国家，所以对最高时速的规定为 88 千米。

　　另外，法国和葡萄牙还规定汽车新司机（领到驾驶执照不到两年)在公路干线上行车时,车速不得超过 90 千米/时。而在瑞士,居民点里的汽车时速不得超过 50 千米,城市主要道路干线上的时速允许达到 60 千米。

我国规定高速公路上的车辆速度,一般不得超过 120 千米/时。有趣的是,高速公路通常还对最低时速也有限制,一般不得低于 50 千米/时。这是为了防止一些车速太慢的车辆驶上高速公路,影响正常的交通速度。

☞ 关键词: **车辆速度　限制车速**

如何识别汽车牌照

汽车牌照,相信大家不会觉得陌生,它好比我们的身份证,用以鉴定汽车的身份,便于车辆管理部门对车辆进行统一管理和监督。我们知道,居民身份证上的那一长串号码中,每一个数字都有不同的含义;同样,汽车牌照上的数字和字母也有不同的含义,而且汽车牌照的颜色也各不相同。有意思的是,在汽车牌照上所用的英文字母中,永远见不到"I"和"O",因为它们容易与阿拉伯数字中的"1"和"0"混淆。

那么,如何来识别汽车牌照呢? 在我国,汽车牌照有如下规定:

大型民用汽车——黄底黑字

小型民用汽车——蓝底白字

武警专用汽车——白底黑字及红色的"WJ"字标志

使、领馆外籍汽车——黑底白字及空心"使"字标志

其他外籍汽车——黑底白字

试车牌照——蓝底白字及"试"字标志

临时牌照——白底红字及"临时"二字标志

车辆移动证——白底红字

另外,在民用汽车牌照上,第一个字为省、直辖市、自治区等的简称。例如,北京市的车辆简称"京",上海市的车辆简称"沪"。

民用汽车编号,一般为5位数字,即从00001~99999。编号超过10万,就用A、B、C等英文字母代替,即A代表10万,B代表11万,C代表12万,以此类推。

此外,在民用汽车编号中,英文字母为"U、V、W"的是出租汽车;"Z"和"X"代表自备车,其中后者代表货运车。

👉 关键词:汽车牌照

汽车车型中的字母和数字
代表什么意思

自第一辆汽车诞生以来,汽车的发展已经有百年历史。为了满足各种不同的用途,汽车的类型也出现了很大的差异,并因此而产生了不同的汽车编号。仅以小轿车而言,就有奔驰200、奔驰500、桑塔纳2000型、奔驰560SEC、丰田4500GT、法拉利348等许多。这些汽车编号中的字母和数字代表什么意思呢?

一般来说,汽车的编号由以下一些代号组成,按先后顺序排列为：企业名称代号，车辆类别代号，主参数代号，产品序号，企业自定代号。对于一些专用汽车来讲，其编号序列中，在企业自定代号前，还插入一项专用汽车分类代号。

在我国，车辆类型代号分别是：载货汽车为"1"，越野汽车为"2"，自卸汽车为"3"，牵引汽车为"4"，专用汽车为"5"，客车为"6"，轿车为"7"。那么，什么是主参数代号呢？对于不同类型的车辆，主参数代号的意义有所不同。例如载货汽车、越野汽车、自卸汽车、牵引汽车、专用汽车的主参数代号代表车辆总质量（吨），其中，牵引汽车的总质量包括牵引座上的最大质量；客车的主参数代号代表车辆长度（米）；轿车的主参数代号则代表发动机排量（升）。

以 BJ212 吉普为例，"BJ"代表北京吉普汽车有限公司，"2"代表越野车，"1"代表载重 1 吨以下（实际为 0.6 吨），"2"代表第二代产品。又如 EQ1091 货车，"EQ"代表东二汽汽车制造公司，"1"代表载货汽车，"09"代表载重约 9 吨，"1"代表第一代产品。

专用汽车分类代号通常由 3 个字母组成，其中第一个字母为其结构特征代号，如厢式汽车为 X，罐式汽车为 G，专用自卸汽车为 Z，起重举升汽车为 J，仓棚式汽车为 C，特种结构汽车为 T；后两个字母为其用途特征代号。

以石家庄市汽车制造厂生产的啤酒运输车 SQ5090GSY为例："SQ"代表该车的制造厂家，"5"代表专用车，"090"代表总重 9 吨级和第一代产品，"G"代表罐式汽车，"SY"代表食品、液体。这样，如果你知道了一辆车的编号，就能大致地了解这辆车的外观、功能和用途了。

外国轿车车型中的数字和字母的含义往往各不相同，有的是指发动机的排量,如2.0、2.6、2.8等,表示发动机排量分别为2.0、2.6、2.8升,而在马自达、标致、沃尔沃等公司的车型编号中,323、929、264等则是指编号。此外,编号中的字母有的是指车辆内饰的豪华程度,如GL、GLS、SGL等;有的是指发动机的强化程度,如Turbo是指发动机涡轮增压,SEL表示电子控制汽油喷射等。

☞ 关键词:车型　汽车编号

为什么没有方向盘的汽车
仍能转向自如

谁都知道,汽车是通过方向盘来控制方向的:方向盘逆时针方向旋转,汽车就向左行驶;方向盘顺时针方向旋转,汽车就向右拐弯。一旦方向盘出现故障,汽车就会方向失控。

可是,人们已经研制出一种没有方向盘的汽车,这听起来真有些不可思议:没有方向盘的汽车如何驾驶呢?

一些汽车生产厂开发出一种以操纵杆代替目前的方向盘的汽车。这种车辆使用了最新的电子技术和航空技术,在开车时,只要放倒操纵杆,传感器、电子线路和油压机等便开始工作,从而最终驱动车轮。在行驶过程中,驾车者只要把手放到汽车座位一旁的操纵杆上,就可以轻松地操纵汽车,即使长途行驶也不会有什么疲劳的感觉。为了防止车辆方向失控,汽车上通常装备了两套完全独立的系统,一旦其中一个系统失控,另一个系统会自动开启,代替操纵。车上装备的计算机系统,可以精确而清晰地反映车辆的行驶状况，而方便易行的操纵杆驾驶形式，则是从飞机驾驶中"移植"过来的，无论是前进、后退或转弯，都十分简单方便。

没有方向盘的汽车目前还处于试验阶段，但由于汽车没有了方向盘，操纵杆又在座位的一侧，所以，这种未来汽车的车内空间将显得更加宽敞舒适。

关键词：**方向盘　操纵杆**

为什么汽车上有那么多灯

繁忙的公路上，往来的车辆川流不息。不知你有没有注意过，这些大大小小、种类各异的汽车上，前前后后都装着许多灯。这些车灯有的大，有的小，有的圆，有的方，有的呈又扁又长的形状，连车灯玻璃都装饰得各式各样，闪射出的灯光也很不一样。汽车上为什么要装这么多灯？难道它们都有用吗？

汽车上的灯各有各的用处，一个也少不得。我们先来看看汽车的前面。两个较大的灯是照明灯，它主要用来在夜晚行驶时照亮前方的路面。照明灯通常分为两档，可通过手控调节。一种是远光，光线很强，能照亮前方几十米的范围；另一种是防炫目光，光线稍弱而向下，这种照明光不会使对面来车的驾驶者感到目炫。如果对面有车开过来，就要打开旁边的两个小灯，这两个小灯叫示宽灯，用来告诉对方：我这辆车有多宽。汽车前面还有两个小黄灯——方向灯，哪边的方向灯亮，就表示汽车要向哪边转弯了。遇到有雾的天气，为了行车安全，还要打开两个黄色的雾灯。

　　汽车后面的车灯情况与汽车的前面差不多，两个照明灯是在晚上倒车时用的，两个示宽灯和两个方向灯也是用来表示汽车的宽度和汽车要向哪边转弯的。与汽车的前面不同的是，汽车的后面没有雾灯，却多了两个小红灯，叫刹车灯。当它一闪一闪时，就好像在说："我要刹车了！"在高速公路上行驶的汽车还要打开车后的一个高尾灯，它可以提醒后面的车辆注意。

　　除此以外，在汽车后面挂牌照的地方还有一个牌照灯，在需要的时候，打开牌照灯，即使在晚上也能看清牌照上的字母和数字。汽车上还有四个应急用的双跳灯，前后各两个。双跳灯平时很少使用，只有当汽车在公路上发生事故时，四个双跳灯才会不停地闪烁，提醒来往车辆注意：这里有一辆正在维修或者正在等待维修的车辆。

☞ 关键词：汽车车灯

为什么自行车的尾灯里没有灯泡，
却能闪闪发亮

　　自行车的尾叶上装有一个红色或橘黄色的尾灯。有趣的是，尾灯里并没有灯泡，但它看上去总是一闪一闪地发亮，尤其是到了夜晚，自行车尾灯的亮光更加显眼。这是为什么呢？

　　早在 20 世纪 30 年代，自行车在英国的一些大城市成了一种时髦的交通工具。但是，穿街走巷的自行车却给夜间行驶的汽车带来了麻烦，交通事故屡屡发生。英国政府于是要求自行车生产商，在自行车的前后要安装照明灯和反光镜。其中，反光镜的设计让生产商伤透了脑筋，因为普通的平面镜常常并不能将汽车灯光"原路"反射回去。通过对光线反射原理的反复研究，人们终于制造出一种理想的光反射装置。它的表面是一块平整的玻璃，里面则有许多棱形锥体，每个锥体由三个互相垂直成直角的锥面组成，形成三个光反射面。这就是角反射器。由于角反射器的三个反射面互相垂直，光线无论从什么角度透过表面的玻璃射来时，反射光总是能"神奇"地沿原方向返回，这就是使行驶在自行车后方的汽车司机，在任何角度都能看到反射光。而且，角反射器上选用了红色或橘黄色的玻璃，使反射光为"穿透力"很强的红光或黄光，更能引起视觉的注意。此外，美观的红玻璃做成的角反射器，还是一个不错的装饰品呢！

角反射器所具有的光学特性引起了科学家的关注，它们已被应用在航天探索中。用石英制成的大型角反射器，被安装在人造卫星上，还被设置在月球表面的不同地方。当人们从地球上向其发射激光时，这些角反射器总能把光线返回到发射仪器上，科学家可借此进行宇宙科学方面的研究。可见，小小角反射器的用途还真不小呢！

关键词：**自行车尾灯　角反射器**

为什么自行车在骑行时不会跌倒

在生活中,我们都有这样的经验,一个物体要有三点支撑才能平稳,如照相机的三脚架;当只有两点支撑时就会跌倒,像两脚的扶梯就要靠在墙上才不会倒下。自行车在停放时,前后轮分别是两个支撑点,必须靠第三个支撑点——撑脚架来保持平衡。可是,只有两个支撑点的自行车在行驶时为什么不会倒下呢?

在回答这个问题之前,先来做两个简单的小实验。把一个图钉用大拇指和食指用力扭着它的针尖一转,并乘势把旋转着的图钉抛在桌面上,图钉就能用它的针尖直立在桌面上转,直到它停止转动时才倒下来。再拿一个硬币,用两手扳住它的边缘用力一转,硬币也能在桌子上旋转,直到快要停止转动的时候它才倒下。

这两个事实向我们说明了一个科学原理:凡是高速转动着的物体,都有一种能竭力保持转动轴方向不变的能力。而自行车的前轮和后轮在行驶的时候,就是两个迅速转动的物体,它也有保持转动轴方向不变的能力,这使自行车在行进时不会倒下。

人骑在车上,有时候会使车向一边倾斜而失去平衡,这时只要扶正车把,就可以调整前轮的位置;而且骑车人的身体也会条件反射地不断改变位置,使车子保持平衡。

自行车停下来的时候,轮子不转动了,那种自动维持轮轴方向不变的能力消失了,车子就容易倒下来。如果不用撑脚架而要使车子不倒,那就只能依靠骑车者身体的平衡动作来做到这一点。杂技演员能够在一辆不动的自行车上表演各种精彩节目,就是因为他们熟练地掌握了各种保持平衡的技巧。

关键词: 自行车　平衡

为什么有些自行车能变速

如果你骑着一辆普通的自行车在路上行进,往往会遇到这样的情景:身边不断有骑车者超过,而他们脚蹬自行车踏板的频率比你低得多,哪怕你猛蹬脚踏板,也追不上那些悠然轻松的骑车者。这是为什么呢?

我们知道,自行车的脚踏板是通过链条与后车轮的轮轴相连的。脚蹬踏板,使与踏板相连的转轮转动并带动链条,链条的周转运动又带动了后车轮轴上的牙轮,自行车就动起来了。所以,要使自行车速度加快,必须增加蹬踏的频率,但这样一来,骑车者就比较容易疲劳,特别是在顶风或爬坡时,要想骑得快就更困难了。

怎样才能使自行车骑行速度加快,又不必费劲地快速蹬踏脚踏板呢? 自行车设计师想到,自行车后轮轴上的牙轮越大,以同样频率踩蹬踏板,车轮在单位时间里的转数就越少,转速就越小;而牙轮越小,转速就越大。因此,只要能变动牙轮的直径,就可以得到不同的车轮转速了。现在,不少山地自行车或比赛用自行车上,都装有 3 ~ 5 对不同直径比的牙轮,骑车者可以方便地拨动装在车把手上的开关,使转动链条从原来啮合的一对牙轮上转换到另一对直径不同的牙轮上,骑行时脚踏频率不变,但骑行速度却会大不一样。这就是自行车分挡变速的道理。

安装了变速装置的自行车,在爬坡或顶风骑行时,只要将车链条变挡到直径较大的牙轮上,就能省力不少;而在速度较慢时,只需将车链条变挡回到较小的牙轮上,就可以加快骑行速度。自行车安装了这种变速装置,就能使骑车者根据需要,选择最佳的骑速轻松骑行了。

关键词: 自行车　牙轮　变速

未来的自行车会有哪些发展

自行车是一种非常便捷有用的短距离个人交通工具,它已有 200 多年的历史了。早在 1890 年,荷兰就修建了世界上第一条自行车专用车道,被世界上公认为自行车王国。我国人口众多,拥有 1 亿辆以上的自行车,约占世界自行车总量的 1/4。在目前私人汽车尚未能大范围普及的情况下,自行车仍是我国大多数百姓首选的代步工具。

随着时代的发展和人们需求的增加,未来的自行车将在哪些方面发生变化呢?

减轻重量和增强牢固度, 可能是人们对自行车的最大期望。碳纤维材料质量轻、牢度大,辅助以蜂窝状的结构设计,能使整车重量大为减轻,因此将是自行车材料的最佳选择。而一些超轻合金及轻金属材料,由于质优价廉(碳纤维材料较为昂贵),也将受到生产商的喜爱。如用铝材制造的一种新型自行车,重量仅为 9.1 千克,骑行或推行都十分轻巧。

轮胎的质量也是一个重要的方面。未来的自行车将提供适合各种环境的不同轮胎,如适用于光洁路面的无纹轮胎,便于在泥泞道路或冰雪路面行进的皮钉轮胎。此外,特制的泡沫塑料轮胎将使骑车者绝无漏气补胎的烦恼,而涂有高强度新材料的强力轮胎,同样也不怕针刺石戳。

自行车设计者还将改变目前自行车分挡变速的不方便状况,新型的脚踏轮与驱动轮之间的传动比可以无级调速。甚至还研制出前后轮同时驱动的车型,使自行车在泥地、沙地或雪地上骑行时,也能照样劲道十足,速度不减。此外,新型自行车还将在前后轮都装上避震器,即使在坑坑洼洼的路面上骑车也很稳定。

车形的设计是未来自行车发展的又一个重要方向。这不但能满足不同骑车者的口味,更重要的是能尽量减少空气阻力,提高车速,而且能使骑车者感到更为轻松和舒适。如有一种装有轻质整流罩的自行车,能将人体和车身的大部分罩入流线型的车体内,非常适合长距离旅行。其他如车轮、梁架、把手、刹车等部件,同样也将出现更贴合人们需求的变化。

可以想见,自行车作为一种轻便、灵活、无污染的交通工具和健身休闲工具,将会受到更多人的青睐。

☞ 关键词:未来自行车

为什么要严格控制燃油
助动车的数量

助动车作为一种新型的交通工具,以其操纵方便、行驶灵活、快速轻便、费用适中等特点受到人们的欢迎,它还广泛适合于不同年龄的人骑乘。仅在我国的上海市,从 1991 年开始到 1996 年,就有约 50 万辆助动车登记上牌,成为市民出行的重要交通工具。这不仅大大刺激了国内外众多助动车生产厂商,也在一定程度上解决了城市基础建设不配套和市民出行不便所产生的矛盾。

随着城市范围的不断扩大,人们的出行距离和时间大大延长。选择助动车作为代步工具,成了个人交通升级换代过程中的一个"插曲"。说它是一个"插曲",是因为从 1996 年开始,助动车总量开始受到严格控制。这是为什么呢?

原来,助动车在给人们带来交通方便的同时,也使原本已十分严重的道路交通拥挤状况进一步加剧,并造成交通管理更为困难。助动车虽然有发动机,但它排量小、速度慢,因此被规定在非机动车道上行驶。而它的行驶速度又远在一般自行车之上,因而很容易造成助动车违规驶入机动车道,或在自行车道上横冲直撞等现象。这种速度"不快不慢"的交通工具一驶上街头,就形成了一种新的交通混乱现象,也使交通事故频繁发生。

燃油助动车受到限制的最主要原因,是由于它在机械结构和燃油方式上的先天不足,从而产生了极其严重的废气污染和噪声污染。据研究调查,助动车排放的废气中,一氧化碳排放量是汽车的 3.3 倍，而碳氢化合物的排放量则是汽车的 8 倍。而且，助动车尾气中含有的各种有害物质，通常都是 2 微米以下的微小颗粒，能直接由呼吸进入人体肺部，不少物质具有强烈的致癌作用。助动车尾气污染的严重性，还在于它是一个活动的小型污染源，更接近行人和生活区，几乎无人能免于这种污染。尤其是这些废气污染物飘浮在靠近地面的高度，对儿童的影响更为直接。

助动车发动和行驶时产生的噪声污染也十分严重，它不但长久地刺激骑车者和行人的听觉，还将这种危害带入每一条小巷、每一个居民区，使人们有不得安宁的烦恼。

面对燃油助动车所带来的明显的城市污染问题，出于对全体人民健康负责，限制燃油助动车数量，显然是一种具有长远目光的举措。

👉 关键词：**助动车　污染　噪声　尾气**

为什么要发展电动助动车

燃油助动车给城市环境造成了极为严重的大气污染和噪声污染，已成为不争的事实。有关部门采取了严格的控制管理措施，并积极推行用清洁能源的助动车来替代。在目前的情况下，发展和推广电动助动车是一个比较实际的手段。

电动助动车与燃油助动车相比，有哪些优势呢？

首先，电动助动车安装了高效的蓄电池，由电动机来驱动，不排放废气，所以不会造成大气污染。其次，电动机运转时发出的噪声，比燃油发动机运行的噪声轻得多，不会在大街小巷造成严重的噪声污染。另外，电动助动车的故障率很低，对于个人使用者来说，可以省去不少维修费用。

发展电动助动车的关键技术，在于解决蓄电池的高效长寿问题，同时降低成本。其中，无污染电池、镍镉和镍氢蓄电池、稀土永磁电机、光电无级调速控制器等技术已获得了不少进展，充电时间也大大缩短，这都使使用者感到更加方便。日本一家厂商开发出一种用特效活性炭做电极的新型电池，充电时间只需 15 分钟，容量却达到普通电池的 30 倍，而且可以反复充电 1 万次。这种电池用在电动助动车上，显然非常持久方便。一些欧洲国家正准备发展太阳能充电系统，为包括电动助动车在内的"绿色交通"提供服务，降低其运行成本。

随着城市居民环保意识的增强，人们对污染环境的燃油

车辆有了更清楚的认识。在汽车等交通工具尚无法完全满足城市交通的现状下，不少人自觉地选择了自行车作为个人的短途交通工具，而电动助动车本身实际上就属于自行车的范畴，将它称为电动自行车似乎更能反映它的内在特点。可以预见，在崇尚回归自然和注重环境质量的 21 世纪，电动助动车将成为流行的个人交通工具。

👉 关键词：电动助动车

为什么城市道路网要设置成不同形式

过去，到过北京的人都对北京的旧城道路网留下了深刻的印象：绝大多数道路都是南北向或东西向，相互交叉成无数个"井"字形，整个道路系统方方正正，整齐划一，就像围棋棋盘一样，因而被称为棋盘街。这种方格形式的道路系统，虽然很容易辨认和管理，但从一个街角到斜向的另一个街角，由于没有直达的捷径，因而只能沿着两条边走，路线比较长。

美国首都华盛顿的道路设置和北京相似，也是方方正正的棋盘街。但是，在白宫、火车站、国会大厦等一些重要的建筑设施之间，增加了一些直达而宽敞的交通干线，使车辆和行人能方便、迅速地来回。

近年来，北京的道路交通发生了很大的改变。以天安门广场为中心，在其外围每隔数千米建设一条环绕城区的快速干道，由内而外分别为一环到四环。每条环路都有多个出入口与通往市中心的交通干道相连，这大大减少了以往穿越中心城区的车辆数量，从城市一端到另一端，可以直接由外围的环路快速抵达，交通时间大为缩短。其实，这种围绕中心城区建立多圈环形路，并配以多条通往市中心的放射状道路的形式，是目前国际上比较流行的城市道路网规划模式，如英国首都伦敦等城市就是如此。

当然，各个城市的具体情况大不相同，因此道路网规划方式也随之各具特色。如上海市就在环绕中心城区的内环线的基础上，建立了贯穿市中心的南北高架路和东西向的延安路高架路。除此之外，在繁华的南京东路，节假日还禁止一切车辆通行，大大方便了市民和游人观光、购物。无独有偶的是，日本东京著名的商业大街——银座，节假日也规定为步行街，3000米长的大街上，只见行人如潮，不见车辆来往……

关键词：棋盘街　环形路　放射路　步行街

城市道路是如何分隔的

在一些宽大的马路上，你常常可以看到路面上画着一条条分隔车流的白线或黄线。在交叉路口，除了可供行人横穿马路的"斑马线"，还在各条车道的路面中间，用粗大的白色箭头标示出车辆左、右转弯或直行的方向。这些道路标志，指挥着不同形式、不同方式的车流各行其道，次序井然地通行。那么，道路交通一般是如何分隔的呢？

在一些重要的干道上，宽阔的路面常被分成为机动车道、非机动车道和人行道三大部分。机动车道占据了路面中央的主要部分,在车流量特别大的道路中间,往往由绿化带或栏杆将相反方向的车流分隔开来,这样既能提高对向行驶车辆的速度,又使对面行驶而来的车辆不会超越到本车道,以免造成车祸或堵塞。非机动车道设在机动车道的两侧,两者同样由隔离带分开,以免机动车与非机动车混驶。非机动车道适合于自行车、三轮车及助动车等速度较慢的车辆行驶。非机动车道的两侧是人行道,人行道通常高出车道 10～15 厘米左右,防止车辆驶上人行道。

在一般的道路上,路面分隔常常简化为车行道和人行道两部分,位于车行道两侧的人行道同样比较高。此外,一些较为狭窄的道路还被规定为单行车道,减少车辆因双向行驶时错车、掉头造成道路拥挤堵塞。

高速公路上,为保证行车速度和安全,不设非机动车道和行人步行道,但路面分隔同样不可少。通常,高速公路对车辆的速度有一定限制,而且将道路的中间部分规定为快车道或超车道,两侧为慢车道或正常行车道。

对路面进行专用车道的分隔,大大强化了车辆行驶的安

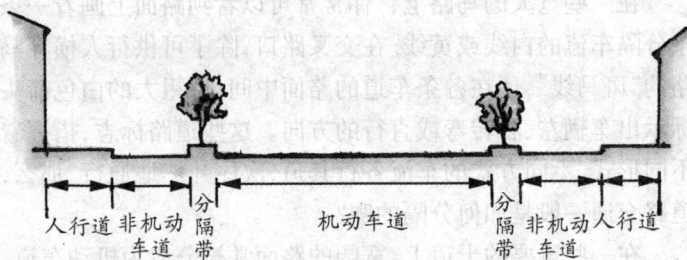

人行道　非机动车道　分隔带　机动车道　分隔带　非机动车道　人行道

全性,各行其道的结果还使车速普遍提高。

关键词: 道路分隔　机动车道
　　　　非机动车道　人行道

为什么有些路段要实行单向通行

在乘坐出租车时,常会遇到这样的情况:明明有直达便捷的道路,但司机有时会避而不走,却绕道行驶。这并不是出租车司机欺客,而是由于有些道路实行的是单向行驶。

为什么要实行单向行驶呢?

单向行驶又称为单向交通,它是指在某一条道路上,车辆只准向一个方向行驶。这是提高道路通行量的一种管理措施。大家知道,城市交通拥挤阻塞的关键在路口。一条双向交通道路的每个路口,仅汽车直行与左转、右转等平面相交的冲突点就有 16 个之多, 使得车辆通过路口时, 因等候时间过长而引起堵塞。实行单向交通后,汽车只准单向行驶和右转弯,不准逆向行驶和左转弯, 使路口的冲突点减至 4 个, 降低了3/4。路口的通行量明显提高, 车速加快, 车流量也得到大幅度提高,而且交通事故率明显降低。以上海市石门路、瑞金路和陕西路为例,从 1994 年实行单向交通后,经测算,车速提高了 20% , 车流量提高了 30%。目前,仅上海市就有 300 多条道路实行了单向交通。

在设置单向行驶的路段时, 往往要考虑到相反方向行驶的车流的协调合理,如平行的两条相邻的道路,可同时设定为单向行驶路线,但方向相反;或在某些十字路口允许车辆左转弯,这样就能满足不同方向车流的行驶要求了。

　　车多路少是我国许多城市普遍存在的矛盾,尤其是在一些大城市中,这一矛盾在相当长时间内都难以彻底解决,因此只能从交通管理上挖掘潜力。在部分路段实行单向交通,便是迅速见效的措施之一。当然,要彻底解决城市交通拥挤的状况,还需要在道路建设、交通形式、车流管理等方面有更大的发展和提高。

　　☞ 关键词:单向交通　单向行驶

为什么我国规定车辆"左驾右行"

　　在中国,人们已经形成了这样的行车习惯:车辆靠右行。由于车辆靠右行驶时,在车辆的左侧更容易观察前后左右的来往车辆,所以,方向盘通常就设在车辆的左边。这就是"左驾右行"。

　　车辆靠右行的交通规则,源于18世纪的法国大革命时期,后来陆续为欧洲许多国家和美国等国家所采用。不过,英国、日本及大多数亚洲国家,却实行车辆靠左行驶的规则,在这些国家中,方向盘是设在汽车右侧的。

　　其实,"左驾右行"制度在我国也并非一贯如此。从1840年鸦片战争到1945年抗日战争胜利期间,中国的车辆运营曾有过60多年的左行、30多年的左右混行的杂乱局面。

　　1840年鸦片战争后,随着中英《南京条约》的签订及五大

通商口岸的开放，英国的车辆左行制也传入中国。1894年甲午战争后，日本人力车的左行制度也对中国产生了很大的影响。1900年八国联军侵华后，列强割据，租界林立。在这样的环境下，左驾右行、右驾左行的各式汽车横行神州，混乱的情况一直延续到20世纪30年代。1934年12月24日，当时的国民政府颁布了《陆上交通管理规则》，正式确定"车辆一律靠左行"，但此规则仅实行了10余年。抗日战争胜利后，由于盟军遗留下大批左驾右行的汽车，同时，人们对帝国主义侵华带来的左行制抱有强烈的反感，当时的交通部牌照管理处制定了"中国境内车辆靠右行驶"的法定规则，方才实现了全国统一的人、车皆靠右行。

中华人民共和国成立后，左驾右行的制度被延续了下来。1988年3月9日，国务院颁布了《中华人民共和国道路交通管理条例》，其中明确规定了"驾驶车辆，赶、骑牲畜，必须遵守右侧通行"的原则。

👉 关键词：左驾右行　右驾左行

车辆在没有交通信号灯或交通标志
的情况下应怎样行驶

"红灯停，绿灯行"、"行人请走人行道"，这些都是交通规则的俗语，也是每一个公民出行时都必须遵守的准则。但是，一旦汽车在经过既没有交通信号，也没有交通标志的十字路口时，该怎么办呢？这时候，如果人人争先，就很容易造成路口堵塞，发生交通事故。

无规矩不成方圆。其实，道路交通管理条例早就有明文规定：车辆在通过没有交通信号或交通标志的交叉路口时，必须遵守下列规定，依次让行。

首先，分支道路上行驶的车辆，要让主要干道上的车辆先行，以降低车辆堵塞的数量。如果主要和次要道路难以分清，非机动车应让机动车先行，其中，公共汽车和公交电车更应优先通行。

对于同类的车来说，交叉方向行驶时，一般以右侧没有来车的车辆先行。而对于相对方向行驶的转弯车辆，左转弯的车应该让直行或右转弯的车优先通过。这样就能降低车辆堵塞和事故发生的可能性了。

此外，车辆进入环形路口时，首先要让已经在路口内的车先行。

总之，行车时要提倡礼让三先，自觉遵守行车规则，这样既能提高交通运输的速度，又能保证交通的安全和畅通。

👉 关键词：**交通规则**

绿色交通真是绿色的吗

绿色是春天和生命的象征。随着物质生活的大大丰富，人们对生存环境的质量也提出了更高的要求，绿色无污染产品不断问世。而绿色交通，就是指无污染、少污染而符合环保要求的各种新型交通形式。

我们知道，汽车的诞生和发展为人类文明作出了巨大的贡献。但是，大量汽车所排放的废气，也日渐成为现代城市大气污染的主要原因。汽油燃烧后所产生的多种有害物质，不仅直接危害着人体健康，而且造成广泛的环境污染，这已成为人们的共识。因此，发展绿色交通，实际上就是一个能源多样化的过程，也是对采用清洁能源的交通工具进行发展和提倡的过程。

目前，许多国家都投入大量人力、物力，来开发各种无污染、低污染的绿色交通工具。例如在城市中大力发展地铁、磁悬浮列车、轻轨交通等，而在个人交通工具方面，电动汽车、天然气或液化气汽车、氢气汽车、甲醇和乙醇汽车等，都有可能在不久的将来，成为"绿色汽车"的主流。

要有效减少汽车废气污染，关键是要解决汽车燃油问题。例如，以燃用天然气替代汽油的汽车，就是一种较为理想的低污染汽车。与燃油车相比，它的尾气排放中碳化氢下降90%、一氧化碳下降80%、二氧化硫下降约40%。同时，使用天然气的成本比燃油汽车节约燃料费50%。目前，天然气汽车在许多国家已得到广泛应用，全世界的保有量已达525万辆以上。我国推广天然气汽车还刚刚起步。1998年6月，上海已有200辆由桑塔纳轿车改装的液化石油气汽车驶上街头、投入使用，并计划用5年时间，将全部4万辆出租汽车及单机型公交车全部改装为液化气汽车。全国其他城市也都在积极推广天然气汽车，目前已达到6000多辆。

到2000年，在全国范围内将实现车用汽油无铅化，取消低标号汽油的生产和使用。同时，要求新生产的轿车全部采用电控汽油喷射和排气净化装置。这些措施的实施，将大大减少车辆的废气污染。单是电控汽油喷射系统一项，与传统的汽车相比，排废量就可降低约 90%。因此，绿色交通的前景将是十分美好的。

为什么高速公路上没有路灯

入夜，当你乘车行驶在高速公路上时，会看到车子前方流动的车灯五光十色，路边的标志像节日的彩灯一样闪闪发亮，路面标线清晰明亮，指示着前进的方向。然而，如果你回头向后看去，这些迷人的灯影都不见了，只见一片夜色苍茫，连普通的路灯也看不见。这是怎么一回事呢？

普通公路上，一般都有路灯照明。可是路灯照明度很差，而且发出的是散射光，容易使行驶中的司机目眩，有时反而难以辨认交通标志、路面标线以及障碍物等。高速公路上车流量大、车速快，照明要求高，如果因为路灯照射而影响驾驶员的观察，就会酿成大祸。因此，除了途中的加油站、修理所、控制室等路段外，高速公路上通常不采用路灯照明。不过，在高速公路上行驶时，也不是一片漆黑。人们采用了一种新型的材料——玻璃微珠制成的反光膜铺贴在路边的交通标志、路面标线和其他交通设施、建筑物上，成为反光标志。它们平时不发光，只是当遇到汽车前灯的强光照射时，这些反光标志才会将光线定向地反射到司机的眼睛里。这种反光标志的反射率要比普通油漆强百倍，反射距离可达 1000 米。也就是说，司机可以在 1000 米之外就发现这些反光点；在距离 400 米处，可以分辨出这些标志的颜色、图形和符号；在距离 200 米左右，还可以看清标志上的文字。它们像发光的宝石一样撒在繁忙的高速公路上，保证了夜行车辆的安全。

玻璃微珠反光膜是用折射率很高的光学玻璃制成玻璃微珠，再粘贴在金属膜上做成的。玻璃微珠的直径只有人的头发丝直径的一半。通常，道路上的物体对灯光的反射是无规则的漫反射。也就是说，大部分的光线都向四面八方反射掉了，回到发光源的只是一小部分，所以可见性很差。而反光膜受到灯光照射后，由于玻璃微珠的折射作用和金属膜的反射作用，使光线平行而定向地回射到光源体，使被照射的平面体获得最佳的可见度。因此，反光膜可在黑暗中熠熠发光，而自身并不用耗费能量。

现在，这种新型的反光材料不仅应用在公路上，而且还被应用在交通管理人员的制服上、学生的书包上、自行车的轮胎上等，它将为交通安全发挥显著的作用。

☞ 关键词：高速公路　反光标志　路灯

为什么高速公路没有很长的
直线段和急弯道

经常旅行或出差在外的人都有这样的经验，乘车在高速公路上行驶时，几乎没有碰到过很长的直线段，也没有很急的拐弯和很陡的上下坡。这是为什么呢？

谁都知道,两点的连线以线段为最短,然而高速公路却没有很长的直线段。这是因为在高速公路上行驶时,车速很快,长时间的直线行驶,会使司机视觉疲劳、注意力分散,以致昏昏欲睡,不利于安全行车。而在直线段行驶后设置一些弯道,能刺激驾驶员的注意力,保持谨慎驾驶。而且,高速公路在建设中,实际上也会遇到许多必须绕避的地段,如高山、湖泊、沼泽以及地质不良地段,因此高速公路必然会有许多弯道。例如,150多千米的京唐高速公路就有几十个转弯点。

那么,高速公路上为什么没有急弯道和陡坡呢?

原来,汽车在弯道行驶时会产生横向的离心力,弯道越急,车速越快,离心力就越大。当路面与轮胎的摩擦力小于横向力时,汽车就会向外倾翻,发生交通事故。要避免这种现象,可以采取降低车速和增大弯道半径两种方法。在高速公路上,车辆的行驶速度都很快,因此在设计弯道时,尽可能地增大弯道半径,减小离心力,就能使汽车在高速行驶的情况下顺利通过弯道。高速公路由许多半径很大的曲线连贯起来,曲线加长了,人在车上就感觉不到离心力的影响了。

高速公路还规定,在平原地区,最大纵坡为3%,也就是说,每前进100米,最多只能升降3米。因为坡度越大,汽车就行驶得越慢,难以发挥高速公路的特点。下陡坡时,车向下滑溜,难以控制,就可能发生车祸。而当汽车通过凸形地段时,车辆会受到垂直向上方向的离心力,当离心力很大时,汽车就像失重一样,转向操纵失灵,对行车安全十分不利。同时,坡度过大,还会影响司机的视线,看不到前方的道路情况。

☞ 关键词: 高速公路　直线段　急弯道　陡坡

自动高速公路有什么特别之处

假如你看到一名驾车者,坐在汽车里什么都不用做,汽车就可以自动前往他想去的地方,你肯定以为这是科幻电影或小说里的一个情节。但是,1998年7月22日,在美国加利福尼亚州的圣迭戈和洛杉矶之间的第15号州际高速公路上,这一切都真实地发生了:当时,有十几辆汽车自动平安地行驶了十几千米,车里的驾驶者居然手不扶方向盘,脚不踩油门和刹车,甚至眼睛都不往路上看……这就是世界上第一段自动高速公路开通的场景。

自动高速公路与普通的高速公路有什么区别呢?原来,在这种自动高速公路的路面下,埋设了92000多个2~3厘米大小的磁片,磁片间隔为120厘米。而在这种公路上行驶的汽车,也不是普通汽车,而是美国通用汽车公司庞迪亚克牌自动汽车,被称为无人驾驶的电脑汽车。它的外表看上去同普通汽车没有什么区别,但在车后厢装有一台电脑,这就是整个汽车的"大脑"和"心脏",它能根据来自各方面的信息,在分析、判断后作出适当的指令,控制方向盘的行动。在后视镜背后有一个微型摄像机,用来观察路面情况,并把图像传送到电脑里。在汽车车身前方和两侧,还安装了近距离探测雷达,一旦雷达发现路面上有任何障碍物,就会自动启动刹车。为了把汽车保持在车道上一定范围内,汽车上还安装有很多传感器,对路面下的磁片及路边铺路石之间的颜色、质地、纹理和车道上的车印等进行记录,并通过电脑进行分析。车内坐位前面还有一个屏幕,显示前方道路情况和汽车前后的其他情况。即使在瓢泼大雨的情况下，这种自动汽车仍能在 160 千米/时的行驶速度下，相互之间只保留二三米距离而不发生任何碰撞！

目前，这种无人驾驶电脑汽车还有不够完善的地方，例如只能前进不会后退，对行人等非金属物体不敏感，遇到大雾时汽车摄像机只能"望雾兴叹"……不过可以相信，随着各种高新技术的发展，真正无需人来控制的自动汽车不会离我们太远了！

☞ 关键词：自动高速公路　无人驾驶汽车

为什么要建立体交叉路

随着城市人口的高度密集，车辆的猛增和地面道路的有限形成了尖锐的矛盾。尤其是在上下班高峰时间，许多道路交叉处都出现了汽车排长龙的堵车现象，拥塞在路口的自行车

更是层层密密,再加上来自四面八方的人流,交叉路口成了阻碍交通的"咽喉"。

据有关部门测算,机动车在城市中心区运行的时间,有2/3花在交叉路口,同时,有一半的交通事故,也发生在交叉路口上。此外,机动车在启动和停车时放出的尾气,持续而集中,其污染比在行驶中要严重得多。因此,为提高道路的通行能力,减少机动车在交叉路口的停车次数,降低交通污染,建立新的交通形式成为当务之急。其中,建立立体交叉路,是解决交通阻塞的一个重要手段。

什么叫立体交叉路呢?

立体交叉是指两条道路,或一条道路与一条铁路,在不同水平面上的交叉。它将互相冲突的车流,分别设置在不同高度的道路上,使车子各行其道,互不干扰。立体交叉路又简称立交,它由立交桥、引道和坡道三部分组成。立交桥是指跨越道路的高架桥;引道是立交桥向地面过渡的部分路段;坡道是引道下方与地面道路连接的路段。

立交有很多种形式,根据功能和结构的不同,大致可分为分离式立交和互通式立交。但不管是哪一种立交,都使道路交通从平面交叉变为立体交叉,保证了高效的交通速度,也提高了行车的安全性。建立美观大方的立体交叉路,已成为道路发展的必然趋势,也是现代化建设的一种象征。

关键词: **立体交叉路　立交**

未来的路面会出现哪些新变化

一辆性能优越的汽车,在又平又直的路面上行驶起来,又快又稳;如果遇到坑洼不平的路面,再好的车也难显其能。路面对于汽车来说,如同水对于鱼那样重要。

随着交通事业的发展,道路建设也出现了许多技术上的进步。许多新型的路面,在材料、结构、功能和形式等多方面,都与传统路面有很大的区别,也为未来的交通作好了准备。

国外生产了一种能"搬动"的路面,它是由轻质铝合金制成的。当人们发现某段路面损坏了,可以用车辆及时将这种新路面运到现场,作为临时补救之用。路面专家还用聚丙烯等材料来修补路面,将它铺在缺损的路段上后,使其底面熔化,与原有路面紧贴合一,显得十分牢固。这种路面还具有耐腐蚀的特点,使用寿命很长。

通常,人们总是觉得平整光滑的路面比较"高级"。其实,对于行驶在高速公路上的车辆来说,带有花纹而略显粗糙的路面才更好。这是因为,车辆以 100 千米/时的速度行驶时,路面防滑尤其重要。于是,道路工程师用特殊的筑路机械,在路面上留下了各种图案的花纹,它就像家里的防滑地砖,汽车即使在雨天行驶也不易打滑,好像装上了一条"道路安全保险带"。此外,用橡胶微粒和水泥混合,加入专用化学胶水后铺设路面,也能起到防滑的效果。而且,这种路面特别耐磨,其强度比沥青路面高得多。

有趣的是,美国有一位工程师从汽车对路面的重压受到启发,在路面下安装了一种踏板式的转动轴。车辆开过踏板时的重压，能使转动轴转动，带动相连的发电机发电，这些电能用作道路照明用电，实在是绰绰有余！

除此之外，人们还根据不同的需要，设计出了彩色路面、发光路面、电子控制路面、防水路面等多种新型路面。相信在不久的将来，我们将会体会到这些高新技术的结晶给我们的生活和交通带来的便利。

☞ 关键词：新型路面

为什么有些公路要染上颜色

我们通常见到的公路，不是黑色的柏油路面，就是灰白色的水泥路面。彩色的公路，恐怕只有在小朋友的图画里才能看得到。

其实，在世界各地的有些城市，真的建有一些"彩色公路"哩！例如在法国巴黎市的东北，就有一条长达 32 千米的着色公路。这条着色公路，根据道路情况和道路方向，分别在路面上涂上了多种不同的颜色。

在公路上染上颜色可不光是为了漂亮，主要是希望通过使用暖色(红色)、冷色(蓝色)等各种颜色的变化，逐渐替代普通公路路面和交通标志的单调颜色，消除驾驶员产生的乏味、紧张、烦躁的感觉。并且，驾驶员随时可以根据沿途路面的色彩和图形作出正确判断，采取必要的措施，确保交通安全。

通常情况下，暖色(红色)可以使驾驶员提高警觉，它常常被涂在临近闹市区或即将拐弯的地段，提醒驾驶员谨慎行驶；

冷色(蓝色)能够使驾驶员产生一种轻松感;另外,还可以采用球形或锥形的有色图形,来标明路面的升降情况;在每座桥梁的桥头涂以不同的颜色,可以用来标明东南西北不同的方向。

随着城市范围的逐渐扩大,人们对汽车的速度也提出了很高的要求。从安全行驶的角度来看,着色公路确实十分有效。目前,世界上一些城市还新建了夜光公路,也就是给道路涂上一层发光材料,目的也是为了引起驾驶员的警觉,从而保证夜间行车的安全。

关键词: 公路颜色　彩色公路

为什么"消声公路"能消除噪声

在英国的邓卡斯顿北部和伦敦南部的埃普索姆,建有两条奇特的公路。这两条公路虽然也是用水泥筑成的,但与众不同的是,汽车在这种公路上行驶时所产生的噪声,比在普通公路上低 2～3 分贝,它因此而获得了"消声公路"的美称。

消声公路的研制受到了隔音室多孔板的启示。科学家利用隔音室多孔板能够消除噪声的原理,研制出一种多孔沥青混凝土用来筑路,以降低交通噪声。多孔沥青混凝土能利用材料内部的气孔和弹性,吸收车辆行驶时产生的弹性应力波,把大量震动能转变成材料内部的热能散发掉,从而使震动和噪声都迅速衰减。但是,这种多孔混凝土的公路被冰雪覆盖后,却因路面的孔洞全部结冰而不得不被迫关闭。那么,能不能找到一种不受天气影响的路面新材料呢?

英国科学家研制成一种"全天候"的新材料——粒粒水泥。使用这种粒粒水泥铺路,首先要在公路上铺一层厚度约20厘米的普通混凝土,构成平整的路面;然后铺上一层薄薄的粒粒水泥,厚度约2厘米;再在路面上喷上化学阻滞剂,防止水泥灰浆凝结在路面上。待12小时后,用机械刷刷除路面上的水泥灰浆,从而形成了颗粒凸露的公路路面。这样铺成的路面由于表面有微小的不规则凸起,因而类似多孔沥青混凝土公路,也能吸收交通噪声产生的弹性应力波,从而达到消除噪声的目的。这种全天候"消声公路"的优点是,无论在烈日炎炎的夏天,还是冰天雪地的冬季,它都不会由于气候变化而影响正常的交通和"消声"的功能。

用粒粒水泥铺建的高速公路,不但能"吃掉"路面的交通噪声,而且由于凸露的颗粒使路面反光变小,路面颜色与环境较为和谐,这将使它成为未来公路交通发展的一个实际有用的方面。

关键词: 消声公路　交通噪声

为什么要实行"公交优先"

对于大多数生活在城市中的人来说,交通堵塞,是每天出行时最担心的事情。

城市交通的矛盾就在于交通需求大而空间狭小,要想在狭小的空间里解决大量的交通需求,就必须选择那些占用空间少而载客多的交通方式,那就是公共交通,就是我们通常所说的公交。新加坡、香港等没有汽车工业的国家和地区,通过积极发展公交,很好地解决了城市交通问题。甚至在一些以汽车为支柱产业的国家,公共交通在城市交通中也占绝对比重,如纽约（公交占 86%）、伦敦（公交占 80%）、巴黎（公交占 56%）、东京(公交占 70.6%)等。

要想缓解交通紧张现象,交通政策是控制全局的,而工程设施则是第二位的。如在我国的上海市,据初步估计,即使规划的高架道路全部建成,规划的道路都拓宽,当小汽车发展到 150 万辆左右时,道路网也将全部饱和,而这些小汽车的客运量仅为全部客运量的 15% ~ 20%。而且,对于绝大多数工薪阶层来说,在相当长一段时间内,公共交通仍将是他们别无选择的交通方式。所以,公交优先势在必行。

如何实行公交优先呢?它包括财政上的优先、建设实施上的优先和交通管理上的优先。首先,通过立法手段,确立发展城市公交的固定资产来源。公交的效益在于居民出行方便,从而提高社会工作效率,改善城市环境,而主要不在于公交企业自身的盈利。其次,加快有轨交通的建设和专用公交线路的建设,如在高架道路上通行新式有轨电车或公共汽车,并且有条件地推行地面公交专用线路和车道,使其尽可能少地受到其他交通工具的影响。

除此之外,开辟新的公交线路,合理规划和调整公交线路的走向和站点设置,给公交车辆优先行驶的权利等等,都是城市公交优先的一种体现。

关键词: 公交优先　公共交通

为什么超速的车辆躲不过
警察的"眼睛"

有一些因超速行驶而被处罚的车辆驾驶员，常常会无奈而迷惑地想：警察是怎么知道我超速的呢？难道他的眼睛能在瞬间测出车速吗？

确实，要监视频繁来往的车辆的速度，不是件容易的事，但有一种叫做雷达测速仪的神秘仪器，帮警察解决了这个难题。它的外形很像一支大手枪，有枪筒、手柄和扳机。警察只要把枪筒对准要监视的车辆，一扣扳机，它就会向车辆发射一束雷达波，反射回来的雷达波就能在数码管上显示出这辆车的车速来，又快又准确。平时，这支雷达枪可以挂在警察的腰上，也可以安装在交通巡逻车上，或者设置在高速公路的重要路段。有了雷达枪，可以大大减少交通事故，也打破了一些超速行驶者的侥幸心理。

为什么用雷达枪能检测出超速车辆的速度呢？

你一定有这样的感觉，当一辆拉着汽笛的火车从你身旁开过时，它的声调越来越高；而背离你远去时，声调又会越来越低。而且，车的速度越快，声调变化的差别越大，这就是多普勒效应。雷达枪就是根据这一原理研制的。当远处的车辆是停着不动时，雷达枪反射回来的雷达波和发射出去的雷达波是一样的。如果远处的车辆正在行驶，那么，根据多普勒效应，反射回来的雷达波就相当于车辆发出的"声音"，车辆行驶得越快，反射波和发射出的雷达波差别就越大。雷达测速仪里的计算机就能把这种差别自动计算出来，再经过数字电路的转换，在数码管上显示出这辆车的车速来。

这种雷达枪的正式名称叫多普勒声雷达，它的测速范围在 24 ~ 199 千米/时之间。由于它精确度高，又便于使用，所以越来越受到交通管理部门的欢迎。

在每条高速公路上，都设有限速的指示牌，这个速度是根据车道的宽窄、平整度和一般交通情况科学地制定出来的，只要驾驶员严于律己，遵守交通法规，就能创造出一个良好的行车环境，而千万别冒险超速，想侥幸逃过雷达枪的"眼睛"。

关键词：雷达枪　多普勒效应　超速行驶

为什么乘车要系好安全带

现在，许多小汽车上都配备了安全带。如果你经常乘坐出租车就会发现，出租车驾驶员总是自觉地系好安全带。而且，在出租车的前排位子上，常常标有"请系好安全带"的字样。小小的安全带，是如何来保障乘车者安全的呢？

随着交通事业的不断发展，公路条件得到不断改善。车辆的性能也越来越好，其标志之一就是车速越来越快。在这种情况下，交通安全变得更加重要。高速行驶的汽车，在紧急刹车或急转弯时，乘车者在惯性的作用下，会不由自主地前倾或向左右倾斜。这时，小小的安全带就发挥出重要的作用。它能防止乘车者前冲，撞向挡风玻璃，也能避免乘车者因左右碰撞而受伤，甚至被甩出车门外。

据资料统计，在各种汽车碰撞事故中，使用安全带可使

60%的乘员免于死伤。特别是小汽车由于重量轻,它和大型汽车相撞时,乘员的死伤机会为大型车的 8 倍,因而在小汽车上采用安全带尤为重要。

汽车安全带的佩带方式一般为从肩到腰,这样可以拦住整个身体前倾。它具有一定的伸缩范围,适合各种体型的人使用,不会使你感到很强的压迫感。而且,在现代汽车设计中,安全带的质量已经成为评价汽车安全性的一个重要方面。

所以,为了您乘车安全,请系好安全带!

☞ 关键词: 安全带

为什么要用陶瓷制造汽车发动机

1991 年, 我国第一辆用陶瓷材料做发动机的大客车, 完成了从上海到北京的旅程。这次长距离的实车试验成功,标志着我国在陶瓷发动机的研制和实际应用方面, 已达到了国际先进水平。在此之前,世界上只有美国、日本和德国完成了类似试验。

为什么要用陶瓷来代替金属制造发动机呢?

原来, 汽车的发动机是通过燃料燃烧, 产生高温高压气体,从而形成推动汽车前进的动力。而且,发动机里的燃烧温度越高,产生的动力越大,燃料的效率也越高。可是在实际上,即使是使用耐高温合金制成的发动机, 它的使用温度最高也不过约 1100℃, 超过了这个"极限", 发动机的金属材料就会软化甚至烧毁。所以,不少汽车都装备了冷却系统,以保证发动机能持续正常地运转。但这样一来，不但进一步降低了热效率，也使发动机的整体重量和体积增大，影响到车速提高。

有没有既耐高温、重量又轻的材料来替代金属制造发动机呢？科学家想到了陶瓷。随着陶瓷材料技术的发展，人们生产出了具有超强耐高温特性的新型陶瓷——氮化硅陶瓷、氧化锆陶瓷、碳化硅陶瓷等，它们都能耐受 1400℃ 以上的高温，用它们制成的发动机，即使内部温度达到 1300℃，也根本不需要复杂的冷却系统来帮忙。而且，这些陶瓷材料本身就比金属轻。因此，陶瓷发动机体积小、重量轻，它的热效率可达到约50%，能比金属发动机节省 20% 以上的燃料。

在人们的印象中，陶瓷是一种很脆的材料。科学家通过不断研究，将碳化硅等陶瓷材料和石墨结合在一起，形成韧性十足的新型耐高温复合材料。用这种陶瓷材料制造的汽车发动机，完全能适应汽车行驶中的强烈震动，既发挥了陶瓷耐高温的优点，又保持了以往发动机强度高的长处，因此是一种很有发展前途的新型发动机。

☞ 关键词：陶瓷发动机

未来的汽车"吃"什么

从 1885 年德国人本茨采用汽油发动机，制造出第一辆实用的汽车以来，绝大多数的汽车目前仍然用汽油或柴油作为燃料，被称为是"吃"油的运载工具。汽油或柴油都是从石油中提炼出来的碳氢燃料，燃烧后产生的一氧化碳、碳氢化合物和氮氧化合物是大气污染的元凶。同时，现已探明的石油蕴藏量只能维持人类今后50年的需求。面对地球能源的日益短缺和环境保护的严重压力，21世纪的汽车必须寻找新的能源作为"食粮"，并通过改善燃烧技术来实现对新能源的合理利用。根据目前的科研实践结果，未来的新能源汽车可能会有以下几种：

"吃气"汽车，它的主要燃料是液化气和氢气。液化气有三大优点：价格低，仅为汽油价格的40%；安全系数高，车上装有各种安全保险阀门，在任何情况下都不会发生火灾和爆炸；废气污染小，排放的废气中没有铅，一氧化碳和碳氧化合物等含量也甚微。氢气可以通过分解水来制取，它燃烧后只会生成水，是一种不会枯竭、最干净的燃料。尤其是现用汽车的汽油机经过改造后，很适合于使用氢气为燃料，因此这是一个很诱人的发展方向。

"饮水"汽车。核能是当代最高级的能源，核聚变的主要原料是氢、氘。1千克氘聚变成氦时，所释放的能量等于燃烧4万吨煤，这比1千克铀裂变时所放出的能量还要大20倍。氘可以从海水中提取，所以，"饮水"汽车上只要装有1千克海水，以及能从中提取氘的装置和核反应堆装置配套使用，汽车就能拥有几乎是用之不竭的能源。

"吸电"汽车，它的主要能源是蓄电池和燃料电池。日本最近推出了两种蓄电池电动汽车：其中一种微型轿车一次充电可以连续行驶200千米，时速可达40千米；另一种微型三轮汽车最高时速达45千米，适合在狭窄的乡村道路上行驶。而且，这两种电动汽车都不会污染大气。目前，各汽车生产大国都在大力研制更先进的蓄电池，用不了多长时间，性能更为优良的电动汽车将会不断出现。燃料电池中的氢与氧在 80℃ ~ 90℃ 的温度下会反应产生电能，氢转化为电能的效率为 50% ~ 60%，其生成的废弃物就是水，不会污染环境。这种燃料电池—电机系统的综合效率，优于目前汽车的动力系统。戴姆勒—克莱斯勒公司研制的部分氧化燃料处理器，可以把车载汽油转化为氢气、二氧化碳和水，其中的氢气即用于发电驱动汽车。这项技术可使汽油的利用率提高 50%，排放的洁净度提高 90%。该公司研制的"新电力车 4 代"燃料电池汽车，可以乘坐 5 个人，装足燃料能行驶450 千米，最高时速 145 千米。

"套餐"汽车。它装有混合动力系统，由汽油机、电动机、蓄电池等部分组成，其组合方式有串联和并联两种类型。串联型混合动力系统中的汽油机用来带动发电机，发电机发出的电力驱动电动机，从而带动车辆行驶。并联型混合动力系统中的汽油机和电动机均可以单独驱动车辆行驶，其中汽油机是主要动力，电动机是辅助动力。汽车在起步或低负荷时，完全依靠电动机驱动。当汽车在正常行驶时，汽油机的动力一部分用来驱动车辆行驶，另一部分带动发电机，而电动机利用发电机发出的电力运转，输出的动力也用来驱动车辆行驶，两种动力的比例随情况而变化。汽车在加速行驶时，除了上述动力之外，蓄电池也补充一部分动力。减速或制动时，驱动轮反过来带动电动机，电动机成为发电机，把机械能转化为电能贮存在蓄电池中。因此，汽油机可以始终在效率较高、经济性较好的转速下工作，燃烧条件改善，排放污染也就大大减少了。更重要的是，这种混合动力汽车无需像一般电动汽车那样经常充电，因此实用而方便，很可能会成为未来汽车的发展趋势之一。

关键词：汽车燃料

汽车利用液态氮作为能源有什么好处

众所周知，平时我们在公路上见到的汽车，使用的能源几乎都是汽油或柴油。然而，这些能源在汽车内燃机中无法完全充分地燃烧，因此会排放出一定量的废气，造成对环境的污染，影响人们的身体健康。

随着汽车数量越来越多，空气污染的状况也变得越来越严重，科学家开始寻找新型的汽车能源。

1997 年底，美国科学家制造出一辆以液态氮为动力的新型汽车。这种汽车的引擎依靠液态氮发动，而液态氮则由一个热交换器提供。当相对温度较高的空气从外面进入热交换器，就会引发液态氮变成气体，再由这些气体带动风轮使汽车发动机转起来。总之，它的基本原理是让液态氮汽化，使气体膨胀驱动引擎。正因为如此，有人把液态氮汽车称为"没有蒸汽机的蒸汽机车"。

液态氮汽车比普通汽车有哪些优越之处呢？

最重要的是，液态氮汽车比较有利于环境保护。因为使用液态氮作为汽车能源，所产生的唯一废气是氮，而我们周围的大气中，本来就存在约 80% 的氮，所以它不可能对人体产生伤害。

除此之外,以液态氮作为动力的汽车,即使发生了交通事故,其危险的程度也要比普通汽车小得多,因为它的燃料是液态氮,溢出"油箱"之后,会马上汽化进入到空气之中,不可能发生燃烧或爆炸等可怕情况。

关键词:液态氮　汽车能源

哪些停车场适合现代化的大都市

自 20 世纪 80 年代起,许多国家的大城市都遇到了"停车难"这个令人头疼的问题。各国的专家学者都将如何建造城市停车设施,作为建设国际大都市交通形象的基本特征来加以研究。于是,形式多样、功能各异的停车场也就应运而生了。

传统的地面停车方式,其车位与行车通道因在同一标高,车辆进出便捷,管理也简单,但最大的缺点就是土地的利用率极低。随着城市建设的发展,人们开始设法向空中和地下发展停车设施, 立体坡道式停车库就是如此。这种停车库一般有 2 ~ 4 层, 利用汽车上下行的坡道来连接各层,从而形成了多层立体车库。为了增加停车的车位,人们又采用垂直输送设备来代替汽车上下行的坡道。这样,就相继出现了托板式、坑下式和多层升降横移式机械停车设置,后者是目前采用较多的一种。

多层升降横移式停车装置的结构很简单, 它的上层车位托架可以上下升降,下层车位托架可以左右移动,中间层车位托架既可升降又可平移。这样,只要中间层和下层各有一个空车位,就可使车库内任何一辆汽车自由出入。

进入 90 年代以后,随着电脑智能化管理和自动化仓储技术的发展,人们又创造出了一种自动化仓储机械停车装置,几乎把土地利用率提高到了极限。自动化仓储机械停车装置有平面(拼板式)和立体两种形式。其中,拼板式机械停车装置就像一块智能化的七巧板,整个运作过程全由计算机控制。驾驶员只要在出入口处的操作盘上输入停车板块的编号,计算机便能控制传动机械装置,用最短的运作路径,通过托板前后左右的位移,将停泊的车辆迅速移向出入口处,再通过回转盘的转动,完成车辆掉头的动作。

在此基础上,一种国际流行的高科技机电一体化产品——电梯式立体停车塔随之诞生,而且逐渐被国际上越来越多的城市所采用。这是一种塔式钢结构建筑,塔内的停车泊位分设于升降通道的两侧,车辆的存取由高速垂直电梯完成,车库内的各个操作过程均由计算机程序控制。这种高密度停车库,在 45 平方米的面积上可以垂直停放多达 60 辆汽车,通常只需 90 秒钟即可完成一辆车的存取。

☞ 关键词: 停车场

为什么磁悬浮列车能够"飞"起来

在众多高新科技的列车形式中, 磁悬浮列车可能是一种最理想的交通工具。这种列车在运行时与众不同，它不是紧贴着钢轨行驶，而是以悬浮的形式，飞驰在轨面上。它不仅速度快，而且安全、平稳、无震动、无污染、节省能源。

那么，磁悬浮列车是怎样"飞"起来的呢？这要归功于超导新技术。

1911年，荷兰物理学家昂内斯将水银冷却到−40℃，使它凝固为一条线，并对它通以电流。当温度降至−268.9℃时，他发现水银中的电阻突然消失了。后来，人们把这种电阻突然消失的现象叫做"超导"现象。进一步的研究发现：处在超导状态下的物质，具有完全导电性和完全抗磁性两个基本特性。超导体的完全抗磁性，会对磁铁产生一个向上的斥力，足以抵消磁铁下落的重力，于是磁铁便会悬空飘浮。磁悬浮列车就是利用磁极同性相斥的原理，将超导磁体安装在列车底部，在其线圈内流着持久的激磁电流，产生很强的磁场，

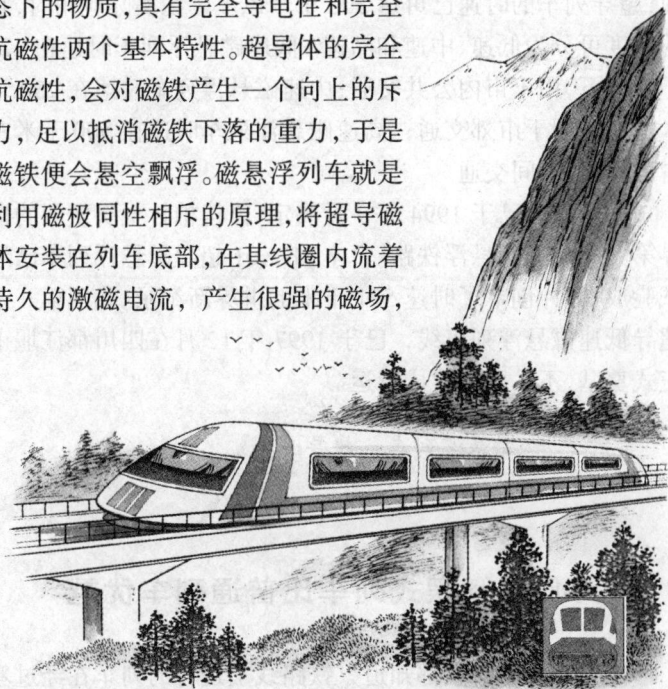

再在轨道上铺设连续的良导体薄板。电流从超导体中流过时，产生磁场，形成一种向下的推力，当推力与车辆重力平衡时，车辆就可悬浮在轨道上方一定的高度了。通过改变电流来控制磁场强度，就能使悬浮高度得以调整。这种悬浮的车体因与轨道间没有机械接触和摩擦，所以运行时无震动、无污染，也不会脱轨，而且由于摩擦阻力减小，行车速度可以大大提高。

磁悬浮列车集计算机、微电子感应、自动控制等高新技术于一体，运行时的悬浮、启动、加速、转弯、减速、停车、下落等各环节，均已实现了自动控制，并做到准确无误，安全可靠。目前，超导列车的时速已可达500千米以上。在实际应用时，它的速度可分为低速、中速和高速。低速磁悬浮列车时速在125千米以下，用于市内公共交通；中速磁悬浮列车时速在250千米左右，用于市郊交通；高速磁悬浮列车时速在500千米左右，用于城市间交通。

德国政府已于1994年3月决定，修建柏林至汉堡间的世界第一条高速磁悬浮铁路。日本MLX01超导磁悬浮列车已经试验成功，并创下了时速531千米的世界新纪录。我国第一条超导低速磁悬浮列车线，已于1997年12月在四川都江堰市正式奠基，不久即可建成营运。

☞ 关键词：磁悬浮列车　超导

为什么倾摆式列车比普通列车优越

经常乘火车的人都知道，铁路线上运行的列车在经过弯道时,由于离心力的作用,车辆会向外产生很大的冲击,不但使旅客感到不适,还会使车辆产生倾斜、颠覆的危险。列车运行速度越快或弯道的半径越小,这种离心力就越大。在列车速度不很快的情况下,采取提高弯道外侧钢轨高度的方法,使车辆略微向内倾斜,就可以抵消这种离心力。但在列车高速运行时,外轨超高反而会影响列车安全。目前,世界各国在发展铁路高速客运时,基本上采取两种办法:一是在新建高速铁路线时,采用加大曲线半径(加大至 4000~6000 米)的办法,但这种方式的线路投资大,建设周期长;二是在现有线路上进行少量改造,主要是改造车辆结构,使其在曲线上行驶时,能够作相应的倾斜摆动,以减小车辆的离心力。这就是我们所说的倾

摆式列车。

倾摆式列车又称摆式车体列车，有的也叫高速摆式列车。它是集电脑、自动控制等高新技术于一体的新型高速列车。由于用电脑进行自动控制，倾摆式列车在转弯时，车厢会自动倾斜，抵消离心力的作用。列车行驶在直线上时，车厢又恢复原状，就像玩具"不倒翁"一样。它无需对现有线路进行较大改造，而是靠倾摆式车体的自动倾斜来实现高速行驶，并能达到既安全又舒适的要求。运行实践证明，倾摆式列车通过曲线速度可提高 20%～40%，最高可达 50%。

德国是应用倾摆式列车最早、最广泛的国家，目前已有 120 列倾摆式列车行驶在 6600 千米的铁路线上。瑞典的 ABB 公司研制的 X2000 型倾摆式列车，在技术先进性方面后来居上。它在现有线路上进行改造，每千米投资仅约 50 万美元，为新建高速线路的 3%～5%。我国已从瑞典引进了这种"新时速"倾摆式列车，即将投入广州—深圳—香港九龙线的运行。

关键词：倾摆式列车　离心力

为什么有的列车被称为"旅馆列车"

"旅馆列车"也叫"夕发朝至"列车，它是指运输距离在 1500 千米以内，运行时间在 12 小时左右的旅客列车。通常情况下，旅馆列车始发时间安排在 16～23 时，第二天 5～11 时到达目的地。因此，旅客在傍晚上火车，在车上睡一觉后，次日早晨醒来正好结束列车旅行。无论是公务出差，还是私人旅游,都不会耽误事情,而且省去了一部分旅馆住宿费用。如有可能,还可以于当天傍晚乘原班车返回,再在车上睡一觉,第二天又可照常上班。乘坐这种列车,就像出差住旅馆一样,晚上在火车上(旅馆里)睡觉,白天离开火车(旅馆)办事,旅途的时间和晚上睡觉的时间基本一致,因此被称为"旅馆列车"。

"夕发朝至"列车还为双休日职工外出旅游提供了便捷的条件。如居住在北京的人们欲去上海旅游,可于星期五晚上乘快速列车离京,星期六上午即到达上海;下车后可在上海游玩一天半时间,于星期日傍晚乘返程快速列车,星期一一早即可到北京,基本上不影响工作和学习。这期间的两个晚上在列车上度过,列车变成了度假的流动旅馆。

"夕发朝至"列车环境舒适,服务条件一般也比较好。如我国 1998 年开行的快速列车及夕发朝至的双优列车,都配备了新型客车,全列车装有空调,使乘客再无寒冷暑热之忧;车厢内的布置清洁舒适,并配备有列车电话等现代化通信设施;膳食、娱乐等服务也如同旅馆一般。

☞ 关键词:旅馆列车 "夕发朝至"列车

在火车上能够寄信吗

如果你写好了信,却因要去赶火车而来不及投寄,或者在乘坐火车旅行时临时想给家人、朋友寄信,该怎么办呢?

目前,在我国各条铁路线上行驶的客车,大多数都挂有邮政车厢。每个邮政车厢内均配有押运员,他们不仅负责把邮件分发送往有关沿线各地,还可以办理平信、挂号信和航空信的收寄业务。在邮政车厢的两侧各有一个固定的信箱,列车停站时,旅客可以将贴足邮票的平信投入信箱。如果你想寄挂号信,也可以将信交给押运员办理手续。让人意想不到的是,在火车上寄信的投递速度,反而比平时去邮局或将信投入路边邮筒更快。这是为什么呢?

原来,由邮局投递信件,需经过几次取送和分拣的过程,然后才能送上有关列车的邮政车厢。而通过邮政车厢寄信,由押运员分拣后,可直接送到就近车站,所以可以缩短信件转递和运送的时间。如通过普通信箱需要三至五天才能收到的信,改由邮政车厢寄发的话,一般可提前一至两天收到。

关键词:信件投递　邮政车厢

火车在隧道内行驶时,是怎样实现
无线通信的

过去,在火车上很难接收到无线电信号,因为火车车厢是用金属材料制造的,大部分中短波范围内的电磁波将被屏蔽。而现在,列车在行驶过程中,不仅能在空旷地段实现无线通信,而且在列车进入山区、甚至驶入隧道后,也能通过山体和隧道,实现列车与车站的无线通信。这是为什么呢?

原来,随着现代通信技术的发展,专家们采用了多种手段,来使铁路通信功能增强。例如直接辐射方式,它由两副高增益天线分别指向车站和隧道,天线主体呈圆筒状,一端装有八角形反射板,能向铁路隧道、公路隧道以及矿井巷道发射圆极化波,利用隧道本身的波导效应进行无线电波传播。而漏泄电缆方式与一般电缆不同,它每隔一定距离都有一个窗口,可让电缆内的电磁波泄漏出去,在电缆周围形成电磁场。由于电缆距铁道中心很近,机车电台很容易收到隧道外的电波信号。

铁路通信有时还采用诱导方式。它是在隧道两侧架设1~2根波导线,车站电台发射的电波信号耦合到诱导线上,通过电磁感应在诱导线周围形成电磁场,使隧道内的机车电台能接收到电波信号。反过来,机车电台信号也可以通过诱导线传输到车站电台。此外,还可利用电气化铁道接触网导线作为感应线,进行通信传输。感应式列车上装备有无线电诱导系统,它包括感应电台、天线、高频信号过相装置和有线—无线转接设备。

☞关键词: 铁路通信　无线电信号

为什么列车要进行编组

我国是一个地域宽广而自然资源极不平衡的国家,因此,铁路交通运输负担着繁重的资源调运任务。我国建有庞大的铁路网,遍布全国各大中城市。其中有些城市规模并不大,却是极为重要的交通枢纽, 在这些城市常常设立了列车编组站。列车为什么要编组呢?

我国现有大大小小的列车编组站数十个, 按其所处的交通位置和所负担的任务,可分为路网性编组站、区域性编组站和地方性编组站。路网性编组站位于路网枢纽地区的重要地点，是大型编组站，承担大量中转车流改编作业，编组大量技术直达列车和直通列车，如上海南翔编组站、南京东编组站、株洲北编组站等15个；区域性编组站位于铁路干线的重要地方，是中型编组站，承担较多中转车流改编作业，编组较多技术直达列车和直通列车，如西安东、成都东、重庆西、广州北、哈尔滨等17个；地方性编组站承担中转车流改编作业，是小型编组站，如青岛西、太原北、安庆东、杭州艮山门等17个。

　　人们常常会看见几十节的货运列车排成长龙行驶，但它们并不一定到达同样的目的地。各节车厢首先要在始发站进行编组，在途中又要进行改编才能到达各自的目的地。以上海地区运往沈阳地区某站的货物列车为例：首先，货物在杨浦站某站台装车后，由调车机车将这车货与其他站台装了货的车厢连接起来。这些车厢可能会驶向各个不同的方向，但都先要拉到南翔编组站，在那里，这些货车将被拆解，把其中经沪杭

线向南去广州、昆明的车厢拉出来,再把要经沪宁线去北方的车厢连挂上去,挂足 50 节后便编为一趟列车。这趟北上列车到达的第一个编组站是南京东站,这时,把去芜湖、铜陵方向的车厢分出来,将南京地区北上的货车编进来,继续北上。就这样,列车在到达沈阳之前还要经过徐州北、济南西、山海关等几个编组站,每个编组站都要进行类似南京东站那样的改编作业,把上海至山海关线路上以沈阳为到达站的货车编进来,最终行驶到达目的地沈阳。

可见,编组能大大优化列车行驶的方向调配和运送效率,使南来北往的物资在合理的编组调度下,及时地到达目的地。

关键词:列车编组　编组站　列车改编

为什么火车要在钢轨上行驶

你一定乘过火车。连成长龙的一节节车厢排列整齐,沿着挺直的钢轨飞快地驶向远方。可是你想过吗,为什么火车要在钢轨上行驶呢?

当你在平整的马路上骑自行车时,感到很轻快,然而一到凹凸不平的碎石路上,就感到费劲;当自行车轮胎里的气打得足的时候,骑起来感到轻快,轮胎里的气不足,骑起来就费劲。这是为什么呢?

原来,这都是滚动阻力的问题。平滑的马路和打足气的自行车轮胎,使滚动阻力减小,所以人骑在自行车上就感到比较轻快。因此,降低滚动阻力,是提高运输效率的一个关键。

最早的火车，是用木轮车在木材做的轨条上行驶的，滚动阻力还是很大。直到100多年前，蒸汽机车发明后，车轮和轨条都改用钢铁制造了，才大大地降低了滚动阻力。根据试验，一辆载重汽车，如果停在碎石路面上，需要15个人才能推动它前进；而同样重量的一辆火车停在平滑的钢轨上，只要2个人就能推着它前进了。显然，在钢轨上行驶，不仅使火车节约了大量能源，也大大提高了运输的效率。

除此之外，由于火车的车身很笨重，如果火车轮子直接在石子路或水泥路上行驶，就会使路面产生下陷的现象，用了钢轨和枕木等，就能降低沉重的火车对地基的压强。而且，铁路的两条钢轨之间有一定的距离，叫做轨距，它跟同轴的两个有轮缘的火车轮的距离是相配合的。这样，通过车轮与钢轨的固定关系，火车就能顺着两条钢轨的方向行驶了，这也是火车要在钢轨上行驶的另一个原因。

关键词：火车　钢轨

为什么铁路桥梁的钢轨内侧
要多铺两条钢轨

不知道你有没有这样的体会：如果骑着飞快的自行车不小心突然摔倒，比起跑步时突然摔倒要厉害好几倍。原来，这是因为人体的质量与自行车速度的乘积——在物理学上称做动量，要比人体的质量与跑步速度的乘积大好几倍的缘故。如果是行驶中的火车万一出了轨，又重又快的火车的破坏力该有多大呀! 撞树,树倒;撞房,房塌;要是撞在钢铁的桥梁上,即使桥梁的构件再粗再大,也难以不遭破坏。

所以, 在设计铁路桥梁时, 除了桥梁本身必须十分坚固, 保证火车能安全、平稳地通过以外,桥面上还必须有防止火车车辆发生脱轨事故的安全设施。这种安全设施,就是在紧靠线路轨的内侧,再铺一组跟它平行的钢轨,叫做护轮轨。护轮轨的作用是:万一火车在桥头或桥上出轨,当右边的车轮落到线路轨外侧的时候,左边的车轮就被左边的护轮轨牢牢挡住,使车轮落在线路轨与护轮轨之间,而不至于继续横移。同样的道理,如果左边车轮落到线路轨外侧时,由于右边轨道内的护轮轨的作用,火车也就不会横移了。这种设施不但保证了火车的安全运行,也避免了列车出轨撞坏桥梁,或是发生翻车事故。

那么,是不是铁路上所有的桥梁上都设有护轮轨呢?根据我国铁道部门的规定,只是在较长或桥身很高的铁路桥上,才铺设护轮轨。

关键词: 护轮轨　铁路桥梁

为什么铁路上的钢轨要做成"工"字形

火车是沿着两条平行排列的钢轨行驶的, 钢轨下每隔一定距离铺设着方方正正的粗大枕木, 这使路基能够承受火车的沉重压力。

不知你注意过没有,铁路上的钢轨并不是简单的"⊥"形,而是设计成上窄下宽的"工"字形。这是为什么呢?

　　大家知道，火车的载重量都很大。为了能经得起载重很大的车辆施加的压力，钢轨的顶面要有一定的宽度和厚度；同样，为了提高钢轨的稳定性，钢轨的底面也要有一定的宽度；而且，为了与带有轮缘的车轮相吻合，钢轨又要有一定的高度。"工"字形的钢轨正好能满足这三方面的要求，而且从材料力学的观点来看，这种形式的钢轨强度最高，能充分合理地利用钢材。因此，"工"字形断面就被选为最好的钢轨断面。

　　"工"字形的钢轨在铁路上已沿用了100多年，除了为适应机车载重的增大和车速的提高，而增大钢轨的断面和改进各部分细节的设计以外，钢轨的形状几乎没有什么改变。但这也不是说钢轨的形状永远不会改变了，铁路工程师们一直在从事这方面的研究，希望能找出更合理更经济的钢轨形状。

> 👉 关键词：钢轨 "工"字形钢轨

铁路的宽度都是一样的吗

我们知道,火车是沿着两条平行的钢轨行驶的。由于火车左右两边相对车轮间的距离是固定的,因此,两条钢轨间的垂直距离——轨距,也是固定不变的,它和火车的轮距正好相互吻合,只是在铁路转弯处,轨距才稍微加宽,以免火车出轨。

铁路的标准轨距是 1435 毫米,它的来源还有个故事呢!早在 2000 多年前,古罗马派出大批军队入侵英国,无数的战车在英国的大地上辗过,在道路上留下了很深的车辙。当时,这种两轮间距约为 1435 毫米的车辙印迹,使英国的四轮马车很容易陷进去。英国人为了使自己的车辆也能沿着凹陷很深的车辙顺利行进,决定把所有的马车轮距都改造成同样宽度——1435 毫米。结果,这个传统被沿袭了下来。直到 1825 年,世界上第一条铁路在英国建成,铁路的轨距也就顺理成章地定为 1435 毫米了。

后来,随着工业革命的发展,许多国家也相继兴建了铁路,而且纷纷将英国的铁路轨距照搬过来。1937 年,国际铁路协会规定:铁路的标准轨距为 1435 毫米。

那么,是不是世界上所有铁路都采用标准轨距呢? 其实,由于各国和各时期铁路发展情况的特殊性,不少国家采用了超过或小于 1435 毫米的宽轨或窄轨。例如,前苏联的铁路轨距变为 1524 毫米,西班牙的宽轨更是达到了 1667 毫米;而日本以往的铁路轨距则比较窄,仅为 1067 毫米。

我国铁路网的绝大部分铁路线,采用了国际标准的 1435 毫米轨距,使铁路运输能规范地发展。但在部分地区,如中缅、中越边境,过去曾铺设了窄轨距的铁路,用于当地小火车的运行,这是特殊历史时期的局部情况。此外,我国东北地区修建的一些森林铁路,由于专门用于运输木材,牵引力较小,列车设计宽度较窄,因此普遍采用了762毫米的窄轨铁路。

关键词:轨距 标准轨距 窄轨 宽轨

为什么铁路上的弯道不利于行车安全,而高速公路上的弯道却有助于行车安全

宽大平坦的高速公路具备了优良的行车条件。但是,在过于笔直、平坦的高速公路上行驶时,汽车发动机的声调一成不变,时间一长,汽车司机因缺乏听觉刺激,会逐渐产生精神疲劳,速度感和快速反应能力会随之减弱;另一方面,汽车司机的眼睛长时间看无限远方,也会产生一种视距差,把近处的车辆看成是远方的车辆,造成判断失误,以致影响交通安全。所以,许多经济发达国家对高速公路的直线路段加以限制,一般规定直线区段不超过设计每小时行车千米数的 1/40 ~ 1/20。同时,必须根据沿途的地形、景观等特点,设计一些半径很大的弯道,以调节汽车司机心理,减少车祸发生。所以,高速公路上的弯道是有利于行车的。

可是,弯道对于铁路来讲,情况就不一样了,因为火车两个轮子是被卡在钢轨上面行驶的。在曲线地段,为了减少钢轨的磨耗,保证列车安全通过,在修筑铁路时,就使外侧轨道高于内侧轨道,这叫做"外轨超高"。如果列车转弯越急,运动方

向的改变就越快,这时"外轨超高"就要更大。但是,"外轨超高"一般不能超过150毫米,否则就有侧翻的危险。因此,火车司机在列车转弯时,不得不采用降低速度的办法,来解决行车安全问题,如果列车在弯道上不减速,以与直线行驶一样的速度行驶,列车重心就会偏离轨道,出现行车事故。所以,铁路弯道成为高速列车安全运行的重要障碍,弯道越多,火车提速也越困难。正因如此,我国在一些普通铁路改建成准高速铁路时,将原有线路上的小弯道改为大弯道,用改弯取直等办法来满足列车行驶时速提高对线路的要求。

关键词:弯道　铁路　高速公路

超长无缝铁路与普通铁路
有什么区别

以前乘火车时,经常会感到列车不停地震动,车辆不断地与钢轨撞击,发出令人心烦的"嗒嗒,嗒嗒"的声音。现在乘火车,有时会感觉到列车运行得又平又稳,偶尔才能听到车轮撞击钢轨的声音。这是为什么呢?

许多人都知道,在一般的铁路中,每节钢轨的长度为25米,铺设过程中用接头连接零件将钢轨逐节连接起来。这种线路每隔25米就有一个断开点,并预留了一定宽度的轨缝,目的是使钢轨能适应热胀冷缩的温度变化。但是,列车车轮在经过接头时,会产生频繁的冲击震动和噪声,不仅影响列车的运行条件和旅客乘车的舒适度,天长日久,钢轨接头处还容易磨损和塌陷，产生几何变形，限制列车速度的提高，并影响行车安全。

为了克服普通铁路的这一缺陷，从20世纪30年代开始，人们逐渐采用焊接钢轨的方法，以无缝铁路取代普通铁路。我国从1958年开始铺设无缝铁路，目前无缝铁路全长已近2万千米，单根钢轨长度由初期的250米、500米，加长到1~2千米。这种长轨条两端铺有2~4根25米短轨，作为调节轨缝微小伸缩变化的"缓冲区"。这样的无缝线路虽然已使列车行进时的震动大大减轻，但由于缓冲区内仍有钢轨接头及轨缝存在，因此仍然限制了列车行车速度，也不适应快速、重载的铁路现代化的需要。

超长无缝铁路，就是轨节长度跨越闭塞分区和车站的道岔。这种无缝线路结构，大大改善了行车条件，非常适应快速、重载运输发展的需要，还降低了钢材的消耗，减少了轨道养护维修的工作量。目前，法国铁路一般轨节长6~8千米，最长的达50千米；德国已将11万组道岔和无缝线路直接焊接；英国从休斯敦至格拉斯哥的铁路全长645千米，全部实现无缝化，在轨条长度上创世界之最；日本在青函铁路隧道内铺设了53.8千米的长轨节；澳大利亚有条运煤专线是长达297千米的超长无缝铁路。我国在进入20世纪90年代以后，在京山、京广两条铁路线上，分别铺设了21.1千米和23.7千米的超长轨节。目前，我国跨越几个闭塞分区的超长轨节总长已达到约2000千米。

☞ 关键词：无缝铁路　超长无缝铁路　轨节

登山铁路有什么特别之处

　　铁路是一种最广泛应用的陆地交通形式，它能从大桥上跨越河流，也能从隧道中穿越大山。可是，人们如果要登上高山，往往却只能借助双脚攀登，或者乘上汽车，沿着盘山公路慢慢地绕着山腰升高，因为一般铁路的坡度不超过 20‰，否则火车运行就会发生危险。

　　可是，铁路和火车设计师想出了好办法，使火车也能爬上很陡的山坡。这就是登山铁路。

　　登山铁路和一般铁路不一样，它在两条平行的普通铁轨中间，加上了一条带齿的轨道，所以又叫做三轨铁路或齿轨铁路。登山火车的外形看上去和普通火车没什么两样，但在它的车厢底下，装有一排驱动齿轮。登山时，车底的齿轮和轨道中

央的齿轨相互啮合，十分紧密，使火车能借助齿轮咬合的力量，稳稳地向上"攀爬"，就好像登山运动员踩着岩壁上突出的岩石借劲攀登一样。登山铁路的这种特殊装置，使列车能在200‰以上的大坡度上安全地行驶。

登山铁路和火车由于一般运载量较小，运送距离比较短，速度要求也不高，并装有安全制动装置，因此在登山行驶过程中安全可靠。瑞士的阿尔卑斯山区就设置了这样的登山铁路，专用于登山观光旅游。游客乘坐在登山火车里，既能感受到登山线路的新奇，又能一路观赏美丽的风光，真正体验到旅游的乐趣。

关键词：登山铁路　三轨铁路
　　　　齿轨铁路　登山火车

独轨铁路有哪些独特的优点

说到铁路，你一定会想到两条笔直的钢轨通向远方。可你见过一条钢轨的铁路吗？列车在单根轨道上怎么行驶呢？

独轨铁路是指架空的单根轨道，列车在其上行驶，因此也叫架空单轨列车。独轨铁路根据行车状态的不同，分为悬吊式和跨座式两类。悬吊式独轨铁路的轨道梁，由一定跨距的钢支柱或钢筋混凝土支柱架在空中，车辆悬挂在轨道梁下运行，而跨座式独轨铁路的车辆则在轨道梁上运行。轨道梁一般是预应力混凝土箱形梁，在跨越河流和其他交通线路时，因梁的跨度大，有时也采用钢制的轨道梁。车辆装有动轮和导轮，动轮以轨道梁的顶面为走行面,并承载车体;导轮以轨道梁的两侧面为走行面,用于保持车体稳定和导向。

独轨铁路具有许多独特的优点。首先,它占地面积小,对地理条件适应性强。独轨铁路仅在地面占用支柱基座的面积,就能在城市上空开辟一条新的交通线。它也可以利用城市现有道路的中央分隔带或河流上方的空间,架设空中轨道,而不必搬迁地面建筑,更不影响地下管线的原有走向。其次,独轨铁路载客量大,运输能力强,每小时可运送乘客 1 万 ~ 2 万人次。而且,独轨铁路建造费用低,施工比较简单,其建设费用仅为地铁的 1/4 ~ 1/3,保养维修费用也较地铁和普通铁路低。另外,独轨铁路爬坡能力强,能通过 60‰的坡道和 100 米的小半径曲线;还便于和旅游观光结合起来,使乘客可临窗饱览城市风光。

车辆悬在单轨上行驶,会不会掉下来?其实,独轨铁路在设计时就把安全放在第一位,整个车辆系统的运行和信号设施,均由一套现代化的模拟线路光电集中连锁装置进行监视和控制,可以说是十分安全的。例如,德国伍伯塔尔市的独轨铁路,已经运行了 80 多年,行程累计 2.5 亿千米,相当于环绕地球赤道 6000 圈,从未发生过事故。澳大利亚悉尼和日本北九州的独轨铁路,是到目前为止现代化程度最高的独轨铁路。其中,1988 年建成运行的悉尼独轨铁路,把中心商业区与达岭港区连接起来,列车采用全钢式封闭箱形结构,全线实现了计算机自动控制,每 2 分钟开出一趟列车,最高时速 33 千米,每小时可运送 5000 人次,真正做到了既快速又安全。

☞ 关键词:独轨铁路

115

为什么重载列车的载运量特别大

在我国的铁路交通网中，有一段特别的运输线路，它就是从山西省的大同到河北省的秦皇岛之间的电气化铁路。这是我国的第一条重载铁路运输线，列车通过这条重载线路，将大同煤矿的原煤源源不断地运送到重要的能源材料集散地——秦皇岛港，再在秦皇岛将煤炭装船，运送到我国和国际各大沿海港口。

顾名思义，和普通列车相比，重载列车的载重量要大得多，通常达到了普通列车的 2～3 倍。为什么重载列车的"力气"特别大呢？

原来，列车的牵引能力大小，关键在于火车头的功率大小和性能优劣。火车头又称为机车，重载列车一般采用大功率的优质牵引机车作为动力，或者由两台以上的普通机车来进行多机牵引。大功率牵引机车牵引的最大列车重量一般在5000 吨以上，而普通机车则通常仅为 2000～3000 吨。当重载列车采用多机牵引时，各台机车在统一操纵和调度下，"一起发力"，因此牵引力就大大增加了，载重能力当然也就特别大了。

重载列车的显著特点，就是大大提高了列车的运输能力，这在运输繁忙的地区和地段显得尤为重要。有趣的是，有些多机牵引的重载列车，往往是一个临时组成的组合列车。在多列货物列车需路经同一线路段时，往往可以将它们首尾相接，组成临时重载列车。这些列车的牵引机车在统一指挥下，步调一致地保持共同的速度和制动控制，实现同步操作。经过一段共同的线路后,临时重载列车又分散为各列普通列车,分别沿方向各不相同的铁路线,驶向各自的目的地。

关键词: 重载列车　机车牵引力

为什么要建设水上铁路

水上铁路并不是将铁路的钢轨铺设在跨越江海的桥梁上,而是将列车装载在一种特制的巨型渡轮上,跨越江河湖海,将整列车厢驳运至对岸。所以,水上铁路就像一座浮动的桥梁,起到联结和沟通两岸铁路线的作用。

当代的水上铁路,已从江河伸向海域,从河岸间的短距离摆渡发展为沿江跨海的长距离渡运。它集中了铁路、水运、集装化、不间断运输等方面的优势,使列车车辆直接上船,这样

可以避免货物在码头上倒装驳运,减少货物损失,加速货物运送效率,提高港口吞吐能力。更重要的是,水上铁路不但能减轻地面铁路运输的压力,还可大大缩短火车的长距离迂回运输。如前苏联到德国的一条水上铁路航线,全长 540 千米,航行时间只相当于陆上运输的 1/6。目前,许多海岸线长、水域宽广的国家,如美国、加拿大、丹麦、瑞典等,都在大力发展水上铁路。

与建设陆地铁路线相比,水上铁路不必铺设长距离的路基和轨道,因此工程量小、投资省、工期短、见效快。我国沿海城市众多,海岸线长达 18000 多千米,开发水上铁路大有用武之地。如上海到宁波,用水上铁路跨越杭州湾,运输距离可缩短 1/3;正在兴建的大连至烟台的海上铁路,比陆路可缩短距离 1800 多千米。所以,发展水上铁路运输,十分适合我国国情,也是缓和目前铁路运输紧张的一条途径。

☞ 关键词:水上铁路

能在水下修建铁路吗

我们知道,地球上大约 3/4 的面积是海洋。海洋中蕴藏着极为丰富的资源,开发海洋资源,将是 21 世纪人类最重要的发展目标。水下铁路,就是陆地通向海洋的道路,它也将是未来最安全舒适的新型交通方式之一。

经过多年研制,水下铁路在技术上已经相当完善。根据人们对海洋的认识,列车在水中快速行驶时,主要遇到海水阻力、潜流及海水对流等问题。因此,水下列车的车身将借助导向轮固定在单轨水下铁路的路基上,并借助潜水艇使用的垂直和水平稳定器,使列车能在深水中平稳地行进。此外,列车上安装有先进的线性发动机,从而驱动列车在水中高速行驶。一旦遇到意外,它的自动装置可使列车自行脱轨,如潜水艇般地浮上水面。水下列车不仅可以运送各类货物,还可以运送旅客到海底旅行。当它在海下行驶时,旅客凭窗眺望,犹如置身于海龙王的水晶宫中,令人赏心悦目。

建造水下铁路,在经济上也是合算的。据统计,若建筑桥梁或隧道,每千米将耗资 1 亿 ~ 8 亿美元,而水下铁路每千米的造价只有它的 3% ~ 30%。日本目前正在建造水下铁路,预计在 21 世纪初可试运行。

☞ 关键词: 水下铁路

为什么我国现行的铁路要提速

随着国民经济的发展, 铁路运输的速度变得越来越重要。我国铁道部决定,从 1995 年开始,分步骤在繁忙的铁路干线上提高旅客列车的营运速度, 使其达到 140 ~ 160 千米/小时,货物列车也相应提高速度。

当今世界上,铁路速度一般分为:时速 100 ~ 120 千米称为常速;时速 120 ~ 160 千米称为中速;时速 160 ~ 200 千米称为准高速或快速;时速 200 ~ 400 千米称为高速;时速 400 千米以上称为特高速。不过,随着技术的进步,"高速"的标准也在逐步提高。如1985年,联合国欧洲经济委员会就在协议中规定:新建客运列车专用型高速铁路时速为300千米,新建客货列车混用型高速铁路时速为250千米。

相比之下,我国铁路发展在技术装备和应用上,尤其是在列车运行速度方面,与实际需要还有较大差距,和"国际速度"相比更是落后。我国1995年的旅客列车平均技术速度仅为58.3千米/时,旅行速度为49千米/时,货物列车运行速度为30.2千米/时。因此,列车提速势在必行。

我国现行的铁路提速的基本做法是:充分利用既有设施,进行少量技术改造,在确保安全的前提下,加大牵引能力,采用新型机车,改进运输管理等。具体如对线路、道岔、机车、车辆、通信、信号、安全装备等行车设备设施,进行了大规模的更新改造,自行设计了一批提速机车、客货车辆,引进了一批先进的设备设施和管理技术,对道口进行了拆、并、改、建。经过

一段时间的试验运行,快速列车时速已达 120～140 千米,行驶时间普遍比提速前节省约 1/4。如北京至大连的 K81/82 次列车,全程运行 12 小时,比原来缩短 4 小时 11 分;北京至南京的 K65/66 次列车,全程运行 13 小时 11 分,比原来缩短近 5 个小时;北京至深圳的 105 次列车,全程运行 35 小时,比原来缩短 12 小时 49 分。此外,1995 年开始运行的广州东至深圳间的快速列车,时速最高为 167 千米,达到了准高速的国际标准。

☞ 关键词:**火车提速　高速铁路　准高速铁路**

在人口众多和建筑物密集的大城市怎样建造地铁隧道

地下铁路现已成为城市交通的一个重要方面,它大大地缓解了地面交通的拥挤状况,快速、大量地把乘客运送至不同的地方。人口众多、建筑密集的现代化大都市,尤其离不开地铁。可是,在这些大都市建设地铁,往往要考虑更多的因素。

当我们来到宽敞明亮的地铁候车室乘坐地铁时, 不禁会想到:地铁隧道是怎样挖通的?

在大城市修建地铁隧道，不可能将路面进行大面积的"开膛剖肚"，尤其是在软土和软岩地层中修建地铁隧道，一般采用盾构法。盾构是一种进行地下挖掘和衬砌拼装的专用机械设备，其外壳通常为圆筒形的装配式或焊接式金属结构。盾构种类较多，但其基本构造均由壳体、推进设备、衬砌拼装机等组成。上海市地铁1号线和2号线，就都是用盾构法建造的。用盾构施工时，挖土推进设备是用千斤顶做推进动力，与泥土接触的切口环，是一种带有锋利刃口的三角形刀具。当千斤顶推动切口环前进时，刀口就切入泥土层中，并像卷笔刀似的将泥土卷削下来。当推进距离达到一定程度时，就需要缩回千斤顶活塞杆，然后进行衬砌拼装。衬砌拼装就是用建筑材料将挖出的隧洞四壁填撑起来，这有些像家庭装潢中拼贴瓷砖或地砖。不过，地铁的衬砌通常是用混凝土砌块来施工的，它们的宽度为 1.5～2.0 米。完成衬砌拼装后，千斤顶后端再次顶住拼装好的衬砌，向前推动切口环，将开挖面继续向前推进。如

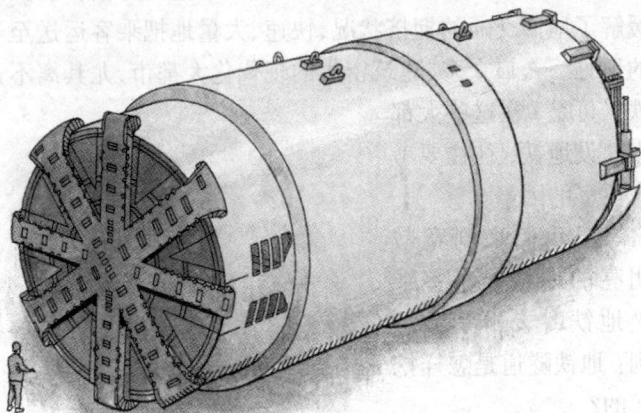

此循环交替,逐步延伸,就能开挖出长长的地铁隧道。

关键词: 地铁隧道 盾构 衬砌拼装

为什么地铁在城市交通中
变得越来越重要

据预测,到 21 世纪初,全世界百万人口以上的城市将增加到 400 多个,城市中的传统地面交通因运量小、速度慢,已无法适应客运的需要,而地下铁道将会变得越来越重要。

地铁与城市中的其他交通工具相比,除了能避免地面的拥挤阻塞和充分利用空间外,还有很多优点。一是运量大:地铁的运输能力要比地面公共汽车大 7～10 倍,是其他任何城市公共交通工具所望尘莫及的;二是速度快:地铁在地下隧道内风驰电掣地行进,畅通无阻,速度比一般地面车辆快 2～3 倍,有的时速可超过 100 千米;三是无污染:地铁以电为动力,不存在空气污染问题。此外,地铁还具有准时、方便、舒适和节约能源等优点。

地铁车站内大都设有自动售票机和自动检票机,大大简化了乘客购票和出入站的过程。地铁列车上装有自动停车设备,当司机因疏忽而没有停车时,该设备可强迫列车自动停车,从而确保列车运行安全。列车还能根据地面信号的规定,自动调整速度。地铁调度员在中央控制室通过显示屏监视和控制列车运行,并用电子计算机进行自动指挥。列车在运行中,由于各种原因造成局部混乱时,计算机能及时加以调整,从而迅速恢复正常的运行秩序。

许多国家已在地铁中采用了无人驾驶的先进技术。这种高度自动化的先进系统，在地铁沿线装设了很多摄像和检测点，其信号及图像均收入控制中心的电视屏幕上和计算机内，整个线路网完全实现了自动化。地铁控制中心只有 3～4 个工作人员，他们通过信息反馈进行遥控指挥，真正实现了高度自动化。

现代化地铁的发展是令人鼓舞的。伦敦、纽约、巴黎、莫斯科、东京等大城市的地下，现在都已构成一个上下数层、四通八达的地铁网，有的还在地下设有商业建筑群和娱乐场所，与地铁一起形成了一个地下城。很多城市的地铁与地面铁路、高架铁路等联合构成高速铁路网，以解决城市紧张的交通运输问题。地铁现代化的发展，已

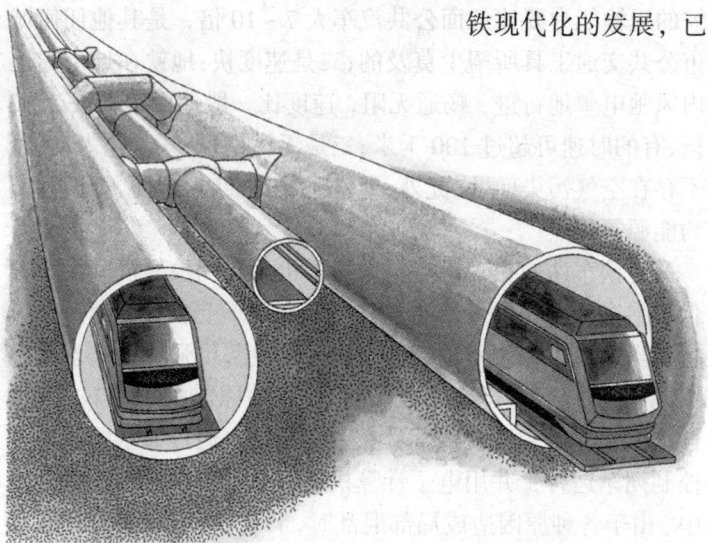

成为城市交通现代化的重要标志之一。

目前，科学家正在研制一种新型的地铁——超音速地铁，它的构想是在近 100 米深的地下，开出一条地下隧道，然后抽出空气，使之成为真空隧道，列车在其中行进的时速可远远超过音速，高达 2000 千米呢!

☞ 关键词：地铁

怎样区分轻轨铁路与地铁

现代化的城市客运交通，已从单一的交通方式发展为多元化的交通结构，既有传统的公交车、出租车等，又大力发展城市轨道交通。其中，轻轨交通就是一种快速、大运量、污染少的新型运输系统。

有人以为，建在地下的是地铁，而在地面上行驶的则是轻轨。还有人认为，轻轨铁路是因为钢轨重量比地铁的轻而得名的。真是这样吗？

其实，轻轨铁路与地铁的区别，并不在于钢轨的轻重，或者运行线路在地上或地下，而主要以载重量的大小来划分。

轻轨铁路一般采用中等载客量的车厢，每节车厢可载客 202 人，超员时最多为 224 人，它在高峰时，每小时最大客流量为 1.5 万~3.0 万人次。而地铁则采用大载客量的车厢，每节车厢可载客 310 人，超员时最多为 410 人，它在高峰时，每小时最大客流量为 3.0 万~6.0 万人次。而且，轻轨铁路的载客车厢一般不超过 6 节，而地铁的车厢数量常常超过 10 节。

此外,轻轨铁路既有建于高架上的,也有设在地下的。而地铁除了可在地下通行,还可在地面行驶,甚至也有设在高架上的,这种地铁有时也被称为轨道交通。

☞ 关键词:轻轨铁路　地铁

轻轨交通与老式有轨电车
有什么不同

　　轻轨交通是轻型轨道交通的简称。它没有严格的定义,各国的叫法也不一样。英美等国称之为"轻轨运输"或"轻轨系统",日本称"轻快电车",泰国称之为"快速有轨",香港称"轻便铁路",等等。实际上,凡介于有轨电车和地铁之间的各种轨道交通,均属于轻轨交通。

　　轻轨交通是在老式有轨电车的基础上,吸取地铁和市郊铁路的先进技术而发展起来的。它具有有轨电车的某些特点,但又和那种晃晃悠悠、叮叮当当的老式电车显然不同。轻轨交通与老式有轨电车的主要区别是:轻轨交通有专用车道,老式有轨电车行驶的路面是与其他车辆共用的;轻轨交通运行速度达到 50 千米/时以上,老式有轨电车只有 15~17 千米/时;轻轨交通可编成列车运行,每小时单向运送能力可达 12000~25000 人次,老式有轨电车的车厢是固定的,每小时单向运送能力只有 6000 人次;轻轨交通的线路既可以设在地面上,也可以设在地下或高架上,老式有轨电车则仅有地面线路。由于轻轨交通吸收了地铁的许多新技术,比老式电车噪声小，耗电省，运行平稳，安全舒适，建设费用又大大少于地铁，因此，轻轨交通在世界各国的许多城市中得到迅速发展。

加拿大温哥华的轻型快速交通系统，是较为先进的轻轨交通之一。车辆为轻型铝质，选用焊接铝框架和焊接铝蒙皮。每两节车厢组成一个半永久性的车对，每个车对可以单独运行，也可组成列车运行。线路总长 21 千米，其中 1.6 千米在市中心地下，有 6 千米在地面上，其余部分在由钢筋混凝土制成的高架梁上。整个运行过程包括列车的驾驶、速度控制、车门启闭、停车定位等，全部由三个计算机系统组成的自动控制系统控制。列车上没有驾驶员和服务人员，只有身穿制服的"快速交通值班员"在车上巡回，负有监督、保安和验票的责任。这条轻轨系统的运行速度为 70～80 千米/时，单向每小时运送旅客超过 3 万人次。

☞ 关键词：**轻轨交通　有轨电车**

城市高架铁路安全吗

"上天"式的高架铁路，是指轨道大部分铺设在高架桥上的一种城市有轨交通系统，它与"入地"式的地下铁路一样，是解决大城市乘车难的有效手段。但是，高架铁路的造价和营运费用都要比地下铁路低得多，因此，自20世纪80年代以来发展十分迅速，如大阪、东京、马尼拉、新加坡、温哥华等城市都相继兴建。上海建造的轻轨其实就是一种高架铁路。

高架铁路置于市区，给市民增添了一种便捷的交通工具，并且可带动沿线地区的繁荣。但是，市民对它的噪声、景观以及安全等问题十分关注。

高架铁路的噪声主要是轮轨间的摩擦声和撞击声，以及车辆的动力噪声。但高架铁路的防噪措施很多，例如，在车辆方面有弹性车轮、橡胶车轮、线性电机牵引、活动转向架等；轨道方面有长钢轨(无缝线路)、弹性扣件、橡胶垫层等；桥梁方面有混凝土结构、橡胶支座、声屏障等。采取其中的一些措施

后,可使噪声大大降低。实际上,高架铁路与普通铁路相比,由于车辆轻、速度慢,其噪声比普通铁路小得多,甚至比汽车行驶产生的噪声还低呢!

高架铁路会不会有碍城市景观? 从已建成的高架道路来看,它们大都显得宏伟、简洁、美观,而且与周围环境相协调。高架道路不仅成为现代化城市和交通现代化的重要标志, 还给城市增添了新景色。高架铁路也同高架道路一样,可以通过高超的工程技术措施和美学设计,使它造型美观,与周围环境相协调。

至于高架铁路的安全性, 有些人对列车在头顶上飞驶具有恐惧感,乘坐者有时也会担心列车出轨翻落。实际上,高架列车的安全运行有许多保障措施, 其中之一是它在坚固的导向钢轨控制下行驶,其本身就十分安全,即使万一出轨,还有护轮轨和防护墙防止它出轨后翻车。因此,高架铁路是一种十分安全、舒适、便捷的交通工具。

关键词:高架铁路 高架列车

为什么有的高架铁路列车
在钢梁两侧行驶

你见过列车在钢梁两侧行驶的高架铁路吗?目前,美国正在开发、试验这种新型高架交通工具。它被命名为"21 系统",显然是面向 21 世纪设计的列车。

与传统轻轨交通最大的不同是,"21 系统"的列车是在钢梁两侧行驶的。支撑钢梁的是一系列间距为 24.7 米的水泥柱，每个列车头挂有 2~4 节车厢，速度为 96.5 千米/时，可由一名驾驶员或电脑控制。每节车厢由一对钢轮与钢梁连接，并沿钢梁底部的轨道运行。为防止车厢脱轨或倾覆，该系统使用了有安全钩的钢制悬臂支架，将每节车厢顶部与钢梁顶端牢牢系在一起，保证车厢安全平稳，乘坐舒适。由于车站是按标准化设计的，几乎可以设置在导轨沿线的任何地方。乘客可通过自动扶梯或升降机上下车。

这种高架交通工具的主要优点是：占地很少，既能解决地面交通堵塞问题，又能节省建造经费。它的造价为每千米 1240 万~1550 万美元，而现在已建成的某些城市运输系统的造价高达每千米上亿美元。其次，这种高架系统可在施工现场

以外建造，然后在线路上快速装配，从而减少因施工造成的交通中断时间，能最大限度降低对路经地区的干扰。狭小的高架钢梁，还可大大减少一般高架铁路造成的视觉障碍。这种高架铁路上的列车能在半径为 27.4 米的弯道上转向，这就意味着导轨可在大的交叉路口上方作近乎直角的拐弯，并沿着现有城市街道路线继续延伸，从而方便交通线路的扩展，使添加支线更为容易。在交通安全方面，这种离地面约 5 米的高架铁路，能抵御速度为 193.1 千米/时的飓风，既不会出现撞车事故，还具有一定的抗震能力呢！

关键词：高架铁路　钢梁

城市有轨交通还能"复活"吗

老一代的上海人一定都还记得过去的有轨电车。它一般由两节车厢组成，前面是动力车，拖着一根"小辫子"，拉着后面的拖车，叮叮当当地招摇过市。由于有轨电车行驶比较缓慢，加之在马路上铺设了轨道，影响了其他交通工具和行人的通行，因此被当作落后的交通工具，逐渐被挤出了公共交通的行列。

可是，由于城市规模逐渐扩大，人口迅速膨胀，城市交通矛盾日益尖锐，有轨交通如今又有了东山再起的机遇。当然，这决不意味着把已经进入历史博物馆的老式有轨电车再度请出来，而是要把各种有轨交通有计划有步骤地应用于城市交通。

人们常常以为，火车是中长途的运输工具，其实这是一种误解。如巴黎、莫斯科、纽约、哈尔滨等大城市的市郊铁路大都修成环线，以便把旅客输送到市郊各个方向。在这些城市里，居民上下班均可乘坐火车。此外，由于在各交通方向都修建了车站，乘坐火车从外地到达本地的旅客，去城市各处也十分便利，只要乘上环城的市郊列车就行了。

地下铁道的运输能力比地面公共汽车大 7 ~ 10 倍。以莫斯科地铁为例，每昼夜输送量达到 600 万人次，占全市客运量的 41.2%。由于地铁受干扰因素少，因此，越来越多的人选择地铁作为自己理想的交通工具。我国也有不少大城市已建造了地铁。

轻轨交通亦称"轻轨铁路"。所谓"轻轨"，并不是指它的钢轨比普通铁路钢轨的重量来得轻，而是指在这种轨道上行走的机车车辆与普通铁路车辆相比，其载重量较轻。可以说它是在以前有轨电车的基础上发展起来的，兼有普通铁路、地下铁道和有轨电车的特点。轻轨一般时速在 25 ~ 50 千米之间，编组方式多样，挂车 2 ~ 6 节不等。

话题又回到有轨电车。这种"旧式"的交通工具，如今在许多国家再度受到重视，如澳大利亚的墨尔本有 200 多千米的有轨电车网，德国、美国、日本等国的一些大城市也已重修了有轨电车。当然，这些有轨电车在技术上已比老式有轨电车大大改进了。

以上各种有轨交通，还可以相互衔接、换乘、联运。由此可见，有轨交通正重新成为城市交通中的重要组成部分。

关键词：有轨交通

为什么以前的飞机是双翼的,现在的飞机大多是单翼的

从 1903 年莱特兄弟第一次驾驶飞机飞上蓝天,飞机的航空史已有近一个世纪之久。在这近一百年的时间里,飞机的外形产生了极大的变化。就拿机翼的数量来说,早期的飞机,不但有双翼的,而且还有三翼的。这种飞机有三个机翼,一个叠着一个,中间用许多支柱连接起来,很像一个书架。不过三翼飞机的结构很复杂,效果也并不比双翼飞机好多少,后来实际上没有更多的发展,所以早期的飞机差不多都是双翼飞机。但是,从 20 世纪 30 年代以后,双翼飞机又很少了,几乎都是单翼飞机在天空中飞来飞去。这是为什么呢?

飞机的机翼是用来产生升力的。飞机能在空中飞行,而不

会像一块石头那样掉下来，全靠机翼的升力来平衡它的重量。如果一架飞机连同它所装的旅客、货物和燃油，总共重50吨；那么，当它在空中平飞的时候，它的机翼要产生50吨的升力，才能维持平衡，使飞机不掉下来。

机翼是否能产生足够的升力，主要看飞机的飞行速度和机翼的平面面积。飞行速度越快、机翼面积越大，所产生的升力就越大。这个道理和放风筝是一样的：两个同样重的风筝，哪一个风筝的面积大，谁拉着线跑得快，谁的风筝就升得快，飞得高。

早期的飞机，由于没有好的发动机，结构材料也很粗糙，因此飞机的飞行速度不快。速度不快，而又要克服一定的重量，就只有尽量加大机翼的面积来取得足够的升力。一个机翼不够用两个，两个还不够就用三个。这样，双翼飞机、三翼飞机就产生了。但是，机翼增多又反过来增加了飞机的负担，使飞机飞得更慢。

随着航空发动机的逐步改进，航空结构材料的改良，飞机速度有了很大的提高，因此不需要很大的机翼面积就能产生足够的升力，所以现代的飞机差不多都已经改成了单翼飞机，这就大大减轻了飞机的重量，并保证了飞行速度。

那么，双翼飞机是不是就没有用处了呢？其实，有的飞机并不需要很快的速度，像农业上广泛使用的一种多用途飞机，就是双翼飞机。这种飞机可以用来灭虫、播种、造林、除草等，它必须飞得慢、飞得稳，才能有效地完成撒播任务，因此需要机翼面积大，才能产生足够的升力。

关键词：机翼　单翼飞机　双翼飞机

飞机都要飞得很高吗

大家知道，飞机通常都是飞得越高越好。因为从军事方面来说，在空战时比敌机飞得高，可以居高临下，便于攻击对方；而对轰炸机和侦察机来说，飞得高更有利于逃避对方飞机的攻击和地面炮火的拦击。从民用方面来说，在高空飞行，空气阻力小，气流比较稳定，旅客坐在飞机里可以少受颠簸。如果飞行在高原地带，像我国的青藏高原，一般海拔大多在四五千米以上，加上地形比较复杂，更要飞得高才能保证安全。

可是，由于现代防空技术的发展，现在有的军用飞机却正好相反，它不求飞得高，却希望飞得越低越好。这听起来好像很难理解，为什么要作低空飞行呢？

原来，高空飞行的军用飞机很容易被敌方的雷达发现。雷达发出的无线电波在空中碰到敌人的飞机时，就会反射回来，在雷达的显示屏上显示出敌机的影子。可是雷达电波有一个特点，就是它只能直线传播，不能拐弯。如果飞机飞得很低，由于地球的表面是弯成弧形的，飞机在一定距离外就处在雷达搜索范围外，雷达电波就找不到飞机了。因此，现代轰炸机和侦察机，为了突破对方的空防区，就采用贴着地面低空飞行的方式，称为"低空突防"。由低空高速飞近敌方领土的飞机，被敌方雷达发现的时候，已经快飞到头顶上了。这样，对方从发现敌机到发射导弹或战斗机起飞，准备时间极为短促，有时甚至来不及迎击。正因为从低空突破对方防线的飞机具有极强的突然性，所以它被击中的机会就小得多。

在低空用高速飞行，不是一件容易的事。因为地面有山

脉，有高大的建筑物，一不留神就会撞得机毁人亡。现代具有低空突防能力的高速飞机，都装有一套地形跟踪系统，利用计算机随时计算与地面的距离，自动操纵飞机或高或低，躲过与地面障碍物相撞的危险。

除了军用飞机以外，有的民用飞机也需要进行低空飞行。例如在农业上用来喷洒灭虫和除草药剂的飞机，就需要在农田上空作离地几米的超低空飞行。如果飞得太高，飞机上喷洒出来的药粉就会被风刮跑，降低了药效。不过，这种飞机速度很慢，不需要安装价格昂贵的自动地形跟踪系统，只要由驾驶员操纵就可以了。

关键词：**低空飞行**

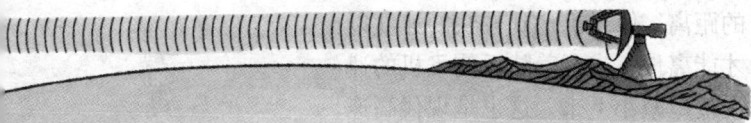

为什么高速飞机的机翼越来越短

你注意过飞机的翅膀吗?随着飞机飞行速度的提高,飞机的机翼相对于机身来说,是越来越短了。譬如说,一架飞行速度为 1000 千米/时的飞机,机身全长约 20 米,机翼的全长约33 米;可是另一架飞行速度达到 1700 千米/时的飞机,机身全长仍约为 20 米,可机翼长度却只要有 12 米就够了。

为什么飞机的飞行速度越快,机翼就越短呢?

飞机是靠机翼产生升力来把飞机托上天空的,机翼越大,升力就越大。但是,从另一方面来看,机翼在飞行中也会产生阻力,机翼越大,阻力也越大。在飞行速度比较低的时候,为了产生足够的升力,就要把机翼做得长一些,例如滑翔机的机翼就特别长;当速度提高以后,特别是在超音速飞行的时候,如果机翼长,所产生的阻力就特别大。因此在高速飞行的情况下,人们总是想法把机翼做得越短越好。不过,机翼减短以后,会不会使产生的升力不够用呢?这有两种情况:当飞机在空中飞行时,速度越快,产生的升力就越大,因此短机翼产生的升力是够用的;可是当飞机在起飞和着陆时,速度比较小,短机翼产生的升力可能不够克服飞机的重量,需要在地面滑跑很长的距离，使飞机达到较快的速度以后才能离地，或者着陆后使飞机的速度慢慢地减小下来。这也是现代高速飞机需要很长的机场跑道的主要原因。

随着航空技术的不断发展，飞机的设计和材料取得了许多突破性的成果，例如一些飞机已经采用了"变机翼"。这种机翼在高速飞行时可以缩短，以减少飞行时的阻力，而在起飞、降落时，机翼又伸张开来，以增大升力。

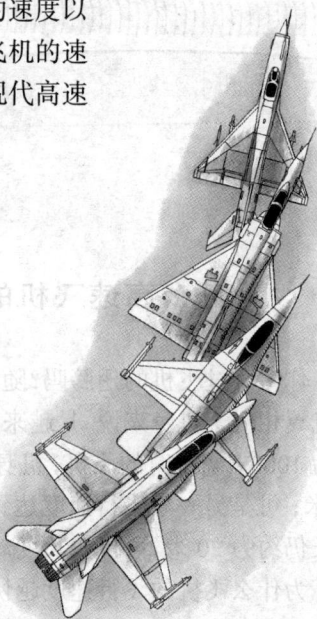

关键词：机翼　机翼长度

为什么飞机要迎风起落

常乘飞机旅行的人都知道，飞机在起飞时，往往要在跑道上左转右转，然后来到一条宽大的主跑道上，迎着风向前滑行起飞……

其实，飞机在降落时和起飞时一样，也要迎着风着陆。这是为什么呢?

原来,飞机迎风起落的主要原因有两个:一是可以缩短起飞或着陆时的滑跑距离,二是比较安全。

飞机在起飞时,只有当机翼所产生的升力大于飞机的重量,才能够离开地面。而升力的大小,同流过飞机机翼表面的气流速度大有关系:这个速度越大,升力就越大。如果没有风,流过机翼表面气流的速度,就等于飞机滑跑的速度;如果有风迎面吹来,流过机翼表面的气流速度,就等于飞机滑跑的速度加上风速。所以,在迎风起飞的情况下,飞机产生的升力就比较大;在飞机速度相同的条件下,它的滑跑距离就可以比无风时缩短一些。

在降落的时候,我们希望让飞机原有的速度赶快减小下来。迎风降落,就可借风的阻力来减小飞机的速度,以使飞机在着陆时的滑跑距离短一些。

飞机迎风起落还能提高安全性。这是因为飞机在起飞或降落时速度都比较慢,稳定性比较差,如果这时遭到强劲的侧风,就有可能被吹歪倾倒,造成飞行事故。而迎风飞行既不易受到侧风的影响,还能使飞机保持一定的升力,所以比较安全。

正因为上面这些缘故,机场上的跑道方向不是随意确定的,它是根据当地风的方向来选择的。但是一个地方的风向,在一年四季当中常有变化,因此机场跑道的方向,总是选在一年中刮风时间最久的那个方向,这个风向叫主导风向。

过去,飞机的速度比较慢,稳定性也不够好,所以对于"迎风起落"这一条要求就比较高。有的机场一年之中风向变化比较大,就修建了不同方向的几条跑道,或者把跑道修建成辐射形交叉的多条跑道，以便适应不同季节风的方向。这样做的缺点是占地太多，机场修建的费用大。近年来，由于飞机速度的加快和稳定性能的提高，风向对飞机起落的影响已经不像过去那么大了，因此，现代机场常常只要沿着主导风向修一条或几条平行的跑道就够了。

👉 关键词：主导风向　飞机起落

为什么飞机上要装红绿灯

在交通繁忙的十字路口，总是设立着醒目的红绿灯。车辆和行人都自觉遵守着"红灯停、绿灯行"的交通规则，这样就能避免发生交通混乱和事故了。有意思的是，飞机上也装有红绿灯，这是为什么呢？

在晴朗的夜空，随着一阵隆隆而过的声音，我们可以发现几点红、绿、白色的灯光在天际缓缓地飞过。这是飞机上的航行灯，它的作用同样是为了避免空中的交通事故。

天空虽然非常辽阔，但是现代飞机的飞行速度很快，因此仍然会有对撞的危险。要避免空中对撞事故，除了对定期航班的民航飞机规定一定的航线以外，飞行员在空中还必须随时注意观察前后左右的情况。为了便于飞行员观察周围有没有飞机，随时了解别的飞机同自己航向的关系怎么样，因此在夜航的时候，要在飞机的左右两侧和尾部开3盏航行灯：从飞行员的位置来看，红灯总是装在左翼尖，绿灯装在右翼尖，白灯装在机尾。3盏灯可以连续点亮，也可以断续点亮。

夜航飞机打开航行灯以后,飞行员观察情况就方便了。如果飞行员看到有一架飞机同自己在同一高度上,而且只看到红、绿2盏灯,这说明对方正在迎面而来,有对撞的危险,必须设法避开。如果只见到1盏灯光,那就说明对方是在自己的左侧或右侧;如果3盏灯同时可见,那就说明对方在自己的上空或下空飞行;这两种情况是没有危险的。

当然,在现代飞机速度很快的情况下,光靠灯光指示还是不够完善的。比如天气不好,有云、有雾的时候怎么办呢?现在已经有一种名叫"飞机接近指示器"的设备,可以帮助飞行员发现向自己靠近的飞机。这种设备上装有指示灯,同时通过飞

白灯

绿灯

绿灯

红灯

白灯

红灯

机上的雷达不断地向周围发射无线电波,当别的飞机飞近时,雷达波就被反射回来,使指示灯闪亮。从不同的指示灯上,可以反映出逐渐靠近的飞机的航向和大致的距离。

关键词:飞机夜航　航行灯

为什么鸟类飞行时要拍打翅膀,
而飞机的机翼却可以固定不动

飞机和鸟类同样都在空中飞行,但飞机的机翼一动也不动,鸟类的翅膀却经常在上下拍动。鸟儿难道不知道疲倦吗?为什么它不让自己的翅膀也像飞机那样固定在一个位置上呢?

看起来,似乎飞机"聪明"而鸟类"笨"。但事实恰恰相反。

就飞行本领来说，鸟类比飞机"巧"得多。

现代的飞机，不论是军用的还是民用的、大飞机还是小飞机，都必须同时具备两样东西，才能飞上天去。这两样东西，一是机翼，二是推进器。飞机的机翼，用来产生升力，把飞机悬托在天空中；而飞机的推进器，则用来产生拉力或推力，驱使飞机向前飞行。如果没有推进器而光有机翼，那就变成了滑翔机。滑翔机只能依靠别的力量拖上天去，自己是不能独立升空的。由此可见，飞机的机翼在飞行中只起支持的作用，而没有推进的能力。

可是鸟类的翅膀就不同了。鸟类是没有推进器的，它的身上既没有活塞发动机驱动螺旋桨来拉它前进，也没有喷气发动机喷出燃气来推动它前进。鸟类的发动机就是它本身，而推动它前进的，就是靠它的翅膀。因此，鸟类的翅膀同时要完成两项任务：一是产生升力把自己悬在空中，二是产生推进力使自己前进。只有拍动翅膀，鸟儿才能同时产生升力和推进力。所以飞机机翼可以固定不动，而鸟类的翅膀却要上下拍动。

是不是也可以让飞机的机翼上下拍动呢？这是一个人类自古以来都企图实现而又未能实现的梦想。空气动力学的研究告诉我们，采取扑翼飞行的方式比较省力，如果能把现在定翼飞行的飞机改成扑翼飞行的飞机，那就可以大大节省飞机所需要的功率。但是，由于扑翼飞行的原理和现象相当复杂，人们现在还没有完全掌握这方面的规律，因此还没有扑翼飞机投入使用。在这个问题上，人类还要好好地向鸟类学习哩！

关键词：**机翼 鸟类翅膀 扑翼飞行**

为什么直升机能停在空中

　　汽车在地面上行驶,要停就停,要走就走,非常自由;可是飞机在天空中飞行,就不能这么自由自在了。很难想像一架飞机飞着飞着,突然在半空中停住不动。至少对于普通飞机来说,这是做不到的。

　　我们知道,任何东西要想离开地面、升上空中,都要克服重力的作用。重力就是地球对周围物体的吸引力,地球重力的方向是向下的,它竭力把地球上的所有物体牢牢地束缚在地面上。这就使我们在向上跳起时,会"不由自主"地落回地面,而不能无限制地腾空向上。同样,飞机要想升上天空,就要有一种向上的力量来克服重力的作用,这就是靠机翼产生的升力。可是,要机翼产生升力有一个条件,就是它必须同空气有相对运动;有运动才有升力,没有运动就没有升力。所以,飞机只有一面飞,一面才能产生升力;如果一停下来,机翼和空气没有了相对运动,升力也就跟着消失了。飞机如果丧失了升力的支持,就会像一块石头似的从空中摔下来。

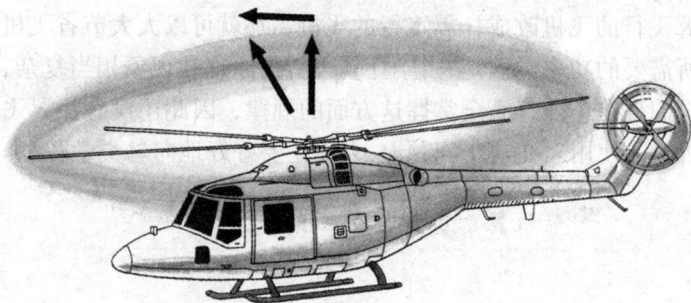

可是,有一种飞机却具有在半空中悬停的本领。它就是直升机。

直升机为什么能够停在空中呢?

直升机同样需要有足够的升力来抵抗自己的重量,才能在空中飞行。直升机的升力,是由在它头顶上旋转着的旋翼所产生的。当直升机停在半空中的时候,它的旋翼仍然在不停地转动,旋翼所产生的升力,正好同直升机受到的重力大小相等而方向相反。因此,直升机就能不前进、也不后退,既不升高、也不降低,稳稳当当地停在半空中了。

☞ 关键词: 直升机　旋翼　重力

只有直升机才能垂直起降吗

直升机最突出的优点,当然就是不需要跑道来滑行起飞,而是通过飞机顶上的旋翼高速转动,产生足够的托举力,使飞机能垂直地升起和降落,这是其他飞机所不具备的本领。可是,在庞大的喷气式飞机家族中,还有一种几乎不需要跑道就能起飞、降落的飞机,它就是以"鹞"式战斗机为代表的垂直/短距起降飞机。

原来,"鹞"式飞机的发动机很特别,它设有4个喷气口,看上去就像是一件连衣裤。发动机的喷口设在机身两侧,可以灵活地转动:当飞机将要起飞时,喷口转而对向地面,发动机喷出的高速气流,像4根强有力的柱子,将飞机托起到空中;当飞机上升到一定高度后,喷口可以转向后方,产生的喷气推

145

力使飞机高速向前飞行；飞机将要着陆时，飞行员可以再一次操纵喷口垂直转向地面，飞机在失去前进推力的同时开始下降，其重量则由垂直地面的喷气来支持。随着喷气量的减小，飞机就缓缓地垂直降落到地面上了。在飞行过程中，飞行员只要调整喷气口的角度，就可以方便地改变飞机的飞行姿势了。

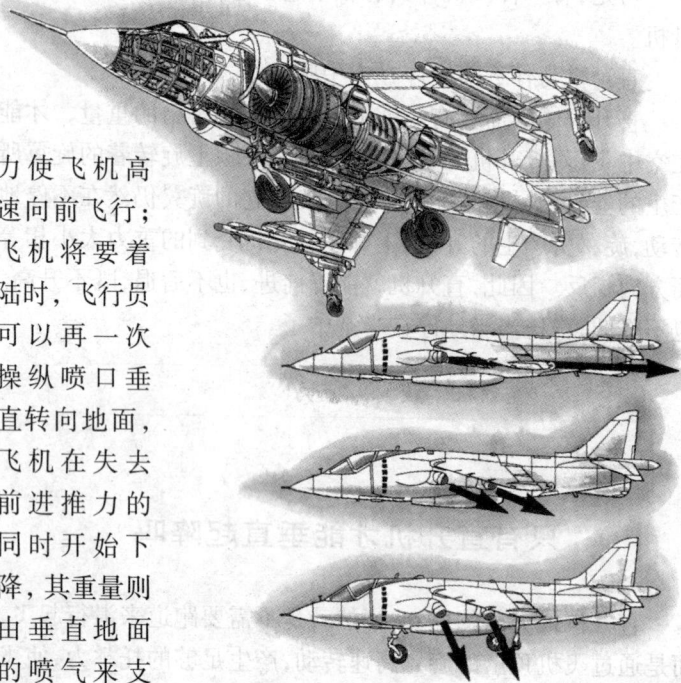

　　"鹞"式飞机也可以通过很短距离的滑行而起飞。它所具有的垂直/短距起降功能，非常适合于在狭窄的岛屿和航空母舰上起降，一般不需要跑道，只要有一片 35 米×35 米的空地就可以了，因此在军事上非常实用。

　　"鹞"式飞机诞生于 20 世纪 70 年代，后来经过不断改进，派生出多种新的机型,现已装备在海军舰队,是一种优秀的多用途舰载飞机。

关键词: 垂直/短距起降飞机
"鹞"式飞机 喷气口

为什么隐形飞机能隐形

隐形飞机是一种运用隐形技术设计制成的军用战斗机。不过,隐形飞机的"隐形"只是一种借喻,并不是指飞机飞到临头,在肉眼视距范围内不能被看见,而是相对于号称"千里眼"的雷达而言。

雷达发射的电磁波束有个特点:只有当波束正好垂直照射到飞机表面某个部位时, 它产生的反射波才沿着波束原来的照射方向返回而被雷达天线接收到, 并在雷达荧光屏上显

示出一个亮点来。飞机的雷达散射截面越小，雷达"捕捉"到它的几率也越小。美国研制的F－117A隐形战斗轰炸机的雷达散射截面只有0.01平方米，仅为其他作战飞机雷达散射截面的0.01%～0.1%，因此它就像真的隐去了身形一样，足以闯过雷达波设置的"天罗地网"。

隐形飞机能"隐形"，主要是靠采用了一系列隐形高新技术，其中包括机体骨架和蒙皮的隐形材料、表面隐形涂敷材料、外形隐形结构、降红外辐射技术、降噪技术和电子干扰技术等。制造隐形飞机骨架和蒙皮的隐形材料有好几种，用得最多的是碳纤维增强树脂复合材料、碳纤维和碳素基体结合在一起的碳—碳复合材料、碳化硅丝增强铝复合材料等，这些复合材料质坚量轻，能够吸收雷达波。美国的B－2隐形轰炸机机体蒙皮内，还采用一种蜂窝状夹芯材料作为衬里，以进一步提高机体吸收雷达波的能力。为了获得尽可能完善的隐形效果，整个机身外表面涂上了一层镍钴铁氧体，或者金属和金属氧化物超细粉末组成的隐形涂料。这种涂料能使照射上来的雷达波的磁损耗加大，起到吸收、透波作用；还有一种叫斯旺基杰夫的碱盐涂料，它能将照射上来的雷达波迅速转换成热能，不再产生反射波。

隐形飞机除了采用隐形材料制造机体外，它那奇特的外形结构也是飞机能隐形的一大关键。常规飞机的圆筒形机身，以及机身、机翼、立尾三者互为直角的连接结构，都能使不同方向入射的雷达波产生返回雷达接收天线的反射波。隐形飞机设计师发现，如果将圆筒形机身改成剖面呈菱形、锥形、头盔形的异型机身，或把机身和后掠机翼之间的连接做成圆滑过渡，形成身翼融合的特殊机型，取消尾翼，改用倾斜的V形双立尾,机身和机翼下不设置装导弹的挂架等,都能起到破坏雷达波产生回波的作用,使回波减至最弱甚至几乎没有,隐形飞机 F - 117A 和 B - 2 就是综合这些特点设计的。B - 2 隐形轰炸机的翼展 52.43 米,机身长 21 米,如此大型的飞机,它的雷达散射截面只有 0.05 平方米,隐形效率是非常高的。

由于探测飞机的设备除雷达外,还有红外探测器,因此隐形飞机除了对雷达隐形,还要对红外探测器隐形。办法是将飞机发动机的进排气口设置在飞机顶部,并在排气口安装排气机和吸热装置,使高温喷流在排出前吸入冷空气,迅速降温,减少发动机喷口的热源,不让地面的红外探测器探测到飞机的红外辐射。对于飞机飞行中产生的噪声,可通过装备吸声装置或设计噪声特别小的发动机来解决。

☞ 关键词:隐形飞机　雷达波

为什么要研制翅膀朝前的飞机

飞机的机翼一般都是向后掠起的,那么有没有翅膀朝前的飞机呢?1997 年 9 月,在莫斯科郊外的茹柯夫斯基机场,一架新型的前掠翼战斗机"S - 37"首次飞上了蓝天。它那向前伸展的"翅膀",给人们耳目一新的感觉。

现在有不少后掠翼飞机的飞行速度已经非常高了,有些飞机的速度甚至超过了声音的传播速度。但是后掠翼有个很大的弱点:当飞机在高速飞行时,气流会沿着飞机的表面流动,一部分气流在沿翼展从内向外运动时,会在机翼的外端出

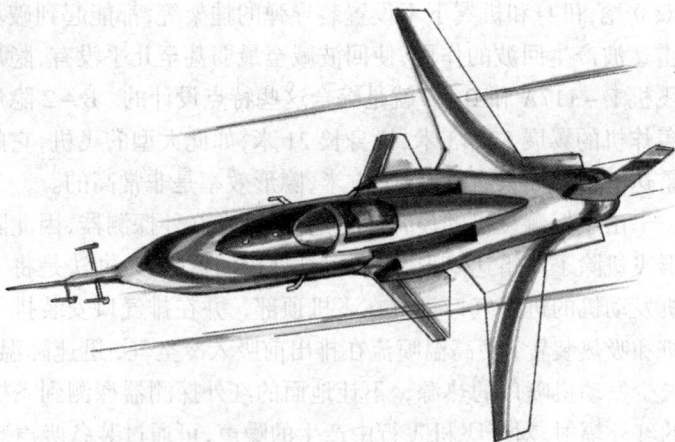

现可怕的紊流。这种紊流大大影响了飞机外翼的升力，更严重的还会影响到飞机控制方向的舵面效率，以至于飞机在空中会出现自动滚转，危及飞机和飞行员的安全。

与此相反，前掠翼飞机就没有这些缺点。同样，气流在沿飞机表面流动时，前掠翼会使得流经翼面的气流从外向内运动，这会引起内翼气流分离。由于气流是从外向内流的，因此它们会聚集起来，一起贴着机翼表面流过去，丝毫不影响飞机的升力，更不会影响到飞机的控制灵魂——舵的工作状态。这样，前掠翼飞机就有了更好的气动特性，能获得较大的升力，而且阻力极小。尤为可贵的是，前掠翼战斗机能在空中以大迎角飞行，这就大大提高了飞机的机动性，使得战斗机能够迅速地捕捉战机，占据空中优势。

为什么以前的飞机都是"后掠翼"的呢？这是因为过去的机翼材料强度不够，飞机如果使用前掠翼，就会使它在飞行时抗弯扭能力明显降低。加上在气流的作用下，飞机的外翼会出现向上弯扭的现象，随着迎角和升力增大，又使外翼向上的弯扭继续增大。如此恶性循环，就会导致飞机的机翼折断。假如要避免机翼发生断裂，就只好加厚机翼以增加其抗弯扭的能力。但是如此一来，飞机的重量就会大大地增加。于是，工程师只得放弃前掠翼的设计，而普遍采取后掠翼的形式。

新型复合材料的问世，给前掠翼飞机带来了生机。通过对不同的增强纤维的"复合"，使这种材料既轻巧，强度、刚度又大，抗弯扭的能力特别强。因而，人们对前掠翼飞机重新进行了深入的研究。1984年美国研制了全复合材料制成的"X–29A"前掠翼试验机，而"S–37"飞机则采用了90%的复合材料，终于制成了性能优异的前掠翼飞机，为21世纪的新型飞机展现了广阔的前景。

☞ 关键词：前掠翼飞机

为什么飞机在起飞、着陆和航行时
要用雷达操纵

飞机场常常又被叫做"航空港"，那里是一个十分繁忙的交通枢纽，每天都有许多飞机在那里起飞、降落。

虽然机场很大，但由于飞机速度很快，为了避免飞机碰撞，机场的调度人员就必须及时掌握机场上空几百千米范围内的所有飞机的位置、速度和飞行方向，然后才能准确地向各架飞机发出先后起飞和着陆的指示。要完成这样繁重而又精细的调度工作，雷达是其中不可缺少的工具。机场上装有雷达，机场调度人员就可以从雷达显示器上，清楚地看到机场上空几百千米范围之内的全部情况，进行空中交通的指挥工作了。这种雷达一般叫做"空中交通管制雷达"和"精密着陆雷达"。在雷达的显示器上，还能预先显示出一条理想的飞机降落轨迹，在飞机着陆过程中，雷达连续地测量飞机的位置并通过无线电话指挥驾驶员按照正确的飞行航线飞行，直至降落在跑道上。

不仅飞机的起飞和着陆要用雷达控制，飞机在飞行过程中也要用到雷达。通常，民航航班飞机是要按预先规定好的航线飞行的。如果遇到黑夜和云雾天气，或是领航员对航线不熟，那就要用雷达来导航了。在飞机上装一部雷达，天线朝向地面，显示器上就会显示出一幅"雷达地图"，领航员通过随时观看雷达地图，就能知道飞机的位置，保证飞机按正确航线飞行了。

飞行员在飞行过程中，还必须随时掌握飞机距离地面的高度，因此要在飞机上装一部叫做"雷达测高计"的测高雷达。这样，在海洋上空飞行，就能随时知道飞机距离海平面的高度；在大平原上空飞行，可以随时知道距离地面的高度；在崇山峻岭上飞行，可以随时知道距离高峰、山岭的高度。在一些需要低空突防的军用飞机上，还要装上一种"防撞雷达"，它能在飞机低空高速飞行时，及时提醒驾驶员对高山和高大建筑物进行避让。

☞关键词：**雷达　雷达操纵飞行**

为什么飞机能在空中加油

1948 年 7 月 22 日，美国 3 架 B－29 飞机从戴维—蒙森空军基地起飞，作环球飞行试验。其中有 2 架飞机在航线上 8 次着陆，用了 15 天时间，才完成了 32187 千米的环球飞行。到了 1957 年 1 月 16 日，美国 5 架 B－52B 飞机从加利福尼亚州卡斯尔空军基地起飞，在空中加油的条件下，仅用 3 天时间就完成了环球飞行，其实际飞行时间只有 45 小时 19 分钟。为什么飞机能在空中加油呢？

空中加油是在加油机和受油机的共同配合下完成的。早

期的空中加油设备简陋，由加油员手持加油管，对准受油口，依靠加油机与受油机的高度差（加油机在上方，受油机在下方）进行重力加油。后来研制成功了空中加油吊舱，使空中加油技术发展到一个新阶段，并实现了一架加油机同时给几架飞机(最多3架)加油,同型飞机相互之间加油。一般情况下，使用插头锥套式加油设备时，加油速度为1500升/分左右；使用伸缩套管式加油设备时，加油速度最高可达6000升/分。在加油的过程中,受油机的飞行员主要精力集中在保持好飞行状态，使加油机和受油机之间的间隔、距离、高度差保持不变。

20世纪90年代以来，美国及欧洲一些国家加速改进其加油机。除换装新型发动机外，在加油技术上采用了自动加油管理系统和自动加油管结合系统。自动加油管理系统能使加油机迅速向受油机大量加油，同时又能保持最佳的重心位置和飞行状态，并由机载计算机来计算油箱阀门和油泵的最佳开关时机；自动加油管结合系统可替代伸缩管操纵员，受油机飞行员只要使飞机保持在加油机后面接合区的一定位置，加油机的结合系统就会自动捕捉住受油机的结合系统并实现加油管的接合。

空中加油除了用于民用飞机,还是空中力量的"倍增器"，是现代空中作战的重要保障手段，能对中远距离快速运送部队和装备,起到至关重要的作用。

☞ 关键词：空中加油

天空这么大，为什么飞机还会相撞呢

古人曾用"天高任鸟飞"一语，来形容在无边无际的天空中，鸟类可以自由地飞翔。但在航空运输高度发达的今天，稍有不慎，就会发生两架飞机在空中相撞的事故。据统计，1981年至1987年间，美国就发生了35起飞机空中相撞事故。我国在20世纪60年代至80年代，也曾发生过3次两机相撞的飞行事故。这类事故虽然在飞行事故中所占的比例不大，但是一旦发生却损失惨重。例如，20世纪70年代，在西班牙发生两架波音747飞机相撞的飞行事故，当场死亡555人，以后又陆续死亡35人。

两架飞机在辽阔的空中飞行，怎么会撞到一起去呢？

我们知道，地面行车有公路，海上行船有航道，而飞机在空中飞行也有航线。空中的航线有一定的高度、宽度和方向，每架飞机都应按照指定的方向、高度和航线飞行。但是，飞行员在空中驾驶时，来不及像在地面驾车那样用眼睛来观察。因为飞机一旦突然进入飞行员视力范围，两机之间的距离通常已小于900米。现有资料表明：从飞机进入飞行员的视力范围，视神经形成图像，进入大脑，经过分析判断，确定双方距离，采取最佳方案，直到操纵飞机避让，大约需要2~5秒才能完成。如果两机速度之和达到500米/秒以上（1800千米/时），2秒即已超过或接近飞行员的有效视力距离，在这样短的时间内，双方飞行员要及时准确地驾驶飞机避让，几乎是不可能的。

空中两机相撞，大多数是在高度交叉处或航线交叉处。高度交叉是指同一时间、同一地点穿越对方的高度层,航线交叉是指同一时间、同一地点、同一高度穿越对方的航向。机场是飞机的集散中心,起飞和降落的飞机互相穿越对方的航向和高度比较频繁。为了防止撞机事故的发生,世界各国除了改革空中交通管理体制、改进进场和离场的飞行次序以外,还在飞机上安装了飞机航路自动报警和防撞系统(缩写是 TCAS)。该系统共有两个天线,一个安装在机身上部,另一个安装在机身腹部,用来发射并接收对方飞机的信号。当两架飞机在同一航线上相对飞近时,各自的 TCAS 天线会接收到对方发来的信号,并在计算机屏幕上显示出不同距离的警示标志;接着,双方飞机上的计算机系统经过计算后,就会在各自的显示屏幕上提供避撞指示。显然,TCAS 使驾驶员能从容处置突发事件,从而保证了飞机的飞行安全。

> 关键词:飞机相撞 防撞系统

为什么飞鸟会成为
喷气式飞机的"敌人"

飞机的起飞和降落当然都离不开机场。在机场建设过程中,除了各种必要的设施外,还要注意一件事,那就是机场附近是否有大批鸟群。你或许会觉得奇怪:小小的飞鸟难道也会成为飞机的"敌人"吗?

事实确实如此。据统计,仅在美国,由于飞机同飞鸟相撞,引起机上人员受到伤害或者飞机被破坏的所谓"破坏性鸟撞"，每年平均在 350 起以上。

为什么飞鸟这样喜欢同飞机"过不去"呢？这是由于现在的飞机大多是喷气式飞机，它们的发动机要从周围吸进大量的空气才能工作，因此它们的进气口都开得很大，飞行起来，像张开着的一张大嘴巴，贪婪地把迎面的气流吞食进去。如果飞鸟正好在它的附近飞行，就会身不由己地跟空气一起被吸进发动机里去。喷气式飞机飞行的速度本来就很大，飞鸟的身体虽然很柔软，但在高速的撞击之下，它的破坏力还是很厉害的；再加上喷气发动机内部结构十分精密，飞鸟撞进去后，常常会使发动机的工作过程受到严重的影响，甚至迫使发动机停下来，使飞机丧失前进的动力，结果造成飞机失事。

当然，飞鸟对于现代喷气式飞机的威胁，还表现在它同飞机外壳的直接碰撞上。由于喷气式飞机速度快，这种撞击有时也会造成危险。曾经有一架以 600 千米/时的速度飞行的歼击机，在空中同一只飞雁相撞，结果这只飞雁居然"破窗而入"，把飞行员撞得昏迷过去。这样严重的直接撞击，虽然是很少见的，但显然给高速飞行带来了极大的危险。

根据统计资料，喷气式飞机撞鸟和吸鸟的事件，最容易在亚洲发生，美洲次之，欧洲最少，而且这些事件主要是发生在900 米以下的低空，而 600 米以下是最危险的空域。也就是说，问题主要是产生在飞机起飞和着陆的时候。那么，怎么来对付机场附近的飞鸟呢？

人们已经想出不少办法来对付飞鸟。例如，在机场上设置一些会转动的草人，或在飞机起降过程中鸣枪放炮，把机场附近的飞鸟吓跑；还可以在飞机起飞或降落之前用扩音器播放鸟儿凄厉的惨叫录音，把鸟群吓跑；或在机场各处放一些死鸟的标本,让飞鸟看见并因害怕而躲开。此外,还可以利用现代电子技术和雷达技术,安装远程监视雷达,警告在航线上飞行的飞机避开鸟群;在机场上利用短脉冲雷达,密切注视跑道附近的鸟群活动情况, 以便必要时让飞机延缓起飞或着陆。当然,改进飞机和发动机的结构,使它万一撞上飞鸟也不怕,这才是根本的解决办法。

☞ 关键词:飞行安全　破坏性鸟撞

双发飞机与四发飞机比较
有哪些特点

你听说过双发飞机和四发飞机吗?其实,双发飞机就是指装有两台发动机的飞机, 而四发飞机则是指装有四台发动机的飞机。目前正在使用的四发飞机有波音 707、747 - 400,空中客车 A340,MD - 12 等;双发飞机有波音 757、767、777 和空中客车 A300、A310、A320、A330 等。相比而言,双发飞机比四发飞机使用得更为普遍。

四发飞机的主要优点是能适应各种航线的需要, 不受广阔海洋和沙漠地区的限制。但是,四发飞机制造成本高,价格昂贵,一架波音 747 - 400 型客机售价 1.5 亿美元。相比而言,双发飞机在航线的适应范围上受到一定限制, 但制造成本比较低。

双发飞机在飞行中,如果一台发动机因故障停车,客机仍可在另一台发动机的推动下继续飞行。但是,原来由两台发动机提供的飞行动力及电力与压缩空气，这时只能由一台发动机来提供。在这种情况下，需要启动飞机上的辅助动力装置，由它向机上供电、供气。如果在继续飞行中，另一台发动机又熄火了，则飞机会失去全部动力而陷入危境。因此，从保证飞机飞行安全的要求出发，许多国家对双发飞机的航线作了严格限制。如规定双发飞机的航线，必须使飞机在航线上任何一点处，距就近机场的航程不大于该飞机以单发飞行时的 60 分钟航程，否则就不能通航。这就是所谓的"60 分钟限制"。根据这一规定以及目前世界上各机场的分布情况，双发客机不能作越洋飞行，也不能飞越大片荒漠地区。例如，我国跨越西亚沙漠地区飞往欧洲的航线，装有 4 台发动机的波音 707 可以通航，但新型波音 757、767 却由于是双发飞机而不能通航。许多双发飞机所能通航的航线，被限制在靠近海岸的有限范围内。

其实，"60 分钟限制"是以采用活塞发动机的双发客机的飞行情况来制定的。近数十年来，航空技术有了突飞猛进的发展，飞机的发动机及其他性能有了翻天覆地的变化，尤其是发动机的工作可靠性大大提高。因此，"60 分钟限制"被逐渐放宽了，经检验合格的双发客机，可以将航线上任一点至备降机场的飞行时间由 60 分钟延长到 120 分钟。实践证明，双发飞机延长限制时间是比较可靠的。据 12 家航空公司统计，在一年半时间内，使用波音 767 双发飞机作 120 分钟延程飞行，在 1.3 万个起落中出现过 25 次一台发动机空中停车。在这 25 次事件中，飞机飞往备降机场着陆 21 次，飞往目的地着陆 4 次，其达到目的地的成功率为 99.838%。而拥有四台发动机的波音 747 飞机，飞达目的地的成功率却为 99.222%。鉴于双发飞机的"优良表现",它所受的"120分钟限制"又被扩大到了"180分钟限制"。

波音777飞机是20世纪90年代研制成功的一种新型客机。它不但是世界上最大的双发喷气客机,其发动机也是迄今为止推力最大的。波音777飞机在投入营运时,就已获得了"180分钟双发客机延程飞行"的资格,也就是说,这种双发飞机可以在世界上任何航线包括横跨太平洋的洲际航线上飞行。不仅如此,波音777飞机的制造成本、油耗和噪音都低于一般的四发飞机。

👉 关键词:双发飞机　四发飞机　60分钟限制

建设海上机场有哪些好处

随着世界各国航空事业的发展,飞机场的数量和面积需

要不断增多和扩大。对于一些沿海城市来说，将机场建在临近城区的海上，是一个十分理想的方案。

飞机场建在海上有很多好处。首先，海上机场的用地一般不涉及动迁问题，机场面积也几乎不受限制，而且，建设费用也比在市区低得多。其次，海上机场视野非常开阔，没有高山和高大建筑物阻挡，飞机的起飞降落和机场管理十分安全、准确。另外，机场建在海上，大批飞机起降产生的轰鸣声和排放的废气，相对而言离城市居民区较远，不会造成城市污染。

日本的长崎机场，是世界上第一座海上机场。它是以长崎县大村湾中的一个小岛为基础，经过削平高地、填海成陆而建造起来的，耗时约3年，于1975年正式使用。在海上机场和陆地之间，还建造了一座大型桥梁，使市区的交通与机场航空运输通畅地连接了起来。从空中俯瞰，这座海上机场就像一艘巨大的长方形航空母舰，静静地停泊在碧蓝的海湾中。

海上机场的建设形式还有不少种。例如，可以在较浅的海域，向海底打下钢桩，由成千上万根钢桩支撑起巨大的机场平台。美国纽约的拉瓜迪亚机场，就是世界上第一个这样的桩基

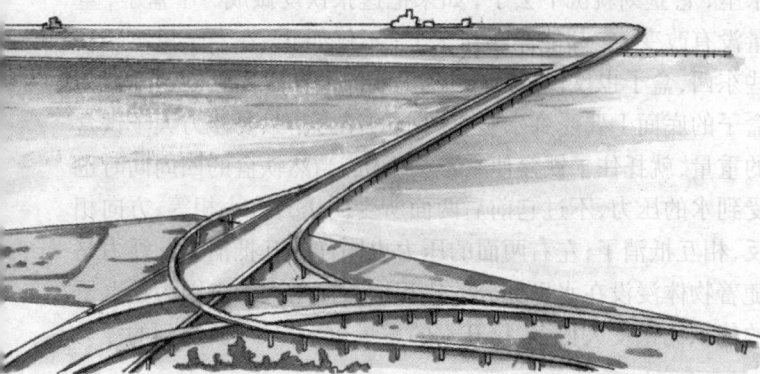

式海上机场。围海式海上机场则是在沿海岸边,用堤坝把一部分浅海围起来,抽干海水后用泥石填充铺筑成平展的机场。漂浮式海上机场是一种比较新颖、先进的机场形式。它是一种半潜式的钢制箱体,上半部浮出水面作为机场跑道,下半部浸在水中,起到托举机场平台的浮体作用。为了防止整个机场受海潮影响而漂移,漂浮式海上机场在水下有许多巨大的锚锭,将机场"固定"在确定的海域。

☞ 关键词:海上机场

为什么很重的大轮船能浮在水面上

现代的大轮船都是用钢铁制成的,钢比水重6倍多,船里所载的大多数货物如粮食、机器、建筑器材等,也都比水重得多,为什么船载了这么重的东西还能漂浮在水上呢?

要说明这个问题,我们可以做个试验:把一张薄铁皮放在水里,它立刻就沉下去了;如果把这张铁皮做成一个盒子,重量没有改变,它却能漂浮在水上;不仅如此,在盒子里再装一些东西,盒子也仅仅下沉一些,仍能漂浮在水面上。这是因为盒子的底面上要受到水竖直向上的浮力,只要浮力大于铁盒的重量,就托住了铁盒使它不会下沉。当然铁盒的四周同时也受到水的压力,不过它前后两面所受的压力大小相等,方向相反,相互抵消了;左右两面的压力也同样相互抵消了。浮力是随着物体浸没在水里部分的体积增大而增大的。因为铁盒子的体积比铁皮大得多,排开水的重量也大得多,所受到的浮力

162

也大多了,因此,盒子里装了东西还能浮在水面上。大轮船能浮在水上的道理也是一样的。

物体浮沉的定律,是2000多年前古希腊的学者阿基米德发现的,他准确地说:"作用于水中物体上的浮力的大小等于物体所排开水的重量。"正因为如此,大轮船虽然重达数万吨,体积庞大,但由于吃水越深,就意味着船所排开水的重量越大,船所获得的浮力也就越大,当然也就可以装载更多的东西了。

关键词:浮力　浮力定律　排水量

为什么要建造双体客轮

顾名思义,双体客轮有两个瘦长的船体,它们用通联的甲板连接起来,每个船体各有一套独立的船机和推进装置。

双体客轮不但外观上很特别,船体性能上也有不少特点。双体客轮的甲板面积非常大,单位排水量甲板面积比单体船大50%。如果考虑到双体船可以有效增加上层建筑层次,上述比例可达100%,这非常适合于需要足够甲板面积和追求多层次上层建筑的客船、游览船和渡船。双体客轮的稳性特别好,因为它由两个分开的船体组成,使船体在水面的横向惯性矩大大增加,所以复原力矩也增大,稳性极好,稳性储备比单体船大2~4倍。此外,双体船将单个船体宽度做得很瘦削,对降低兴波阻力和减少船波具有明显效果。尤其是当高速单船体掀起巨大船波,严重危害江河中过往小船及冲刷两岸河堤时,双体客船更成为人们期望发展的船型。双体船操纵起来很灵活，两个船体保证了它具有良好的航向稳定性，即使单机航行，仍然能在很小舵力下保持直线航行。两个船体使得两个桨之间和两个舱之间的间距比较大，从而获得了很好的操作性。当一车正一车倒时，船能原地回转或作侧向移动。在相同船体大小和相同排水量的条件下，双船体的回转直径要比单船体大，漂角小，进程大，抗飘能力强。

近十年来，随着船舶技术的不断进步，出现了性能更为优良的高速双体客轮，如穿浪型双体船、双体气垫船和双体水翼船等，甚至出现了多体客轮。多体客轮是指有两个以上船体的客轮，如把水翼艇、冲翼艇融为一体的三船体冲翼艇。三个船身为一前二后，由矩形主翼和梯形边翼作为连接三个船身的实体，能在高速航行时产生升力，将船身托离水面，减少与水体之间的摩擦，降低航行阻力。这种三船体冲翼艇非常适用于沿海、沿江高速客运，它可乘载 100~500 名旅客，以 200 千米/时的速度航行，在经济上优于小型飞机和直升机，在舒适性和安全性方面均有保障，因此很有发展的必要。

☞关键词：双体客轮　多体客轮

为什么帆船的帆各式各样

你见过帆船吗？世界上有不少著名的帆船比赛。比赛时，只见千舟竞发，高高的船桅上，升起各种式样、五颜六色的船帆，借着风力，推动帆船飞快地破浪前进。

我们都知道，帆船本身没有动力，而是以风力鼓动船帆作为动力来航行的。因此，相对船身来讲，帆通常做得很宽大，这样就能充分利用风力了。

帆船使用的帆有许多不同的类型。早在14世纪，航行于北欧海域的帆船，主要采用四角形的帆。这种帆受风面积大，但改变帆的方向比较困难，需要好多水手一起来操纵。而航行于地中海的帆船，则大多用三角形的帆，它调整方向很方便，但速度稍慢。后来，人们把这两种帆结合起来，装在大型帆船上，使之起到取长补短、速度和操纵兼优的效果。此外，帆船上还有不同数量和高度的桅杆，升挂着不同形状和排列方

165

式的船帆。

帆船航行的速度通常为十几千米每小时，虽然速度不很快，但由于风力是取之不尽的自然动力，所以帆船航行几乎没有能源方面的消耗，也不会造成环境污染。现在，人们经常用帆船来旅游，还组织了各种帆船和帆板的体育比赛。一些机动船装上了风帆，同样能节省不少燃料呢！

关键词：帆船　帆

轮船是怎样顺利通过葛洲坝的

1984 年，在我国湖北省宜昌市的长江江面上，拦起了一道长 2595 米、高 47 米的大坝，它就是著名的葛洲坝水电站大坝。葛洲坝的建成，不但提供了周围省区丰富的电能，也大大改善了长江中上游地区的水路航运条件。你或许会很奇怪：拦江大坝上下的水面高度相差几十米，长江中的船只是如何

166

顺利通行的呢?

原来,宽厚的葛洲坝中间,设有国内最大的船闸,它像一个长方形的盒子,长 280 米、宽 34 米,是船舶通过落差悬殊的水坝的过渡地带,由上下闸门组成封闭的闸室。当船舶顺流而下时,先通过上闸门进入闸室,然后关闭上闸门,闸室内的水由泄水道排放,船体随水位一起下降。当闸室内的水位与下游水位持平时,便可开启下闸门,轮船就像下了一个台阶一样,从闸室平稳地驶向开阔的江面。相反,轮船从下游向上游航行时,先要向闸室内灌水,使船位随闸室内水位增高而上升,直至与上游水位齐平。

葛洲坝船闸上的闸门巨大无比,每扇宽达 19.7 米、高 34 米、厚 2.7 米、重达 600 吨。如此巨大而沉重的闸门,当然要靠机械操纵来完成开启和闭合。在船闸上,设有许多信号指挥装置和电脑控制系统,船舶的过闸过程完全实现了自动化。

☞ 关键词:葛洲坝　船闸

为什么潜水艇能够在水中
沉浮自如地航行

普通的舰船只能在海面上航行,可是,潜水艇却既能在水面航行,也可以下沉到海洋深处,在水里潜行。

潜水艇为什么能沉下去、浮上来呢?这是重力和浮力变的戏法。因为任何物体在水中,除受到竖直向下的重力外,还受到水对它向上的浮力。当浮力大于重力时,物体就能浮在水面上；当浮力小于重力时，物体就下沉；当浮力等于重力或两者相差很小时，物体就可"悬浮"在水中一定的位置。所以，只要调整潜水艇的重力和浮力的差值，它就能沉下去、浮上来了。但是，潜水艇艇体的形状是固定不变的，它在水中受到的浮力也是一定的。因此，要调整这个差值，只能从改变潜水艇的自身重量方面着手。

潜水艇的艇体由内外两个壳体构成，在内层壳体和外层壳体之间的空隙里，分隔出若干个水舱，称为压载水舱。每个水舱都装有进水阀和排水阀。浮在水面上的潜水艇如需下沉，只要打开水舱的进水阀，让海水迅速灌满各个水舱，潜水艇的重量增加了，当重力超过浮力时就会下沉。在水下的潜水艇若要上浮，只要关闭水舱的进水阀，用压力极大的压缩空气把水舱里的水通过排水阀压出去，潜水艇的重量减轻了，浮力又大于重力，它就会向上浮出水面。

如果潜水艇要在海平面和

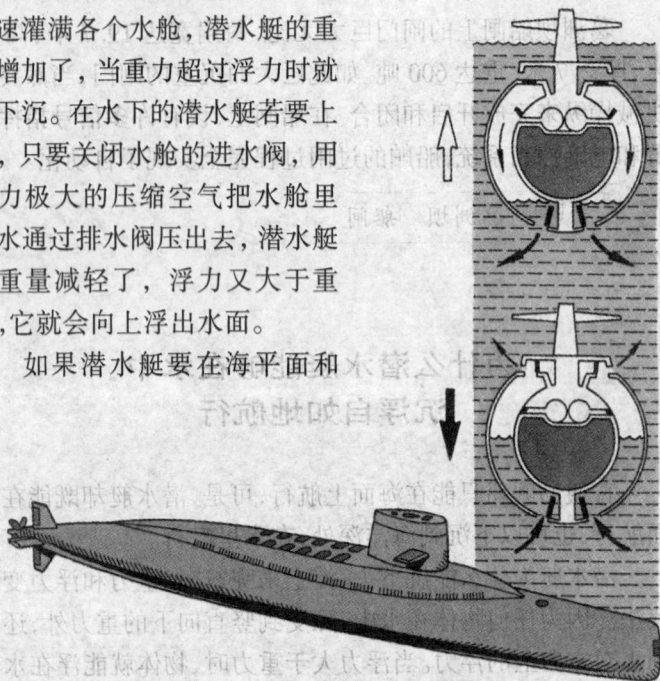

海底之间的水中潜游，则可让部分水舱进水或排放部分水舱里的水，调节潜水艇的重量，使重力等于或稍大于浮力，这时，潜水艇就能在深浅不同的水域中潜游了。同时，潜水艇还设有升降舵，装在潜水艇的首部和尾部。当潜水艇在水中航行时，首部的升降舵向上，尾部向下，潜水艇就上浮；首部升降舵向下，尾部向上，潜水艇就下沉；当升降舵保持水平位置的时候，潜水艇就能在水下一定的深度中向前航行了。

☞ 关键词：潜水艇　水舱　升降舵

为什么潜水艇潜到水下就不怕风浪了

　　大海波涛汹涌，很少有平静的时候。

　　"无风不起浪"，波浪的产生常常是风力作用的结果。风吹水面，使水的质点发生周期性的运动，造成了波浪起伏。波浪一起一落，那高起来像山峰似的地方是波峰，其间低凹的是波谷。两个相邻的波峰和波谷之间的垂直差距是波高，这个高低差距越大，波浪拥有的能量也越大。风急浪高，浪头扑来，可以使每平方米面积上受到几吨甚至几十吨力量的冲击。因此当海上风暴即将来临的时候，正在航行的船舶通常都要赶快开到港湾里去，以免遭到风浪的冲击。

　　可是，潜水艇在海里却不必担忧，当它遇到风暴的时候，只要潜得深一些，就可以平安无事了。这是为什么呢？

　　据计算，发动机功率10万千瓦的油轮，每小时的航行速度可达 23 海里。如果采用同样大小的发动机而改为潜水航行，就能达到 27 海里。原来，当海面上波涛翻滚的时候，在海下一定的深度，却是一个平静的世界。在那里，波浪的阻力大大减小了，同时又不受狂风巨浪的影响。

原来，波浪沿水平方向传播时，常常会形成后浪赶前浪的现象，使波浪传得很远，两个相邻波峰之间的距离（即波长），也可以拉得很长。在辽阔的太平洋，曾测到过波长达 600 米的波浪！可是，波浪在向下传播时，却随着深度的增加而急速地减弱下来。据计算，深度每增加波长的 1/9，波高就减低一半；在深度等于半个波长的水下，波高已不到原来的 5%；在深度相当于一个波长的水下，波高就只有原来的 0.2% 了。因此，在海面 200 米以下的地方，海水经常都是平静的，一般很少受到波浪的影响。

所以，任凭海面风急浪高，力大无比，潜水艇仍然能在深海里往来自如，丝毫不受风浪的影响。

👉 关键词：潜水艇　波浪

为什么气垫船能离开水面行驶

船是一种很有用的水上交通工具，但是很多人嫌它航行得太慢，这是因为船在水中行驶时，船体要受到很大的水体阻力。如果能将船体托离水面，就可以大大地减少阻力，使船速大大加快。这就是气垫船的基本原理。

气垫船在航行时，船体完全离开了水面，船体只受到空气的阻力,比在水中航行时的阻力大大地减小。这种船有的能载几百个乘客,每小时竟可以航行 100 千米。

是什么力量把几百吨重的船举离水面的呢?

原来气垫船上装有几台很大的鼓风机,这些鼓风机产生的压缩空气,由船底四周的环形通道喷出,以很大的压力向下冲向水面。根据作用和反作用的原理,船体就得到一个方向向上的反作用力。当这个反作用力达到足以托起船体重量时,船体就被抬出水面。这时,在水面和船体之间,形成了一层气垫,气垫船因此而得名。然后,利用斜向插入水中的螺旋桨,或利用空气螺旋桨产生推力,来推动船舶前进。

气垫里的压缩空气不断地逸散,并形成气幕来维持气垫,需要消耗很大的功率。而且,气垫船在海面前进时,还会掀起相当大的波浪,并且溅起大量水花,这些都要消耗不少能量。所以,气垫船虽然可以提高航速,所需要的功率却是很大的。

气垫船不仅能在水面航行,也可以在陆地上行驶,是一种水陆两栖的交通工具。气垫船在陆地上行驶时,船和地面之间

同样会形成一个气垫，把船托起来。由于这个气垫有相当的厚度，因此气垫船可以平稳地行驶在崎岖泥泞的道路上，就是在沼泽、草原、沙漠或结冰的海面上都可以通行无阻。除了直升机外，几乎要数气垫船能到达的地方最多了。

关键词：气垫船　压缩空气　水陆两栖

为什么水翼船的速度特别快

在各种交通工具中，船舶的航行速度最慢。它比汽车的速度慢得多，更无法与在空中翱翔的飞机相比。而且，从最早的帆船时代到今天，船速的提高十分缓慢，因而严重制约了水路运输的发展。

为什么船的航行速度难以提高呢?原来,水的密度是空气的 800 多倍,所以,船舶在水中行进时遇到的阻力,就比在陆地上、空气中行进的交通工具大得多。而且,船在航行时会掀起猛烈的波浪,这将消耗相当一部分船舶的动力,从而影响船速。因此,要想使船速有较大提高,除了要加大船舶的动力,还要设法使船体尽量少受水体和水波阻力的影响。

船舶设计师从野鸭的蹼脚上受到了启发。野鸭从水面上起飞时,会将蹼脚伸向后方,在扇动翅膀向前滑动的同时,扁平的蹼脚会产生一定的升力。当升力超过体重时,野鸭便能升上天空了。于是,人们设想在船底也装上既像翅膀又像蹼脚的装置,这种新型的舰船就是水翼船。

水翼船的船底前部和后部,都装有宽大、扁平的水翼,它们由支柱与船体相连。当水翼船发动、行进时,水中的水翼能像飞机的机翼一样,产生一种向上的升力。速度越快,升力越大,从而使船体渐渐向上浮起。当水翼产生的升力与船体重量相近时,船身就能完全露出水面行进,因而只受到空气的阻力,只有留在水中的水翼、舵和螺旋桨还受到水的阻力,因而航行速度能大大提高。目前,水翼船的最高航速已达到 110 千米/时以上,比普通舰船快 1 ~ 2 倍。而且,水翼船由于能升起在水面上高速行驶,所以大大减弱了波浪的影响,即使在大风大浪的情况下也能安全平稳地航行。

目前,水翼船的吨位还比较小,一般不超过三四百吨。随着水翼船航行原理的深入研究和技术方面的改进,更大更快的水翼船将会出现,并将越来越广泛地应用于交通运输。

关键词: 水翼船　阻力　船速

173

为什么破冰船能够破冰

每当严寒降临、冬季到来的时候,北方的港湾和海面常常会冰封,使航道阻塞。为了便于船舶出入港口,往往要用破冰船进行破冰。

破冰船为什么能破冰呢?破冰船同其他船比较,有自己的特点:它的船体结构特别坚实,船壳钢板比一般船舶厚得多;船宽体胖上身小,便于在冰层中开出较宽的航道;船身短(一般船的长与宽之比大约是 7∶1 到 9∶1,破冰船是 4∶1),因而进退和变换方向灵活,操纵性好;吃水深,可以破碎较厚的冰层;功率大、航速高,因而向冰层猛冲时,冲击力大;它的船头呈折线型,使头部底线与水平线成 20°～35°角,船头可以"爬"到冰面上;它的船头、船尾和船腹两侧,都备有很大的水舱,作为破冰设备。

破冰船遇到冰层，就用翘起的船头压上冰面，靠船头部分的重把冰压碎。这个重一般能达到1000吨左右，不太坚固的冰层，在破冰船的压力之下马上就被压碎了。如果冰层较坚固，破冰船往往要后退一段距离，然后猛冲过去，有时要反复冲几次，才能把冰层冲破。遇到很厚的冰层，一下子冲不开，破冰船就开动功率很大的水泵，把船尾的水舱灌满，使船的重心后移，船头抬高。这时，将船身稍向前进，使船头搁在厚冰层上，再把船尾的水舱抽空，用来灌满船头的水舱。这样，本来就很重的船头，再加上灌进船头水舱里的几百吨水的重量，很厚的冰层，也会被压碎。破冰船就这样慢慢地不断前进，在冰上开出一条水道。

有时，破冰船会遇到更厚更结实的冰层，当破冰船压到冰面上时，冰层并不破裂，而只是往下沉陷，使破冰船搁在冰上，船身夹在中间，即使开足马力也不能动弹一步。遇到这种情况，就要用摇摆的方法把破冰船从冰围中解脱出来。为了使破冰船能够自己摇摆，在船中部沿着两舷设置了摇摆水舱，它一方面可储藏锅炉用水和食用淡水，一方面在舷部受损伤时，可以保护船体不致漏水而下沉，第三个作用就是帮助破冰船摆脱困境。当破冰船给冰层夹住以后，只要很快地将一舷的水舱灌满，船就侧向一边，然后又将水抽入另一舷的水舱，船又侧向相反的一边。这样来回抽水，破冰船就左右摇摆，再开足马力，船就不难退出冰面了。

关键词：**破冰船**

超级油轮有哪些优点和缺点

　　说起轮船，人们往往会惊叹于万吨巨轮的庞大。然而，从20世纪60年代起，在世界各地的海面上，出现了一种超大超长的巨型轮船，普通的万吨轮和它比起来，简直就像是"小舢版"一样。这种海上的庞然大物，就是超级油轮。

　　超级油轮的出现，源于世界石油消耗量的剧增和石油运输业的兴旺。当时，石油作为最重要的能源被广泛地发现和开采，但是，大量石油往往由于运输问题而被搁置，因为铁路运输只能在陆上进行，而航空运输成本又太高。60年代之前，洲际间的石油运输一般由数万吨级的油轮来完成。面对石油需求和运输费用的尖锐矛盾，人们发现，建造一艘总吨位为20万吨的超级油轮，其费用比建造五艘4万吨级的油轮要便宜许多，于是，建造超级油轮有了经济上的依据。日本在60年代率先建造成世界上第一艘20万吨级的超级油轮，

此后，一些有实力的国家和财团也加入了超级油轮的建造和经营的行列，著名的希腊船王即以此而获得巨大的利益。

载油量空前巨大，是降低石油运输费用的基础。据计算，法国制造的排水量达 54 万吨的最大超级油轮"巴蒂利斯"号，其平均运费比 22 万吨级的另一艘超级油轮便宜 22%。日本也不甘落后，将 42 万吨级的"海上巨人"号油轮改造成 50.3 万吨级的超级油轮。在超级油轮发展最为鼎盛的 20 世纪 70 年代，油轮数量已占货运船舶总量的 2/5 以上，而其中的大部分石油运输任务，则是由一些超级油轮来完成的。

超级油轮的装载量特别大，因此其装卸必须借助于先进的自动化设施来完成，大多数超级油轮都装备了自动控制的装卸系统。超级油轮的舱体占了船体的绝大部分，为了避免易燃的石油在航运过程中因剧烈晃荡而产生危险，货舱间通常由隔离舱隔离，当然，各种防火装置和设施依然是不可缺少的。分隔货舱的方式还有一个好处，那就是便于分别装卸不同类型、不同等级和品质的油料。

超级油轮有过一段辉煌发展的时期，但庞大的身躯也给它带来不少问题。如由于超级油轮吃水较深，无法驶入许多港口，往往只能停泊在公海上，再由小型船只转运进港；有时，超级油轮在一些较狭窄的海峡中航行，还会造成航运通道的堵塞。随着全球能源多样化和提倡使用清洁能源的浪潮兴起，石油和超级油轮的重要性也打了折扣。此外，屡屡发生的超级油轮因多种原因漏油的事件，也与人类保护环境的愿望发生冲突。因此，超级油轮未来的发展还很难预料。

☞ 关键词：**超级油轮　石油运输**

为什么要修建运河

运河是一种人工开凿的航运渠道，用来沟通江河、湖泊、海洋等水域，能改善航运条件，缩短交通运输的时间和距离。

中国是世界上最早开通运河的国家，早在2000多年前的秦朝，就在湘江和漓江之间的分水岭上，开挖成30多千米长的灵渠。这是世界上第一条船闸式运河。由于船舶能通过一道道船闸"爬山过岭"，因此，运河又被称为沟通水路的"桥梁"。灵渠的建成，使当时湖南与广西之间的交通运输变得通畅起来，而世界上最长的京杭大运河，则更是将海河、黄河、淮河、长江、钱塘江五大水系和北京至杭州之间的大片地区联系起来，成了中国历史上名副其实的第一条贯通南北的运输大动脉。

横贯中美洲的巴拿马运河，虽然只有81.3千米长，却沟通了太平洋和大西洋这两个最大的海洋之间的交通。这是一条高于海平面的人造河，宽91～304米，水深12.6～26.5米，沿线有6座船闸用来改变水位。这条运河通航后，每年可通过约1.5万艘船舶。巴拿马运河在地理位置上十分重要，但运河的规模却限制了航船的吨位，只能通行4万～5万吨级的船只。相比之下，连接地中海和红海的苏伊士运河，则是世界上最繁忙的通海运河，它沟通了欧、亚、非三大洲的海上国际贸易，使航行时间、距离大大缩短。苏伊士运河经过扩建后，全长193.5千米，可通航吃水深达16米、满载15万吨（或空载37万吨）的大型轮船。

👉 关键词：**运河**

现代化港口有哪些功能

世界上有许多繁华的大城市是紧靠着大海而兴起的，除了陆上和航空交通外，繁忙而有序的港口是这些城市现代化建设的一个缩影。

港口是沿海城市交通运输的一个重要枢纽。每天都有成千上万的旅客上下客船，又有无数的货物在这里装卸搬运，这被形象地称为港口的"吞吐量"。现代化的港口，矗立着许多巨大的起重机，它们是港口最重要的设施，因为世界贸易总量 4/5 以上的货物，是由海轮来完成运输的，许多大型机械、集装箱等都必须通过港口由海上通道来运输。各种功能的起重机能将货物轻而易举地吊上巨轮，或吊卸到载重车上。港口还常常设有输油管道设备，能为巨大的油轮装卸原油。可以说，现代化的港口是最重要的货物运输集散地。

海港是远航的轮船停泊休息的场

所。远洋轮在遇到猛烈的风浪,或因燃料、食品、淡水不足时,也需要进入港口。因此,港口又被称为"避风港"和"补给港"。不过,港口除了具有"停车场"的功能以外,还是船只长途航行后进行修理的地方。港口内设有宽大的船坞,浮船坞可以通过调节浮箱的沉浮,将船体托起;干船坞通过开闭闸门来排放水,使船体被架在坞底的托架上,然后再进行维修。

现在,世界各地的港口大多分为通用港和专用港两种。通用港可以用来集散各类货物,而专用港则设置有一些专用的货物装卸和搬运设施,如集装箱专用港就不装卸零散的货物。目前的现代化港口有向专用港发展的趋势,以提高装卸运输的效率。此外,发展深水码头、采用自动化装卸和管理手段等,也是现代化港口发展的重要方向。

关键词:港口　海上运输

为什么要发展集装箱运输

在现代城市的公路上,你常常可以看到一些大卡车,后面拖着一个巨大的长方形铁箱;在一些码头上,这些大铁箱经常被叠放得整整齐齐,由巨型起重机吊上大货轮。这些大铁箱有什么用呢?

原来,这些大铁箱名叫集装箱,其外壳为钢质制造,专门用来集中装运一些在运输中容易被压坏或变形的货物。集装箱有国际统一的规格尺寸,通常长为6.096米,宽和高均为2.438米。这是由于最早发展集装箱运输的美国,其卡车允许

的最大宽度即为 2.438 米，这个尺寸后来逐渐被各国所采用。除了这种标准规格外，也有长达 9.14 米和 12.2 米的超大型集装箱。

集装箱的出现，大大提高了货物的运输效率，从而能带来巨大的经济效益。据统计，集装箱船与同样排水量的货船相比，年运输能力将增加 6 倍。在通常情况下，一个集装箱装运上船需 3 分钟，每个标准集装箱可装货物 20～30 吨，因此每小时可装货 400～600 吨；而用传统的"散装"方式装货，每小时只能装载约 35 吨，两者的效率差别十分

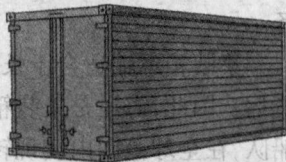

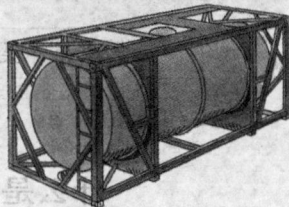

悬殊。早在 1956 年,美国的一艘集装箱油轮仅航行了 3 个月,就使该航线的运费从原来的每吨约 6 美元,一下子降到每吨 1.5 美元。从此,集装箱这种运输形式受到了极大关注,并开始在全球范围内迅速发展起来。

早在 19 世纪初,就有人设想用集装箱的形式来提高运输效率,但这个愿望直到 20 世纪 50 年代前后才得以实现。这是为什么呢?原来,发展集装箱运输,涉及到许多相关的设施和设备,如必须要有能承载集装箱的大型运输车辆;集装箱被运至码头后,要有宽阔、坚固的场地来堆放,还需要有专门的起重设备来吊装、搬运;专用的集装箱运输船不同于一般的货船,船体需特别宽大,甲板尺寸也要设计得适合于集装箱放置,许多集装箱船还有便于升降的舱体和大型起重机等特殊设备。可见,集装箱运输是在汽车工业、起重机械工业和造船工业大大发展的基础上,才逐步发展起来的。而且,集装箱运输投资很大,必须要有较大规模的先进运输网络和专用设备。

集装箱运输适合于长距离的货物运输,尤其是进行洲际货运。因此,海运是集装箱运输的主要方式,通过编组集装箱船队,在全球范围内实现转口联运。

☞ 关键词:集装箱　集装箱船　集装箱运输

什么是智能交通系统

你听说过 ITS 吗?它就是"智能交通系统"的英文缩写。自从 20 世纪 80 年代中期以来，一些经济发达的国家竞相投入巨资，开始采用高新技术进行智能交通系统的研究和开发，并且组织了一个智能交通系统世界委员会，负责在各国间交换信息，并建立国际信息数据库。

为什么要进行智能交通系统的研究和开发呢？其主要原因是，在世界范围内，道路建设始终跟不上交通量的急剧增长，而且道路交通安全矛盾日益突出。当然，智能交通系统对发展新产业、抢占新市场也有很大的帮助。

智能交通系统是将先进的卫星定位导航技术、计算机技术、图形图像处理技术、数据通信技术、传感器技术、信息技术、电子控制技术等高新技术，有效地运用于交通运输、服务、控制、管理和车辆制造，从而使车辆靠自身的智能将交通流调整至最佳状态。驾驶员靠系统的智能，对道路交通情况了如指掌；交通和运输管理人员靠系统的智能，对道路上的车辆行驶和交通状况一清二楚。这样，人、车、路密切结合，和谐统一，将极大地提高交通运输的效率，保障交通安全，改善环境质量，提高能源利用率。

各国在研究和开发智能交通系统时，由于道路交通的情况不同，实施开发的系统功能也不完全一样，但其主要功能则大同小异。一般是为车辆提供道路障碍物自动识别，并能自动报警、自动转向、自动制动、自动保持安全车距车速和巡航控制功能；为出行者提供道路条件、交通状况、交通服务设施的实时信息及车辆定位导航功能；为交通运输企业提供道路和交通信息以及车辆定位、跟踪、通信、调度功能；为道路管理部门提供交通流的实时信息以及停车的自动收费功能；为交通管理部门提供实时疏导、控制道路交通流和对突发事件应急反应的功能。

关键词：智能交通系统

为什么空中交通也要实行交通管制

我们知道,地面交通受到各种交通规则的约束和管理,这是为了保证交通的畅通和安全。那么,在宽广无际的天空中,飞机的航行是不是也需要交通管制呢?

第一架飞机在1903年升上天空,但直到1918年才开始有定期的航空运输。在那以后,有相当长一段时间是没有空中交通管制的,飞机在空中飞行没有航线,处于一种"自由自在"的无序状态。随着航空运输事业的迅速发展,空中交通日益繁忙起来。飞机的载客量越来越大,飞行次数越来越多,飞行速度也越来越快。尤其是飞机场,在狭窄的跑道上每个小时内要起降几十架飞机,若无严格的规则和强制的指挥,必然会造成一片混乱。而空中的无序飞行,不仅会频繁产生空中交通事故,而且使航班难以准时起降,严重影响飞行效率。为了保证飞行安全,使空中交通保持畅通而有秩序,以提高飞行效率,建立类似地面交通管理的空中交通管制,就成为各国发展航空事业共同的迫切任务。

空中交通管制是指对航空器的空中活动进行管理和控制,一般设有空中交通管制中心、进近管制室和机场管制塔台。空中交通管制中心负责区域、航路管制业务。进近管制室负责对终端管制区内进场、离场和飞越的航空器进行管制,其范围一般是指以机场为中心、半径为 50~100 千米的区域,但不包括机场管制塔台管制的空间。机场管制塔台负责对本机场范围内飞行和起飞、着陆的航空器进行管制。

空中交通管制由专门的管制员来加以实施,他们通过了解管制范围内每具航空器的位置和高度等信息,为航空器之间配备必要的垂直、纵向或侧向间隔,实施空中交通管制。目前,管制的方法主要有程序管制和雷达管制两种。程序管制是指利用无线电导航设施来确定航路和管制区内的航线。飞机驾驶员在起飞前,都要向空中交通管制单位提交飞行计划。管制员根据飞行计划,结合当时空中情况,向驾驶员发出飞行许可和有关指示。飞行中,驾驶员用无线电向管制员报告飞机的位置和高度。当发现飞机之间的间隔小于最低标准时,管制员立即指示飞机改变飞行高度,或指挥飞机在某一报告点上空盘旋等待。在繁忙的机场,尤其是在天气不好时,为安排飞机着陆顺序,常常要采用等待程序。程序管制方法速度慢,精确性差,为防止航空器相撞,必须规定较大的最低标准间隔,因此在一定空间内所能容纳的交通量比较少。

采用监视雷达后,管制员可以了解本管制空域雷达波覆盖范围内所有航空器的精确位置,因此能大大减小航空器之间的最低间隔,从而在一定空域内增加交通量,这就是雷达管制。尤其是在采用二次雷达后,地面询问器和机载应答器开始配合使用。当地面询问器发射的无线电脉冲触发机载应答器,使之发射出清晰的应答脉冲时,管制员即可在雷达显示器上看到该航空器的具体飞行位置,这就使管制员有更充裕的时间来调整航空器之间的间隔,保证飞行安全。

随着科学技术的飞速发展,空中交通管制系统逐步向卫星化方向发展。以航空卫星为核心,同雷达、电脑联成网络的航空管制系统已在美国和欧洲一些国家开始使用。这种系统将逐步允许飞行员选择自己的飞行路线,由卫星导航系统导引飞行,而塔台控制人员的责任仅仅是防止事故的发生。可以预见,21 世纪空中交通管制系统的卫星化,必将成为世界航空史上一次革命性的变革。

☞ 关键词:空中交通管制

什么是道路交通的无障碍设计

现代城市的质量与文明水平的衡量标准之一,就是城市是否提供专为老年人、残疾人精心设计的"无障碍系统"。"无障碍系统"包括居住环境和社会环境两方面。前者旨在解决老年人、残疾人"住"的问题,后者重在满足他们"行"的需求。

近年来,不少国家在道路交通的无障碍设计方面有许多发展。美国规定,方便老人、残疾人坐轮椅或乘公交车出行,是交通部门应尽的义务;丹麦规定,每天至少有一趟里程超过100 千米的公交班车,车上设有升降轮椅专座;德国每年从政府公用费中提取专款改造公交车辆,使轮椅能够方便地使用。同时,一些国家还对地铁、轻轨车站局部设计修订标准,配备专门通道,使坐轮椅的乘客能方便自如地从站台直接进入车厢。

为了方便老人、残疾人步行或轮椅出行,道路系统必须进行无障碍设计。人行道应连续、平坦,路面不宜光滑;在所有人行道与道路衔接的通路处,消除阶沿石形成的"陡坎",代之以缓坡；尽量不用人行天桥，代之以过街地道，其进出口坡道陡坡必须小于2%，且沿埝墙安排扶手拉杆，使坐轮椅者能独立地上下过街地道。老人、残疾人出行，多是短途且需要经常歇息，因此沿路绿化带树荫中，适量布置凳椅，安排若干服务性小店，也是十分必要的。此外，适用于各类老人、残疾人的交通信号、牌示、响笛、地标等，也应当合理规划与布设。

我国现有老年人1.2亿，残疾人5000万，因此，方便老人和残疾人的无障碍道路交通设计显得十分重要。北京在1988年，曾对王府井地区进行过无障碍设计改造，部分过街地下通道专门考虑了轮椅通行的需求；上海在进行新外滩建设时，也专门考虑了道路的无障碍设计。然而就全国而言，无障碍设计尚未普及，老年人、残疾人的安全出行，往往还不得不依靠他

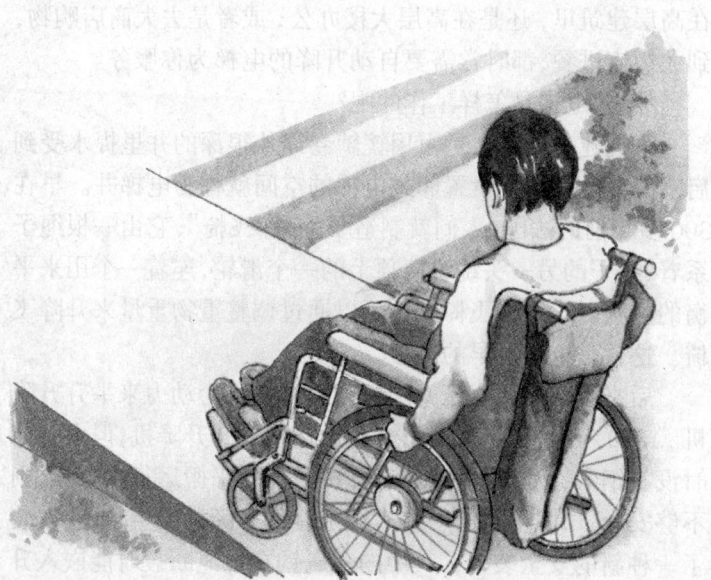

人的帮助来完成，他们的出行能力受到了道路交通条件的极大限制。

所以，道路交通的无障碍设计，不仅仅是一个技术的问题，更需要全体人民的理解和关心。

关键词：道路交通　无障碍设计

电梯是怎样工作的

随着城市建设的不断发展，许多高楼大厦拔地而起，电梯也因此而成为人们生活中不可缺少的登高工具。无论是生活在高层建筑里，还是在高层大楼办公，或者是去大商店购物，到大饭店进餐，都时常需要自动升降的电梯为你服务。

那么，电梯是怎样工作的呢？

人们建造电梯，是由用辘轳卷绳从很深的井里提水受到启发的，所以，现在设置厢式电梯的空间就称为电梯井。早在300多年前的法国，人们就制造了一种"飞椅"，它由一根绳子系着，绳子的另一头绕过楼顶上的一个滑轮，连着一个用来平衡的重物。人坐在飞椅上，可以通过调整重物重量来升降飞椅。这就是电梯最早的雏形。

后来，人们用水压升降机和蒸汽机作为动力来举升升降机。1850年，美国出现了第一台卷扬机式的升降机，但由于当时没有钢索，用麻绳吊动的升降机只能用来搬运货物，载人则不够安全。几年后，第一台运载乘客的升降机诞生了，它安装了一种新的安全装置，其中的金属钩在缆绳断裂时能嵌入升降机运行导轨,防止其跌落。

现在的厢式电梯井顶上装有电动机,由平衡部件通过高强度的钢丝绳来牵引轿厢升降。电梯内还装有限速器、安全钳和缓冲垫等安全装置,即使钢丝绳突然断裂,轿厢也不会直接跌落到井底。

斜向上升的自动扶梯,是电梯的又一大类,通常设置在大商场内,从形式上来看,这种"自己会走"的载客工具更接近于楼梯的外形。自动扶梯由许多个活动的梯阶组成,内部装有链条、小滑轮和轨道,能保持梯阶的斜面呈楼梯的形式上升。在扶梯顶部,后轮轨道逐渐降低,使前后梯阶变得逐渐接近而平坦,并自动运行消失于平行的步行装置前,使乘客能方便地上下扶梯。

自动扶梯能周而复始地运转,因此虽然速度不快,运载能

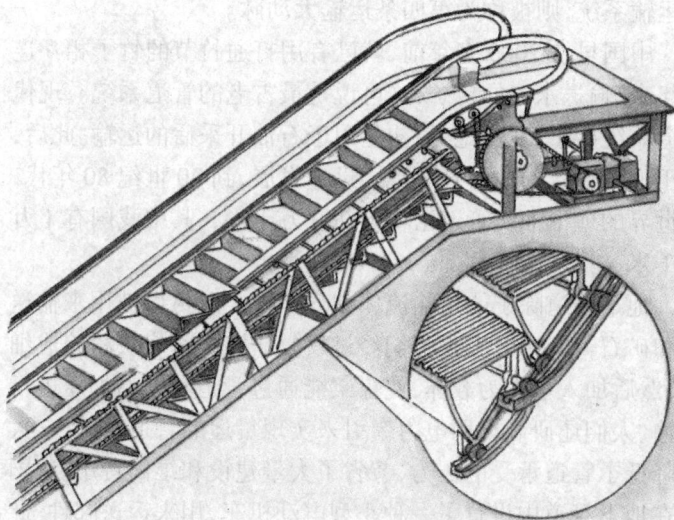

力却很强。现在,人们还设计出许多新颖的自动扶梯,如螺旋式上升的自动扶梯,替代索道缆车的高扬程自动扶梯等。还有一种用于机场的长距离平行载客扶梯,乘客下了飞机,只需站到扶梯上,就能又快又轻松地直达机场的出口处了。

☞ 关键词: 电梯　自动扶梯

为什么管道系统会成为未来重要的交通运输形式

江海中航行的轮船,陆地上行驶的车辆,天空中飞行的飞机,是我们所熟知的三大交通运输形式,而新近发展起来的管道运输系统,则被称为第四条运输大动脉。

中国早在 2000 多年前,就已有用打通竹节的竹子相互连接起来,输送水流的传统,这可说是最古老的管道系统。现代管道系统始于 19 世纪,最初是用于石油开采后的运输。此后,用于油气输送的地下管道形式迅速发展,到 20 世纪 80 年代,全世界的地下油气管道已将近 200 万千米,其中我国有 1 万多千米。

地下管道除了能运输流体和气体外,还可以被用来输送煤和矿石等资源。工程师们经过反复研究,将煤块粉碎成细粒,然后加入水作为载体,使煤浆能通过管道和泵站加压进行运输。人们还研制出用电力牵引来实现货运的管道系统,它大大降低了管道承受的压力,节省了大量建设和维修费用。法国就在地下管道中设置了一种小型电动机车,用来运送邮件。此外，还可以利用管道内的气压差，使装在集装箱里的货物沿管道内壁快速滑动。

目前，管道系统大多还局限于货物运输，如何使它服务于客运交通，是科学家下一个重要研究目标。其实，地铁就是一种管道列车，而海底隧道也是管道交通的一种形式。在此基础上，人们正在设想更新更多的管道交通方式。例如，日本科学家就设想，将航线由空中转向地下深处，设置直径数十米的地下航空管道，并由一种专门的"地心飞机"来完成载客和运货的任务。意大利的隧道专家，设计了一种全新概念的水下浮动隧道：这是一条宽 42 米、高 24 米的钢筋混凝土管道，它利用海水的巨大浮力，使管道保持在水下 30 米深处，并由粗大的缆绳固定于海底锚锭，使其不至于上浮。隧道内有两条汽车通道和一条铁路轨线，全长 3000 多米。这种水下浮动隧道有很

多优越性,它比几千米长的跨海大桥更牢固,不受海峡飓风的影响,还能抵抗强烈地震的冲击,而且建设费用也比造大桥省得多。

管道交通运输系统的发展,可以在很大程度上避免恶劣的自然气候的影响;从设计技术上来说,又便于实现自动化控制;特别是管道系统有利于环境保护,减少地面污染,这十分符合人类对未来的可持续发展思想。

☞ 关键词:管道交通　管道运输

什么是公交管道运输系统

公交管道运输系统,是一种全新的公共交通形式,它的最大特点,就是可以连续运转,源源不断地输送旅客。

公交管道运输系统主要由管道、支柱、扶梯、传送装置等四个部分组成。支柱把管道支撑在5米以上的空中。扶梯联络管道和地面,便于乘客上下。管道相当于车壳,把传送装置和运送装置等容纳在里面。传送装置是系统的主体,主要由月台带、换乘带、主带、动力机构等组成。月台带供乘客候乘用,换乘带时停时动,是乘客由月台带进入主带的过渡带,也是乘客到站前由主带进入月台带的过渡带。主带由几条分带组成,分带上设有双人椅,可供乘坐和站立的旅客扶靠。动力机构安装在传送室内,设在主带和换乘带的下方。

这种系统运行时,乘客从人行道由扶梯上行,经出入口进入管道,在月台带候乘。内侧的栏杆把月台带与换乘带隔离开来,确保两侧乘客的安全。当换乘带停止时,乘客可由栏杆出入口进入换乘带,扶好换乘带内侧的扶手,以防启动时跌倒。经过半分钟后,换乘带启动,其速度与主带相同。此时,乘客可由扶手的出入口进入主带,坐到双人靠背椅上。换乘带的停止时间和运行时间各约半分钟,交替进行。停止时,月台带与换乘带之间交流乘客;运行时,换乘带与主带之间交流乘客。到达目的地的乘客,可在换乘带运行时,由主带进入换乘带,再在换乘带停止时,由换乘带进入月台带,然后出管道经扶梯到达人行道。

公交管道的运输速度并不很快,大约为 18 千米/时。但由于连续运输,途中没有停留,乘客在途中所花的时间,要比目前的公交车辆短得多,而且运量特别大。据测算,如果一条主带由三条分带组成,每条分带每小时运送 10.8 万人次,那么,断面流量每小时就可高达 32.4 万人次。由于这种运输系统独立高架于空中,与其他运输方式互不干扰,因而不会产生交通阻塞现象。同时,这种系统占地少,投资效益高,加上乘坐方便、安全、节能、低公害,特别适用于人口众多、交通拥挤的大城市。

👉 关键词:公交管道运输系统　传送装置

为什么说索道缆车是未来
交通的一种好办法

你去过山城重庆吗?它位于长江和嘉陵江的汇合处,是一个依山傍水的半岛形城市。多年来,生活在嘉陵江南北两岸的居民,越江交通非常不方便。1981年,嘉陵江上凌空架起了我国第一条双线往返式客运索道。它全长740米,每个车厢可乘客46人,往返不断,全天候运行,乘客每次过江只需两三分钟,而在过去,人们只能乘车从嘉陵江大桥过江或乘渡轮过江,费时约40分钟。1987年,重庆市又建成了全长1166米的跨越长江架空索道,不但方便了越江交通,还成了游客观赏长江景色的游览工具呢!

其实,架空索道古已有之,但古代的索道仅由铜索、滑轮和车斗组成,没有动力设备,因而只能由高处"滑"向低处。现代的客运索道是从20世纪中期逐渐发展起来的。目前,全世界已有16000多条各种索道,其中尤以瑞士最多,因瑞士是世界著名的滑雪天堂,高山景色十分宜人。因此,连接高山的载

客索道,自然就成了最实用、最理想的高山交通工具。

索道客运交通有很多优点。首先就是它对环境的适应能力很强,无论高山峡谷,还是大风迷雾,它都能照常工作。大家知道,山城重庆以多雾著称,每当大雾起时,越江桥梁交通和轮渡往往会受到很大限制,而索道缆车却能不受影响,照常往返于大江两岸。架空索道还能直接越过江河、攀越高坡,而不必像公路那样盘山绕道,从而大大提高了运输效率。

别以为乘坐凌空行驶的索道缆车挺危险的。据统计分析,乘坐索道缆车的安全程度约是汽车的 30 倍。这是因为索道的缆索十分坚韧耐久,而且有各种制动操纵设备来保证安全。客运索道由承载索来承受车厢重量,另有牵引索来运行车辆。根据运行和构造的不同,通常可分为往返式和循环式索道。

此外,索道的建设和维修费用较低、占地极少,不产生污染。因此,除了在山区、旅游景点发挥作用外,索道缆车很有可能成为未来城市交通的一种重要而理想的公共交通形式。

关键词:索道缆车　索道交通

单人飞行器会成为未来的
个人交通工具吗

1984 年,在美国洛杉矶举行的第 23 届奥运会开幕式上,宏大的体育场上空,有一个"飞人"凌空飞来,身后还拖着一条彩色的烟雾。他在体育场内四周飞行了一圈,然后又稳又准地停落在草坪中央。全场观众对这一精彩的表演报以经久的掌声,开幕式上的气氛一下子变得热烈起来……

难道真有会飞的人吗?

当然没有。"飞人"表演的奥秘,其实全在于飞行员身背的一个飞行背囊里。这个背囊看上去很像农村中为果树、庄稼喷药的农药桶,但里面却是浓度为90%的过氧化氢液体。飞行员将它背在身后,启动喷射开关后,过氧化氢就会在加压条件下喷出,它在经过喷嘴上的含银过滤网时,分解成蒸汽和氧气,形成高速喷射的气流,从背囊底部的喷嘴喷射而出,形成极大的推力,将人体托离地面,推向空中。飞行者在升上半空时,可以通过手握操纵杆来控制喷射气流的方向,以便调整飞行的方向,看上去就像真的能在空中高低左右自如地飞行了。

飞行背囊是一种最轻便、最小型的单人飞行器,但它的成本却很昂贵,如高浓度的过氧化氢就很容易遇光、热等而分解;此外,这种飞行器的操纵技术也很复杂,要实现熟练地安全飞行,飞行者需要大量技术训练和实际飞行,这样费用就很高了。因此,飞行背囊还需在技术和设备上加以改进和完善,才能真正成为实用的个人飞行工具。

除了飞行背囊,其实目前较为现实的单人飞行器,当属一些具有飞机外形的超轻型飞机。这些飞机结构十分简单,采用小型发动机,其重量只有100多千克。在目前,这种易于驾驶、价格较低的飞机,主要还用于体育运动和个人娱乐。

由于城市交通拥挤现象仍将持续相当长的时间,因此单人飞行器将很快成为一个热门话题,并发展为一种非常便捷的新型个人交通工具。

关键词:单人飞行器　飞行背囊　超轻型飞机

火箭和导弹是一回事吗

有些人以为火箭和导弹是同样的一种东西,其实,火箭早在几百年前就有了,而导弹是在第二次世界大战快要结束时才出现的。

大约在公元 13 世纪以后,我国就有了一种前所未有的作战武器。这种武器是在普通的羽箭上,缚上一截前端封闭、后端开口的火药筒。点火以后,火药燃烧产生的气流从后端开口处高速喷出,产生反作用力推动羽箭向前飞去。这种新式的武器,当时人们就叫它火箭。今天火箭的名字,正是由此借用过来的。到明朝时,陆战和海战都使用过火箭,射程可达三四百步远。

现代的火箭,比起几百年前的火箭来,当然复杂得多了,不过基本原理没变,它是一种利用本身快速喷出的气体,产生反作用力来推动前进的飞行器。现代火箭的头部装上炸药或弹头,就变成了一种武器;如果它的头部装上各种科学探测仪器,就成了一种科学研究的工具,比如气象探测火箭;当它和载人的星际飞船结合在一起时,就变成星际航行的一种运载工具了。

导弹是在第二次世界大战快要结束时出现的。当时,德国法西斯为了进行最后的挣扎,制造出两种"新式武器",分别取名为"V‒1"和"V‒2"。这两种武器曾经从欧洲大陆越过英吉利海峡空袭英国的伦敦。实际上这种武器就是炸弹,只不过这种炸弹本身装有发动机和制导系统,能够在无人驾驶的情况下自动飞向目标进行轰炸。因此,这种武器被称为"导弹",就是可以控制和引导的炸弹或炮弹的意思。

显然，火箭和导弹很不一样。火箭能借助本身的动力飞行，是一种用途广泛的运载工具；而导弹是一种军事武器，它本身并不能飞，而要借助火箭发动机或空气喷气发动机才能飞行。

☞ 关键词：火箭　导弹

如何处理现代建筑和交通的关系

现代城市规划的科学性，离不开建筑物和道路交通之间的合理配置，同时还要注意突出快速干道与街道的不同功能。说到底，也就是要处理好建筑与交通的关系。

商业区的道路分布应该呈细密的网状结构，街道密度大而街区较短。其特点是使商业区内每座大型建筑物，如大型商场或饮食娱乐场等，四面都被街道所包围，整个商业区的街道四通八达。这种大密度的街道网，可有效地疏通车辆，保持交通顺畅。由于交叉路口密布，车辆就必须慢行，而车辆慢行，又降低了行车时的噪声，避免了交通事故的发生。

小网眼状结构的道路网，一般不用架设人行天桥，只需设置人行横道线，并规定横道线上车让行人。此外，街道的一边或两边画上停车线，并在每个车位设置一个"米表"，用以限制停车时间。这一来可增加收入，二来方便消费者和办事人员。有了米表，便能防止一些人把它当成永久性停车场，或被某些车辆随便停放招揽生意，这样就可减少路面车辆的拥挤程度。同时,由于街道呈网状结构,给每条街道编号命名时,就可比较规范,既方便寻找道路,又有利于交通顺畅。正是由于小网眼状结构的道路配置有这么多优点,它已渐渐被许多国际大都市所采用。

除此之外,在体现商业区方便购物和交通灵活的基础上,有时还要突出快速干道的功能。这主要体现在设置和完善各种交通设施方面,如将人行横道线改为人行天桥,或在十字路口建立灵活多样的立交系统,设置隔离栏等。

☞ 关键词: 建筑　交通

为什么塑料也能用来造房子

千百年来，人们居住的房屋，大多是用木料、土坯或石料建造起来的。在现代建筑中，坚硬沉重的钢筋水泥结构，又成了房屋建造的主要材料。令人惊奇的是，轻巧的塑料也能用来造房子！

美国的一家塑料制品公司，为了向人们展示塑料的多功能和塑料产品的多用途，用了 20 吨塑料材料，建造了一座塑料房屋。这座房屋的屋顶，是由塑料树脂和玻璃纤维合成的盖板，它不但重量很轻，而且拼接安装十分简单，还具有极好的防火性能。屋子的墙面材料，是由聚氯乙烯塑料压制而成的墙板，外面涂上了一层高性能树脂，以耐受风吹雨淋。这种墙面不但色彩多样，十分美观，还富有弹性，具有极大的强度和承受重压的能力。

房子里用塑料制造的各种建筑材料，更是琳琅满目。室内的墙板，是由塑料树脂和木质纤维化合制成的一种波纹板。波纹板的外面覆有一层漂亮的泡沫塑料，它具有很好的绝热和隔音效果，并能加强墙体的牢固程度。这种内墙材料不必再涂刷涂料，当然也不用再粘贴壁纸了。地板材料选择了硬质的塑料，既具有木质地板的弹性，又绝不会出现裂缝或凹凸，平整耐磨，用水擦洗也不会有腐烂之虞。

室内设施也选择了多种性能不同的塑料。如各种管线采用了聚丁烯管道，它的特点是柔韧性极好，可以方便地排布安置，还不会有普通自来水管锈蚀、渗漏的烦恼。厨房里的装置全部采用了具有防火特性的塑料，而卫生间的浴具，则由塑料通过吹模法一次成型,轻巧牢固,而且成本比目前的玻璃钢材料低得多。

用塑料来建造房屋的形式虽然尚未普及,但新型塑料所具有的各种特性,使建筑师们在考虑房屋建造的方式时,能更合理地体现建筑形式的多功能、低成本,这十分符合未来房屋的发展观念。

> 关键词:塑料房屋

纸能建造房屋吗

在人们的印象中,纸张大多又薄又软,碰不得水,见不得火。这样"脆弱"的材料难道也能建造房屋吗?

其实,用来建造房屋的纸,并非平时用作书写、印刷和包装的普通纸张,而是一大类新颖的合成纸。合成纸的原料并不是天然纤维素,而是以合成树脂为原料,因而在强度、柔韧性、耐水性、耐折性、耐光性、耐高温性及耐腐蚀性等多方面,都比普通纸高出许多。从本质上来说,合成纸实际上是一种具有纸张形式和功能(如书写、印刷)的薄膜。

20世纪70年代以后,国外出现了用纸造的房屋。这种纸屋的板壁,是经过特殊处理的波纹状或夹层式纸板,厚度约为5厘米。纸板外涂有合成树脂和玻璃纤维,使其强度大大超过了同样厚度的木板,而且能耐受高温、虫蛀和水浸。科学家还在空心的纸夹板外涂上聚氨酯涂层,用它做的墙壁,保温隔热性比砖墙还好;合成纸中加入芳香族聚酰胺,不但重量轻,而且绝缘性极好，熔点也高达400℃以上；纸板用料中加入硫以后，既能增加强度，也提高了防水性能；用乙烯材料、普通纸、铝箔制成的多层复合型合成纸，具有出色的保温性，用它做房屋的墙壁，能节约20%的空调能耗……

美国一家造纸公司建造的一间"纸屋"，有效使用面积为6.1米×6.2米，整个纸屋重量仅为204千克。安装时，不需使用钉、铆、焊、栓，只需用胶粘剂粘结就能解决问题了，三个工人仅花了5个小时就安装完毕；拆卸后，纸板可被装在两个大纸盒里，搬迁十分方便。还有一种用聚氨酯做夹心的合成纸房屋，其外壳结构预先折叠成型，"建房"过程十分简单，只要把纸房像拉手风琴一样缓缓拉开就行了，当然，搬迁时也只要把它推紧缩拢，就可以装车运走。

据测算，纸屋的使用寿命可长达10年以上。它建造方便，成本低廉，非常适合林场、牧区或野外工作者居住，也适合作临时仓库、售货亭之用，当遇到水灾、地震等自然灾害时，还能用纸屋来解决一时的住房问题呢。

☞ 关键词：**纸屋　合成纸**

活的植物也能造房子吗

用砍伐后加工过的木材、竹子等来造房子，是古已有之的传统建筑方法。可是，活的植物是否也能成为建造高楼大厦的建筑材料呢？

20世纪80年代初期，美国芝加哥建成了一座雄伟壮观的行政大厦。楼内既没有砖墙，也没有板壁，而是在原来应该设置墙壁的位置上栽种了植物，以这种方式将每个房间隔开，人们形象地称之为"绿色墙"。它一出现就赢得了一片赞赏，人们把这种非常规的建筑形式称为"植物建筑"。

"植物建筑"又称为"绿色建筑"，它有着悠久的历史。在古代寒冷的斯堪的纳维亚，人们让草长在树枝编成的屋顶上，结果就形成了厚厚的一层由植物自然长成的御寒屋顶，用以保持住房内部的温度。美国新墨西哥州的居民，从干涸的河床上切下带草的整块泥土，用这种泥土来砌墙铺屋顶，等到泥土中的草生长起来以后，根茎相接，这样既增加了建筑物的强度，而且又能隔热御寒，美化环境，人们风趣地称它为"草原住宅"。

然而，现代的"植物建筑"已不是简单的泥草结构了，而是以生长着的树木来建造房屋，成材的木料被经过规整的活树木所代替，构成梁、柱和墙体。"植物建筑"的施工方法并不复杂，也无需庞大的施工机械设备。目前采用的方法大体有两种：一种称为"弯折法"，即利用树木自然弯曲的方向，刻出缺口，再使它长合；另一种称为"连接法"，就是把伤破的两个枝条接合起来，用人工方法造成"连理枝"。运用这两种基本方法，聪明的建筑师们就能建造出许许多多构思巧妙、造型新奇、妙趣横生的拱廊、曲桥、屏风、围墙，甚至用这些活的植物建成整座商场、住宅以及办公楼等。"建筑施工"结束后，这些"生长着的植物房屋"将会呈现出常年绿叶葱翠，百花艳丽，佳果不断的美景。人们居住在这种房屋内，仿佛置身于美丽的大自然中，令人心旷神怡。

"植物建筑"结构简单，施工方便，可就地取材，造价也很便宜,而且能将房屋建筑与绿化环境很好地结合起来,还能有效地防止噪声和空气污染,吸收空气中的二氧化碳和粉尘。在公园、山区、森林地带、城市市郊,这种别致的建筑都有着广阔的发展前景,尤其是在高楼耸立、人群拥挤、空气浑浊的现代城市,建造这种"植物建筑"更是别具一格。

关键词: 植物建筑

为什么用垃圾也可以造房子

当今世界,人口越来越多,自然资源日渐枯竭,而由工业和生活过程产生的垃圾却与日俱增。能不能"化腐朽为神奇",将垃圾变成为一种资源呢?

从20世纪90年代开始,废物的回收利用又有了一些新的举措。例如,以工业废物和汽车废零件为主制作高尔夫球,用回收的空罐头来生产制动器部件和离合器杆等。如今,又出现了解决未来住宅问题的新创举:用回收的垃圾建造房屋,这就是所谓的"垃圾建筑"。

美国爱达荷州有一家小型的建筑和房地产开发公司,它用回收的废物建造了一套能够利用太阳能的房屋:墙壁是用回收的轮胎和铝质罐头建造的;屋架所用的大部分钢料是从破旧的汽车和桥梁上回收来的,这样不但减少了木料的使用,而且更加坚固安全,并可避免招引白蚁;铺面用的不是胶合板,而是锯末和碎木加上20%的聚乙烯制成的;有意思的是,旧报纸成了组成屋顶的主要原料,并且作为墙面的绝缘体,使房屋能更有效地利用能源。此外，屋外的草坪下还埋了一些废弃的铜片，用以吸收地热，有利于在冬天保持建筑周围的温度。建筑师在 330 平方米的地面上建造起了这套"垃圾建筑"，它包括四间住房、两间浴室以及宽大的停车房，室内的设施非常齐全。

这种新式房屋引起了人们的广泛兴趣，并荣获了美国住宅营建商协会颁发的"住宅风格奖"，而且被正式命名为"资源保护屋"。用回收的垃圾来建造住宅，不但积极地利用了废弃的金属、纸板和木料等，而且比较好地解决了住房紧缺和环境保护等问题，这对不发达的国家和地区来说，意义尤为重大。

关键词：垃圾建筑　环境保护

玻璃幕墙建筑有哪些特点

传统的外墙建筑材料大多是石块或砖块，现在也常用混凝土砌块和各种多孔砖，它们不但起到隔离的作用，还要承担屋顶和楼面的重量。砖石砌的墙重量很大，厚 24 厘米的墙（建筑上称为一砖墙，因为一块砖的长度是 24 厘米），如果 3 米高、1 米宽，重达 1.5 吨，既十分沉重，施工速度也慢。

现代建筑上，特别是高层建筑或大型公共建筑，其外墙大多不承重，因为砖块的强度根本不足以承受几十层楼的重量。所以，只起围护和隔离作用的外墙，常选用轻质材料，大大减轻了整个建筑的重量。这种外墙就像舞台上的幕一样既薄又轻，称为"幕墙"，如果幕墙材料是玻璃，那就是"玻璃幕墙"。

最早的玻璃幕墙只是在一座建筑的局部使用。1910年，德国首次在工业厂房的转角上，用大面积玻璃做幕墙，被认为体现了现代风格。但当时的第一代玻璃幕墙使用的只是普通玻璃，隔热性能差，夏季室内酷热，冬季寒冷。

1952年，美国纽约建成22层的利华大厦，首次在整座建筑上全部用玻璃幕墙。这时采用的玻璃已掺有矿物料，不仅玻璃呈现多种颜色，还能遮挡部分阳光的辐射，夏季反射室外的阳光，冬季反射室内热量不使外泄，起到一定的保温效果。这是第二代玻璃幕墙。

1962年，美国贝尔电话实验室在湖畔建造了一座很宽的高层建筑，采用了"镜面玻璃"做幕墙，起到了极好的效果：整座建筑的外墙像一片"超

级"宽银幕一样竖立在湖边,反映出美丽的湖光水色。

镜面玻璃是一种与众不同的玻璃,它采用加热、喷涂、离子交换、真空蒸发和化学镀膜等制造工艺,把铜、铬、镍、铁、黄金等金属镀到玻璃的一面,形成反射光线的有色薄膜,有金、银、古铜、蓝等多种颜色,而且能像镜子一样反射光线和辐射热,具有良好的隔热作用。不同颜色、厚度和层数的镜面玻璃,透过阳光的程度不一样。例如6毫米厚的普通玻璃可使78%的阳光透过,而相同厚度的镜面玻璃仅为26%左右。双层镜面玻璃则仅透过9%~20%的热量,这在夏季可反射室外的大部分热量,冬季可反射室内的热量以保持室内温度。所以,玻璃的厚度虽然只有砖墙厚度的几十分之一,但保温隔热的性能却优于砖墙。随着硅酮密封胶的质量获得突破性提高,隐框玻璃幕墙越来越受到建筑师和用户的青睐。

在现代化的大城市中,许多高层建筑采用了美观、新颖的"玻璃幕墙"结构。但是,玻璃幕墙建筑也有一些意想不到的缺点。例如,某些楼宇在设计时,由于一窝蜂地采用玻璃幕墙,致使室内空间形成一个散热性能不良的"大暖

棚",全靠空调降温,这样就会大大加重电力负荷。同时,由于玻璃幕墙的强反光性能,造成城市中的炫光污染极为普遍,给交通安全带来了严重的隐患,还会影响居民的生活和身体健康。

如何使建筑物外墙既承载自重、抗地震、抗风力,又减少建筑物的炫光污染和空调能耗呢?专家们认为,建筑物利用新颖的幕墙替代传统的实体围护墙,是建筑技术和建筑艺术发展到 20 世纪 90 年代的产物和必然趋势。但是,幕墙外饰材料并非为玻璃的一统天下,国际上现已出现了轻钢架幕墙,这种用薄钢板当基材、经冷轧后制成的构件,组合后可制成承受外力较好、隔音阻热效果极佳的构架系统。目前,这种材料已在美国、英国等地广泛采用。而玻璃幕墙也并不是一无是处,如果使用得当,在一幢建筑的合适部位上加以应用,或在建筑群里有意布置,用以反衬其他重要建筑时,效果可能会很不错。

☞关键词:玻璃幕墙建筑

为什么玻璃钢瓦要做成波浪形

玻璃钢瓦是用玻璃纤维布为基层,然后涂上塑胶粘合剂,再热轧成型的轻质半透明建筑材料,它常常被用作简易性临时建筑物的屋顶防雨层,有时也用它们来做墙面。

大多数屋面用的"瓦"类都较薄,瓦楞白铁皮瓦厚度只有1毫米左右,稍厚的玻璃钢瓦在 0.8~1.5 毫米之间,更厚些的石棉瓦也只有 6~8 毫米。

厚度为 0.8～1.5 毫米的玻璃钢瓦看起来确实很薄,很难想像它能承受多大的重压。但是只要把它做成波浪形的瓦块,它们就能承受较大的分量,别说是冬季积雪的重量,就是人站在上面也不会断裂。这是为什么呢?

一张普通的白纸,两端架空平放时,中间总是会下垂。但是如果把这张纸折成一曲一曲的 W 字形,它就能挺直而不下垂,哪怕放上铅笔、橡皮之类的东西也能经受得住。这是因为一张薄纸的刚度很小,而折几次后,它的刚度就随形状的改变而大大增加。波浪形的玻璃钢瓦耐压的道理也是如此。

我们可以把波纹瓦切下一个"波",即两个相联的半圆形。如果两个半圆形叠合在一起,就成了一根圆管子,使薄薄的玻璃钢"厚度"大大增加,成了一根变形的梁。难怪波浪形的玻璃钢瓦能承受相当的重量,而且,波纹幅度越高,能承受的外来压力也越大。

☞ 关键词:玻璃钢瓦

钢筋混凝土中的钢筋是怎样安放的

混凝土是一种常用的重要建筑材料,它由水泥、沙、石子按一定比例混合搅拌而成,然后按用途浇灌在一定尺寸和形状的模板中,再用混凝土震捣器震动使之密实,一般经过约 28 天,它就能成为很坚固的建筑材料了。通常,每平方厘米混凝土可承受 2000～4000 牛的压力,这相当于坚硬的石块的强度。

但是，混凝土承受拉力的能力很差，一般只有承受压力强度的 1/10，也就是每平方厘米只能承受 100～200 牛左右的拉力。如果用混凝土来制作建筑物的横梁，它上部的受压部分一般不会受到破坏，而下侧的受拉部分却很可能出现裂缝，以至于整根梁折断。

为了使混凝土梁承受拉力的能力增加，进而发挥其耐压的优越性，可以在混凝土梁中加入钢筋。钢筋是一种受拉能力极强的建筑材料，每平方厘米可承受约 24000～60000 牛的拉力，高强度钢材的抗拉能力还要高，因而可以用它来代替混凝土承受拉力，这种复合材料就是钢筋混凝土。

混凝土和钢筋之所以能够结合在一起，发挥耐压抗拉的作用，主要是它们的温度膨胀系数十分接近。任何建筑物都要耐受夏季的酷热、冬季的严寒，建筑材料也要经受高温和低温的考验。各种材料都有热胀冷缩的特性，而每种材料受热以后伸展的程度不一样，伸长的长度和原长度的比值称为"膨胀系数"。钢筋的膨胀系数是 0.000012，混凝土为 0.000010～0.000014，这使它们在温度变化时能紧密地结合在一起。

由于钢筋混凝土梁受外部重压时，截面中产生的拉力是在梁的下部，所以钢筋要放在梁的下面靠边上，这样的钢筋混凝土梁才比较能承受重压。有时，梁的上面也有钢筋，但那只是用来使梁内部的钢筋保持整体性而已，其本身并不受多大拉力。

关键词：**钢筋混凝土　膨胀系数**

为什么有的钢筋表面有螺纹，
有的却是光滑的

　　建筑工地上常常堆放着各种粗细的钢筋，其中，有些钢筋的表面有轧制出的螺纹状花纹，有些却是完全光滑的。这是为什么呢？

　　建筑上经常使用的钢材，按照其所受的拉力强度，可划分成四种等级，其中Ⅰ级钢强度最低，每平方厘米能承受2.35×10^4牛拉力，Ⅱ级钢每平方厘米能承受3.34×10^4牛拉力，它们是现场浇制钢筋混凝土构件上的主要钢材。Ⅲ级和Ⅳ级钢的强度当然更大，通常用在工厂中制造钢筋混凝土预制构件。

　　钢筋粗细是用直径的毫米数来表示的，以 2 毫米为间隔，

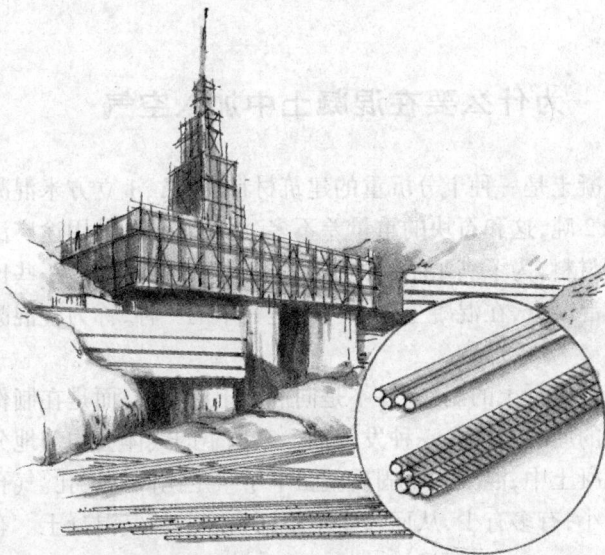

例如直径 4 毫米、6 毫米、8 毫米、10 毫米等，一直到 22 毫米；直径超过 22 毫米的钢筋以 3 毫米为间隔，例如 25 毫米、28 毫米等。

Ⅰ级钢强度较低，经常用在受力比较小的地方。即使钢筋的表面是光滑的，它和混凝土之间的结合程度也已能满足要求，所以Ⅰ级钢的表面是光滑的，通常称为"圆钢"，它的直径范围从 4 毫米开始。但为了提高钢筋在混凝土中的受拉能力，它的两端要弯曲成伞柄状的弯钩。Ⅱ级钢的强度高，常用在受力比较大的地方。由于受力大，钢筋和混凝土之间需要更紧密地"咬合"在一起，所以，这种钢筋表面被轧制成螺纹状，称为"螺纹钢"。它的直径也比较大，是从 10 毫米开始的。

☞ 关键词：**圆钢　螺纹钢**

为什么要在混凝土中加入空气

混凝土是一种十分沉重的建筑材料，通常，1 立方米混凝土重约 2 吨，这和石块的重量差不多。混凝土是一种用途广泛的建筑材料，为了满足不同的需要，人们想方设法生产一些比较轻的混凝土，在混凝土中加气便是其中的一种，称为轻混凝土。

加气混凝土的制作，并不是向混凝土中充气，而是在制作混凝土的原料中掺入一种发气剂，它产生的气体会均匀地分布在混凝土中，混凝土凝固后就留下了一定比例的气孔。气孔有大有小，有多有少，从而产生了不同密度的加气混凝土。有名的"泡沫混凝土",每立方米只重 0.4 吨,约是普通混凝土质量的 1/5。

加气混凝土的优点首先是它比较轻,这使整栋建筑的重量减轻不少,既方便施工,还特别适宜在地震区使用。其次,因为混凝土中有很多气泡,保温性能就比普通混凝土要好,适宜做保温材料,用在寒冷或炎热地区都十分合适。在中东地区的一些国家,沙漠面积很大,制造加气混凝土的原材料砂子用之不尽。用加气混凝土建造起来的住宅等房屋,隔热性能颇好,很有发展前途。此外,加气混凝土的防火性能也大大优化。而且,它还可以用锯子锯、刨子刨,可以削、可以钉,加工起来很是方便。

当然,由于强度比较低,加气混凝土不宜用来建造高层建筑,一般只能用于建造低层建筑物的承重墙。

关键词:加气混凝土

为什么混凝土上也能种花草

混凝土是一种十分坚硬的建筑材料,而花草总是生长在泥土里,在人们通常的概念里,两者可说是"风马牛不相及"。

可是,常识有时也会改变。现代建筑物大量运用混凝土材料,无论是堤岸,还是高楼、广场,光秃秃的混凝土上不长一草一木,很是单调难看,要么就是另辟绿地来加以弥补。为了解决这个矛盾,一种可以种植植物的混凝土——"植被混凝土"已经问世。它是由我国北京市城市建设工程研究院试验成功的。这种植被混凝土对扩大城市绿化范围、防止水土流失、保护江河堤岸、阻挡风沙侵蚀、调节城市小气候等，提供了良好的物质基础。

目前，植被混凝土上只可种植较小的花草。在混凝土表面一定厚度内，混凝土的孔隙比较大，孔洞比率约在 25% ~ 30% 以上，称为大孔蓄容混凝土，根系长度在 30 厘米以下的花草都可以繁殖生长。另一方面，这层混凝土是用颗粒直径为 25 毫米的碎石做骨料的，因而仍具有一定的强度。

植被混凝土的使用过程是这样的：在混凝土表面覆盖一薄层栽培介质，约 1 ~ 2.5 厘米厚，由草炭土和普通土按比例混合组成，营养料和处于萌发阶段的花草种子就撒播在这层介质中。大孔蓄容混凝土的孔隙中，还要充填草炭土以蓄积一定的水分和养料，有利于幼苗的根系生长和扎根。当幼苗根系长成，植株生长正常后，这些上层长着花草的混凝土就可以在建筑中使用了，既不影响建筑，又能绿化环境。

关键词：**植被混凝土**

什么是太空混凝土

早在几千年前，人类就幻想着能进入太空，但这个梦想直到 20 世纪才得以实现。1969 年 7 月 20 日，"阿波罗 11 号"载人宇宙飞船登月成功，并在月球表面上停留活动了 29 小时 39 分钟。这是人类第一次登上月球，也是人类进入太空的第一步。

进入太空更深处的步伐是不会停止的,科学家正在为登陆火星作准备。同时,正在计划建立的空间站,将是进一步进入太空的基地,并且还要在月球上建立基地,建造真实的供人类生活的"玉宇琼楼"。

在月球上建造房屋需要多种建筑材料,尤其是大量的混凝土,其原料水泥和水不可能全从地球用运载火箭带去。研究人员经过对月球土样的分析,发现月球土含钙17.5%,并认为混凝土中75%的骨料和水泥都可取自于月球。经过反复试验,已经做成了月球混凝土的测试样块,以检验其强度性能以及抗空间温度剧烈变化的性能。另外,1988年1月11日,"月球勘探者号"卫星发现,月球南北极都有冰,如果把它们变成水,足够1000户居民使用一个多世纪,这使制造太空混凝土用水得以解决。

为建造超大型的空间站,先要建造围绕月球转动的空间混凝土制造厂。用弹弓式发射器可以克服月球微小的重力,把大部分制造水泥的原材料从月球上送到混凝土制造厂,少量材料从地球用航天飞机送去。工厂用小型火箭产生自转模拟重力,并搅拌混凝土,浇灌混凝土的多余水汽将回收重复使用。

这种混凝土就被称为太空混凝土。科学家预计,在21世纪开头的数十年里,人类将开始迁居太空,在太空建立生活设施;在月球进行工业生产也已列入目标,包括从事生产和制药工业等项目;太空旅游也将开放,第一座太空旅馆将在月球建造。总之,21世纪的月球上,将因建筑物的频繁出现而变得繁华热闹起来。

目前,耗资500亿美元建造国际空间站的计划已经启动,作为先行者的太空混凝土,将在未来的太空建设中发挥重要的作用。

☞ 关键词: 太空混凝土

为什么水泥有不同的性能

水泥是最重要的建筑材料之一。建筑用的水泥都带着不同的标号,有的标300号,有的标500号。它们表示什么意思呢?原来,水泥在生产过程中,由于原料和工艺的差异,其质量也会有所不同。尽管粉状的水泥与砂子、水等拌和后都会逐渐变硬,但硬化后得到的混凝土的强度却是不同的。有的非常坚硬,耐冲击、耐重压、耐振动,而有的则较为疏松。对此,我国有关部门根据制成的混凝土的强度差异，把水泥分为六个等级，分别用六种标号即 200、250、300、400、500 和 600 号来表示。标号越大，说明其强度越大，水泥的等级也越高。

水泥的标号只反映了水泥强度等级一个方面，其实水泥还有好多不同的品种，它们的性能也大不一样。

制造水泥时，先把粉状石灰和黏土原料混和物加热到 1450℃ 左右，制成水泥熟料，再加入少量石膏共同磨细，就能得到普通的水泥。如果在普通水泥中混入 20%～85% 磨细的高炉炉渣，就可得到热稳定性和耐腐蚀性都较好的矿渣硅酸盐水泥，它常用在高温车间工程等方面。另外，有一种氧化铝成分含量较高的水泥，称为高铝水泥或矾土水泥，具有耐热、耐火、耐海水腐蚀的性能，常用于防火、围堤等工程上。而在快干水泥中，硅酸钙的含量较高，粒度也较细，因其变硬的过程很快，因而常用于制造混凝土构件及有时间限制的紧急工程。还有一种膨胀水泥，它在硬化时体积会膨胀，可以用来有效地填塞建筑物的裂缝。耐酸水泥是由石英粉、长石粉、硅藻土等和水玻璃、硅氟酸钠调配成的胶凝材料，能耐酸，并可耐 200℃ 的温度，故常用于建造防酸建筑物。

在居室的装潢中，经常要用到一种白色的硅酸盐水泥——白水泥，它是用杂质含量较少的石灰石和黏土作原料，并用不产生金属煅灰的燃料（如煤气、燃油等）煅烧而成的。用白水泥来拼砌瓷砖等，比用灰色的水泥更加美观。使用时如果在白水泥中加入铁红、铁黄等耐碱的矿物颜料，白水泥就成了彩色水泥，这样就能把居室装扮得更加艳丽多彩了。

☞ 关键词：水泥　水泥标号　白水泥

未来我们用什么来盖房子

未来我们会用什么样的材料来盖房子呢？越来越多的新材料和技术正在被开发出来。一种新的加工技术，能使混凝土中充满超冷二氧化碳。这种新型的混凝土，比一般混凝土更加坚固，而且还能防水、防潮和隔绝热量。超冷二氧化碳对各种建筑材料的亲和力特别强，它能和其他建筑材料很好地融合在一起。

以前的建筑材料有不少会对人体产生不良影响，如一些建材中含有放射性物质，墙上的涂料也会散发出有害气体，污染室内的环境。现在人们已越来越重视对绿色建材的开发。科学家早已将植物用于建筑行业，如用黄麻、大麻、剑麻、亚麻和棉花等植物生产的纤维，制造一种增强塑料和树脂。在澳大利亚，一家公司正在生产用掺入羊毛的树脂制造的护墙板。今后，有越来越多的天然纤维将以复合形式出现在建筑材料的行列中。这些材料具有轻巧、坚固的特点，并能加工成特殊形状。

未来的住宅墙壁，将不再用石油化工产品制成的清漆喷涂，而改用一些由植物的汁液做成的新型涂料。未来的住宅外墙表层则用类似光电池的特殊材料制成，能将太阳能转化为电能，这样就可提供住宅内的生活用电了。一些工程塑料也被用于建造房屋，这种塑料既轻巧，又价格便宜，其强度和钢铁不相上下。塑料还可制成房子"零部件"，人们只要像搭积木似的就可将房子拼装起来。

一般的混凝土都是些宁折不弯的"硬汉"，但当发生大地震时，用这些"宁折不弯"的混凝土建成的建筑物就容易倒塌。要是能研究出抗震的混凝土，就能使高楼大厦躲过地震的灾难。人们在对混凝土进行研究后发现，平时看起来好像严丝合缝的混凝土，在显微镜下，其内部到处都是比头发丝还细小得多的孔洞，难怪混凝土会容易折断。

科学家研究出了一种治疗小孔洞的"处方"。他们在水泥中加入10% ~ 15%的聚丙烯长纤维、铁粉、玻璃粉等，然后进行充分地搅拌，最后再挤压成混凝土。在这个过程中，必须尽量消除混凝土中的小孔洞，抽出小孔洞里面的真空室内的残余气体，并进一步地消除气泡。于是，新型的抗震混凝土就制成了。这种混凝土比普通混凝土的抗弯曲性能高100倍，强度也高4倍。用它制成的混凝土板，只需1.27厘米厚就相当于15厘米厚的普通混凝土的强度。原来，混凝土里面加入聚丙烯纤维后，纤维能将已经出现的裂缝牢牢地拉在一起，即把裂缝"拴住"，不让裂缝由小变大。另外，1米长的这种混凝土可以拉长1厘米，这种抗拉性能在普通的混凝土中是不能想像的。

随着科学技术的发展，可用于未来建筑的材料将会越来越多，人们在未来的住宅中将生活得更加舒适、便利。

关键词：建筑材料

"智能大楼"在建筑上有哪些特点

1984 年，美国康涅狄格州的哈特福德市，对一座旧式大楼进行了改造。有关部门对这座大楼的空调、电梯、照明以及防盗等设备都采用了计算机进行监控，并且为客户开设了语音通信、文字处理、电子函件和资料检索等各种信息服务。这幢大楼被公认为是世界上第一座"智能建筑"。1985年，日本也建造了日本电话电报智能大楼。我国的第一座智能大楼，是位于广州的广东国际大厦。此后，智能大楼在世界各国如雨后春笋般发展起来了。据统计，到1995年，美国已拥有上万座智能大楼；到21世纪初，日本将会有65%的建筑物实现智能化。

建筑物真的会有智能吗？怎样才能算得上是一幢智能大楼呢？

不同的国家对智能大楼有着不同的理解。美国智能建筑协会认为：智能大楼是通过对建筑物的四个基本要素——结

构、系统、服务、管理，以及它们之间的内在联系的优化，来提供一个投资合理、高效舒适的环境。在新加坡，智能大楼必须具备三个条件：一是大楼必须具备先进的自动控制系统，能对空调、照明、安保、火灾报警等设备进行监控，从而为住户提供舒适的工作环境；二是大楼必须具备良好的通信网络设施，使数据能在大楼内的各个区域之间进行流通；三是大楼能提供足够的对外通信设施。日本智能建筑研究会提出：智能大楼应提供包括商业支持、通信支持等功能在内的先进通信服务，并能通过高度自动化的大楼管理体系来保证舒适的环境和安全，以提高工作效率。我国目前一般以大厦内所配置的自动化设备，来作为智能大楼的定义，如"3A系统"或"5A系统"。

其实，智能大楼是计算机信息处理技术与建筑艺术相结合的产物，它包括"办公自动化系统(OA)"、"建筑自动化系统(BA)"和"通信自动化系统(CA)"三大系统(简称"3A系统")。如果将其中的火灾报警及自动灭火系统从大楼自动化管理系统中分割出来，形成独立的"消防自动化系统(FA)"，并将面向整个大楼各个智能化系统的一个综合管理系统也独立形成"信息管理自动化系统(MA)"，这样亦可简称为"5A系统"。

在智能大楼中，各个系统组成了不可分割的有机体。"BA系统"保证了机电设备和安全管理的自动化，如对大楼温度、湿度、含氧量、火警与照明度等参数值自动进行测量，并按照使用者的要求，迅速实施调节和综合管理；当大楼内部某个地方出现故障时，安全系统会自行修正，保证设备的正常运行；"CA系统"包括提供现代化通信手段的各种设备，通过设置结构化综合布线系统,使"OA系统"为用户带来极大的便利,用户可通过国内国际直拨电话、电视电话、电子函件、语音信箱、电视会议、信息检索等手段,及时方便地获得金融情报、商业情报、科技情报及其各种数据库系统中的最新信息。

智能大楼在建筑上的种种特点,首先应该满足大楼内的各个系统正常运转的需要,并能达到高效、节能、安全的效果。一幢现代化的大楼需要配备照明、空调、通风、火灾报警、电梯等各种功能的系统,每一系统都要布置电线线路。一旦大楼内部机构变动或者设备需要调整,通常就要重新进行布线。这样做不仅工程量大,费用也很高。

为了适应现代化信息时代的要求,美国电话电报公司贝尔实验室专门设计了结构化综合布线网。这种网络采用特制的电缆线,每秒钟最高能传输10亿个字节的信息,比普通公用电话网络每秒钟传输2400个字节的速度要快几十万倍,完全能适应现代信息传递的要求。更重要的是,综合布线网通过这种多芯的电缆线和相关的接口、插座,可以把电源、电话、高速信息传递等多个系统的布线工作一次性完成;它还可以连接任何型号的数据处理设备,不管你在大楼里的哪个房间,只要把电话机和计算机接入相应的插座,马上就可以进行话音及数据传递工作,从而减少了重复布线的麻烦;这种综合布线系统还能根据需要,把烟火报警、供热、空调、通风、电梯、应急灯等各个系统都协调起来,用计算机进行集中控制,使整幢大楼成为智能化的大楼。如果楼中发生火警,整个系统能在几秒钟内立即作出反应,采取各种应急措施,而一般的大楼则至少需要几分钟时间。

目前的智能大楼具有如下最明显的两大特点:

一是节能特点。例如，智能大楼在空调系统中采用了界值控制、最佳启停控制、设定值自动控制和多种节能优化控制措施，每个房间都安装有电子感应器和微型处理机，可以自动调节温度、光线、室内冷暖气和通风等，通常能比一般建筑节省 30% 以上的能源。

二是弹性特点。智能大楼的设计思想，既可以反映出有关公司的经营方针、策略，又可以照顾到员工的需要。首先是建筑内部的"弹性"化，如办公室的大小、家具的形状和位置等，均可根据人们的要求进行变化。其次是人员安排和使用的机动化，职员不受办公桌、办公室、职位的束缚。例如，英国的一家智能建筑设计公司为客户设计的一幢建筑物，便是以"工作单位"为本，放弃传统的独立岗位：当经常外出的职员返回公司时，既可以选择某个电脑终端机来清理电子函件，也可以使用某个舒适的办公桌撰写工作报告，或者准备一个会议室作开会用；而公司的管理人员则可以在某一工作点上，管理不同地区工作点的运作。可见，这种现代化的智能大楼，既最大限度地发挥了员工的潜在能力，又为管理阶层节省了不少人力和物力。

关键词：智能大楼

为什么要造充气建筑

充气建筑是一种和传统建筑完全不同的新颖建筑方式，

其实它的原理十分简单，就像吹气球一样，通过空气在建筑内部对薄膜产生压力，使封闭的薄膜袋囊达到要求的造型，从而形成建筑空间。充气建筑的优点是：拼造方便、施工简易、施工期短、造价较低，特别适用于临时使用的建筑物，像展览会、博览会、旅游季节的临时商业和饮食供应点、临时仓库等，但有时也用于永久性大型建筑物，如体育馆等。

充气建筑的构造有两类：一类是"气囊式"，它是用高强度的薄膜材料制成充气的梁、拱、柱等基本构件，再用它们组装成一定的空间结构。1970 年在日本大阪举办的国际博览会上，展示了一座大型气囊式建筑——"富士馆"：16 根直径 4米、长度 78 米的充气圆柱，弯曲形成了一列圆拱券状的柱列，"气柱"的两端固定在地面的钢筒里，每隔一定高度用薄膜带联系并固定成型，展馆两端各留 10 米宽的出入口。由于它不再需要在建筑物内部不断补充空气，因而被称为"自承式"充气建筑。

另一类被称为"气承式"的充气建筑，是用薄膜制成屋顶或整座建筑,通过内部不断的充气使屋顶成型。一般只需要保持室内气压为室外气压的 1.001～1.003 倍,就可以保持建筑造型不变。同时,为建筑充气,还可以解决大型公共建筑内空气流通的问题。目前最大的气承式充气建筑是美国密歇根州的庞蒂亚克多功能体育馆,它可容纳 8 万多位观众。这座"充气"体育馆呈八角形,屋顶采用 0.8 毫米厚的玻璃纤维薄膜,外面涂有特氟隆防水层,呈银白色,因而又被称为"银穹"体育馆。半透明的薄膜屋顶,白天可利用自然光线采光,节约了照明用电。整座建筑用 12.6 米间距的钢索加以稳定,跨度达到200 米,高 15.2 米,覆盖面积达 40475 平方米,用 29 台鼓风机向里面送风充气,以保持 22.25 牛/厘米^2 的内部压力。这座建筑的造价只有同样规模体育馆的 1/3,施工时间也缩短了 9 个月。

☞ 关键词: 充气建筑

薄壳建筑有哪些优点

薄壳建筑是用钢筋混凝土建造的一种曲面壳体建筑,可以单独作为屋顶,也可以连墙壁整体都是薄壳,由于它的厚度相对于建筑的空间跨度来说是很薄的,因此被称为薄壳。例如数十米跨度的薄壳结构,厚度只有 4～5 厘米,这个比例甚至比鸡蛋壳还薄。目前世界上跨度最大的薄壳建筑,是法国巴黎的法国工业技术中心展览馆,它是一个三角形的建筑,每边跨度达到 218 米,高 48 米,总面积 9 万平方米,采用双层薄壳,

壳的厚度仅 6.01 ~ 12.1 厘米，底部厚顶部薄，厚度只有跨度的 1/2000 左右。

薄壳结构的优点较多，因为它很薄，就比同样跨度的其他结构的重量要轻得多，因而可以节约很多材料。薄壳是曲面壳体，比同样厚度的平面板刚度要大很多，而且能把所受的压力，均匀地扩散到整个曲面上，因而能承受很大的重量（在建筑上称荷载）。就像很薄的蛋壳，可以承受相对体重很大的母禽，在孵化过程中不会被压破。同时，薄壳是整体连续的屋盖结构，比用小块材料砌成的拱券结构整体性要强很多，对抗地震十分有利。

薄壳结构用混凝土浇制而成，采用木或钢模板，可以较容易地建造各种曲面的壳体，塑造出一些十分优美的建筑造型，有的像波浪起伏、有的像花朵。印度新德里建造的一座教堂，因其薄壳建筑的造型像一朵正在开放的莲花，因而被称为莲花教堂。著名的悉尼歌剧院，是用肋拱和球面壳板组装而成的一种薄壳建筑，优美的造型就像一组海滩上的贝壳。

如果屋面的位置很高，薄壳的模板也可以在地面上制作，待薄壳屋顶在地面上浇筑完成达到要求的强度后，再用一种称为"顶升法"的施工方法，用千斤顶将其升高到设计要求的位置上。

☞ 关键词：薄壳结构

为什么要造金字塔式建筑

金字塔是古代世界七大建筑奇迹中，唯一遗留至今的杰作。金字塔是古埃及统治者法老的陵墓，古埃及人崇拜自然的力量，金字塔的造型来自高山的形状，象征着坚实和永恒。除了古埃及，古玛雅人和阿兹台克人也在中美洲建造过许多金字塔式建筑物，法国和意大利也有，而现代建筑中有时也出现金字塔式建筑。

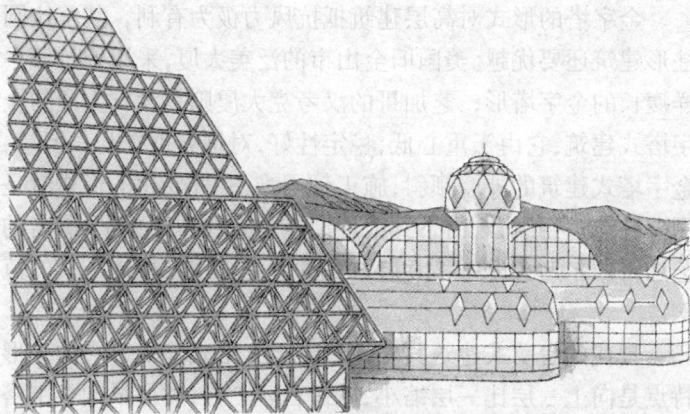

为什么要造这种外表看来比较单调的建筑呢?

现代金字塔式建筑的修建,常常是为了在艺术上追求古代建筑的氛围,同时也有实用意义和价值。著名的法国巴黎卢浮宫在扩建时,修建了一个玻璃金字塔作为卢浮宫地下扩建部分的入口,这是古典和现代建筑完美结合的典范。同样,巴西首都巴西利亚国家剧院的造型,则极像古代玛雅人和阿兹台克人的金字塔:塔的坡度较埃及金字塔稍缓,没有尖顶,顶部常建有神庙;而剧院的外墙没有门窗,全部用石块装饰而成,出入口为地下通道,整座建筑的风格不由令人联想起悠久的古代玛雅文明历史。1991年,在美国亚利桑那州的沙漠戈壁滩上,建起了一座巨大的金字塔形玻璃建筑,这就是著名的"生物圈2号",它被用来进行人类未来在外星球生存环境的先驱性实验。这一类金字塔式现代建筑,在工程效益上有共同的优点,由于它的顶部收缩得较小,整个空间体积远比立方体要小,在采用空调设备时,可更多地节约能源,也有利于环保目的。

金字塔的形式对高层建筑抵抗风力极为有利,甚至比圆柱形建筑还要优越。美国旧金山市的泛美大厦,采用像竹笋一样瘦长的金字塔形;芝加哥的汉考克大厦则是没有尖顶的金字塔式建筑,它由于重心低,稳定性好,对抗震也有利。但是,金字塔式建筑的外墙倾斜,施工较困难,一种变化的形式就是用方柱体进行组合,由下到上逐渐减少方柱体的数量,著名的芝加哥西尔斯大厦有110层之高,就是采用方柱体形式的范例。

现代的台阶式建筑其实也属于金字塔式建筑,它的外形特点是向上一层比一层缩小,就像台阶一样,类似早期金字塔的形式。它的优点除了建筑十分稳固外，每一层都有十分宽敞的阳台，以获得充足的阳光和较大的室外环境。所以，台阶式建筑作为住宅，特别受到人们的喜爱。

☞ 关键词：金字塔式建筑　台阶式建筑

为什么要造倒金字塔式建筑

金字塔式建筑古已有之，而倒金字塔式建筑则是现代建筑的一种形式，它指的是建筑物下部的面积较小，向上逐层扩大的造型方式，相当于把台阶式金字塔上下倒置。

建造倒金字塔式建筑的主要原因是，建筑物基部的可用场地有限，因而只能利用上部空间来增加所需要的建筑面积。有时，倒金字塔的形式也可能是出于使用的需要，而成为一种理想的建筑方式，美国纽约惠特尼博物馆即是如此。此外，现代大城市发展迅速，土地价格昂贵，为节约用地或用于必要的停车、绿化等场地，采用倒金字塔形式是理想的解决方法之一。

比起其他建筑形式，倒金字塔式建筑外观新颖奇特，引人注目。美国纽约的古根海姆博物馆的陈列厅为圆形的倒金字塔形式，建筑物的场地面积仅50米宽、70米长，陈列厅参观走廊呈螺旋形，连续不断自上而下布置，长达430米，参观者乘电梯到顶部，然后沿下坡的走廊从上而下参观，不会因时间长而感觉疲劳。这座建成于1959年、由著名建筑师赖特设计的名作，无论是外观还是内部设计，都因富有创新特色而备受赞誉。

法国巴黎卢浮宫美术馆在地下扩建工程的过程中，建筑师在地下拿破仑厅的前通道上，设计了一座玻璃倒金字塔形采光顶，和入口处的金字塔形设计相互呼应。倒金字塔形的设计，产生了良好的视觉效果，就像在天花板上镶嵌了一颗巨型发光宝石，设计者是著名建筑师贝聿铭。他设计的另一座倒金字塔式建筑是美国达拉斯市市政厅，该建筑正面宽170米，高61米，向前倾斜角度达到34°，由最高一层布置的一组高强度钢缆索拉牢向外倾斜的梁和柱框架。倒金字塔形可以为正面的门窗遮阴，在夏季酷热的南方城市达拉斯，具有节约能源的效果。

现代化的大城市发展迅速，土地价格日趋昂贵，建造倒金字塔式建筑，可以有效地节约用地面积，以便设置必要的停车场、绿化带等。

关键词：倒金字塔式建筑

高层建筑有哪些类型

高层建筑发展到今天已超过一个世纪。1884 年，美国芝加哥建造了第一座 10 层的建筑，这被认为是现代高层建筑的开端。

怎样才算是高层建筑呢？

其实，高层建筑并没有什么标准，或者说各国的标准并不一样。在高层建筑发展最早、数量也较多的美国，20 层左右的建筑较为常见，因此超过 30 层才称为高层建筑；而在有些国家，10 层就算是高层建筑了，日本地震发生频率较高，所以一直很少建造高层建筑，大多是一二层的房子，30 层的大楼已被当做超高层建筑了。

为了使高层建筑有一个较为统一的概念，在 1972 年召开的国际高层建筑会议上，提出了划分高层建筑的标准，一共分为 4 类：

第一类高层建筑　　9～16 层(最高 50 米)

第二类高层建筑　　17～25 层(最高 75 米)

第三类高层建筑　　26～40 层(最高 100 米)

第四类超高层建筑　40 层以上(100 米以上)

这一标准除了确定层数外，还限定了楼层高度，因为建筑的层数和高度并不一致，每层的高度从 2.5～5 米甚至更高都有可能。马来西亚石油公司的双塔大厦高度是 452 米，超过过去世界最高建筑美国芝加哥的西尔斯大厦 443 米的高度，但前者是 88 层，后者却有 110 层，相差 22 层之多。

分类标准考虑到了高层建筑设计中的主要因素——抗风，建议采用不同而合理的结构形式，用以针对各地不同风力大小的特殊性。在一般情况下，第一类高层建筑用框架结构就可以了；第二类高层建筑就要考虑采用剪力墙结构来抗风；达到第三类高层建筑的高度时，就要采用框架—剪力墙结构；第四类超高层建筑应考虑用筒体结构，包括单筒、筒中筒(或称套筒)和成束筒结构。

☞ 关键词：**高层建筑**

为什么要把几十层的大楼"挂"起来

听起来让人感到难以置信，几十层楼的高层建筑，居然能像鸟笼一样地"挂"在空中！但德国慕尼黑的巴伐利亚动力公司大楼确实如此：一座 25 层的高塔楼矗立中央，顶部对称地伸出 4 根悬臂支架，如同大树上伸出 4 根强劲的树枝，上面悬挂着离地的 4 幢 22 层的大楼！

这是一种被称为"悬挂建筑"的高层建筑。为什么要把这么高的大楼挂起来呢？

其实，建造这类悬挂建筑有许多优点。首先，在建筑物中，无论是钢结构还是钢筋混凝土结构的柱子，钢材都处在承受压力的状态下，楼越高，下层所受的压力越大。而当建筑被挂起来后，这些钢材所受的压力变成了拉力，这样就可以充分发挥钢材耐拉的特长，大量节约钢材。举个简单的例子，如果要"顶"起一大桶水，要用较粗的铁棒才行，而且至少要用 3 根铁棒才能使水桶稳定；但如果把它悬挂起来就容易得多，一根不太粗的铁丝就可以做到。

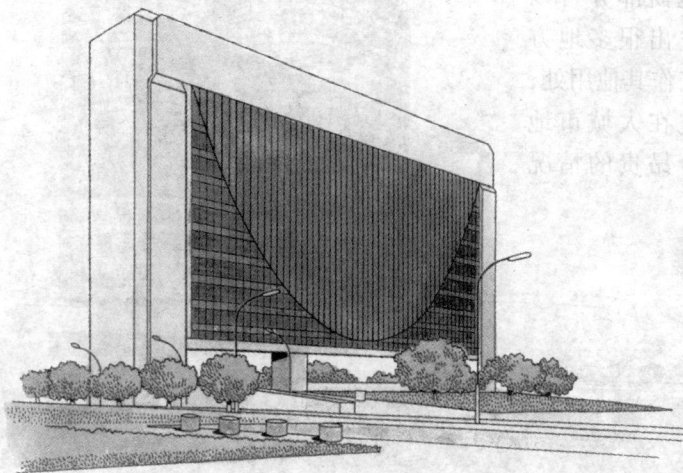

其次，悬挂建筑的建造过程可以避免高空作业。多少年来，传统的房屋建筑一直是从地面向上造的，楼房越高，建筑难度就越大。但悬挂建筑却不同，它可以先造最高一层，然后吊上去一层，接着建下面一层，一层一层向下建，施工场地可以始终在地面上。当然，中间的塔楼还是要从下向上建，但工作量就可以减少很多。

4幢高层建筑悬空挂在中间的塔楼上以后，它下面的地面部分可以空出很多地方来作其他用处，这在大城市地价昂贵的情况

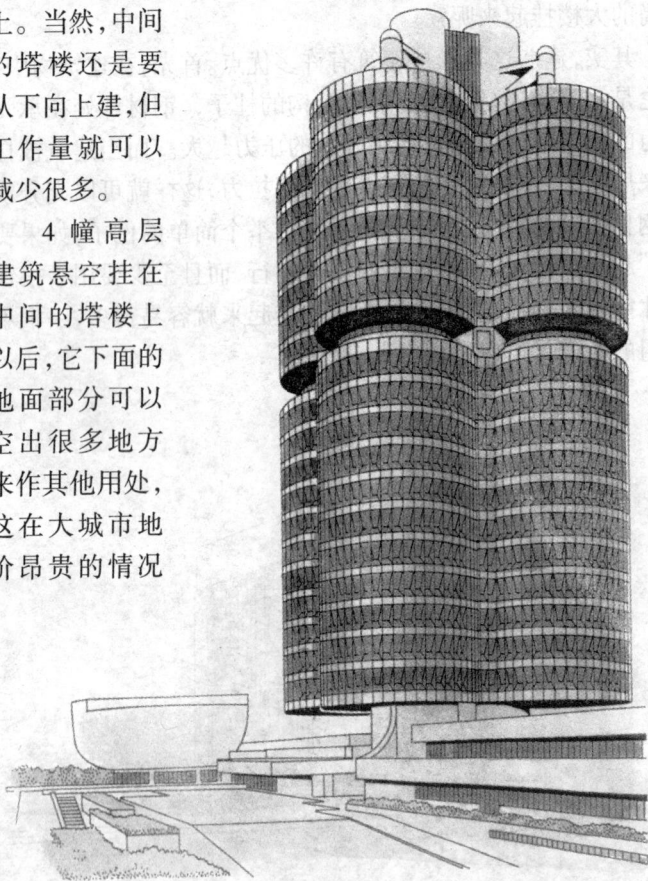

下,是很有实际意义的。这是悬挂建筑的又一个好处。

　　另外,悬挂建筑中只有中央的塔楼要做基础建设,使基础的范围和施工量大大减少。

　　香港47层的汇丰银行大厦也是悬挂建筑,它用8组钢柱作为支承塔架,每组由4根直径1.4米的圆管柱子组成,每5层或7层楼面悬挂在柱子之间的8根水平桁架上。美国明尼苏达州的联邦储备银行,建筑时采取的悬挂方式和悬索桥相似,在两座矩形塔楼之间悬挂着垂链形曲线的钢结构,塔顶部有水平的钢桁架,16层的大楼就悬挂在钢结构上。矩形塔楼间的跨度达100米,悬空的大楼下部的空间和外部的空地,组成了一个很大的广场。

☞ 关键词：悬挂建筑

为什么要推广"节能建筑"

　　电与现代化建筑有着千丝万缕的联系, 没有电能的建筑会给居住者的工作和生活带来极大的不便。但另一方面,随着城市人口的急剧增长,一幢幢高楼大厦的能源消耗也在大幅度上升,并影响到周围环境。如何才能避免这种状况呢?世界环保组织指出:发展"节能建筑"应成为一个国家制订能源总政策的重要组成部分。

　　20世纪90年代以后, 不少发达国家把发展"节能建筑"与推广"智能建筑"结合了起来,通过"智能建筑"来达到节能的目的。随着电脑及自动化控制技术的日臻完善,已经完全有条件对建筑物的节能进行综合管理并获取最佳效果了；各种新型的节能手段，诸如太阳能、风能、生物能源的推广，以及节能灯的广泛普及，使设计"节能建筑"已不是很困难；大量节能建材进入市场，使城市建筑物的设计出现了根本性的变革。根据世界环保组织的调查，发达国家发展"节能建筑"的成绩相当显著，在已经推广"节能建筑"的城市中，就建筑物本身来说，单位建筑面积耗能下降了 25% ~ 35%，有的甚至达到40% 以上；就整个城市而言，美国拥有"节能建筑"的城市，能耗普遍下降了 3% ~ 6%，这意味着该城市每年可以节省能源开支数亿美元！

发展"节能建筑"同革新城市建筑设计风格和强化环保意识正在融为一体，这是当今许多国家执行节能与环保政策的重要特色。专家们认为，这种结合可以带来事半功倍的经济效益，远比采用局部措施强得多。在能源匮乏的日本，从 20 世纪80 年代初开始，实行规模化发展"节能建筑"，政府各部门通力合作，制订综合方案，合理投资，突出重点，结果，日本城市的"节能建筑"面积以年均 25% 的高速度发展。在此期间，日本城市能耗降低了 6.6%，如果再考虑对环境保护方面的好处，发展"节能建筑"收到的经济效益还将高得多。

在我国，"节能建筑"也正成为城市建筑的一大方向。例如，上海市在 1996 年建成的住宅中，共有 150 万平方米的建筑面积使用了新型节能墙体材料，使用新材料的建筑面积比1995 年同期增长了 50%。1996 年，上海市共投资了 2.4 亿元人民币专项贷款，用于新型节能墙体材料住宅建设的试点工作，还专门制订了"上海市新型墙体材料试点小区节能住宅建筑设计暂行规定"，从而使这项试点工作有了具体的标准，并且明确了外墙、屋顶、窗户的传热系数要求,如使用了保温隔热性能优良、气密性好的塑钢窗,屋顶采用坡形,外墙采取了多种保温隔热措施,又改善了目前混凝土空心小砌块保温隔热性能较差的问题,为以后"节能建筑"大规模的建设积累了经验。

关键词:节能建筑

什么是无障碍建筑

社会文明的进步,要求能使残疾人和健全人一样,参与同等的社会活动。为了使残疾人在活动上感到方便和舒适,在某些建筑上出现了许多特殊的设计,这类建筑物通常称为"无障碍建筑"。

日本在 1982 年就已编制了便于残疾人使用的建筑设计标准,要求在体育建筑设计中,考虑到残疾人观看比赛和参与比赛的需要。我国在举办远南运动会时,建造了我国首座大型无障碍建筑——"远南大厦"。

无障碍建筑的设计安排有一些主要特点,比如,除了一般人使用的楼梯外,还要有专门通行轮椅的无障碍坡道,布置在室外到室内以及各楼层之间,坡度约 1/14,高度每上升 1 米,都设有休息平台,坡道两侧还装有木扶手及其他一些装置。

无障碍建筑中装有大型电梯,可同时容纳 4 台轮椅,远南大厦中就布置有 13 台大型电梯。也有采用圆形电梯的,便利于轮椅活动。此外,地面使用防滑的橡胶面砖,柱子、墙角都做成圆弧形,比赛场地墙角都有保护胶垫等。

远南大厦中的客房门都加宽到 90 厘米,房间内的卫生间用隔帘式门,洗面台、坐便器、淋浴处都装有扶手,卧床边和卫生间内都有呼救系统的按钮, 电梯内还装有盲文的触摸键等。这都为行动不便的残疾人提供了良好的服务和帮助。

其他一些无障碍建筑还有: 在公共厕所内设有残疾人用的厕位,在残疾人使用的更衣室内也设有厕位,观众席中留有为乘轮椅者观看的专用席位, 游泳池边建造有为残疾人用的入水坡道,公共场所专门设立接待残疾人的服务台等等。

目前,无障碍建筑主要集中于体育设施中,也有为残疾人家庭专门设计的住宅建筑, 有些商场或购物中心也开始注意这个问题。

☞ 关键词:无障碍建筑

什么是"盒子建筑"

很久以来,建筑师们就一直希望,建造房屋如果能像制造其他产品一样,直接在工厂里又快又方便地大量生产,那该多好啊!

首先,可以把组成房屋的"零件",如柱子、梁、楼板、门窗等的尺寸和形式统一,并预先把"零件"加工生产出来。在建造房屋时,可以像搭积木一样,把这些"零件"组装成房子。这些预先加工生产的零件称为"预制件",这种方法早在古代罗马和我国古代建筑中就已经被掌握运用,当时用手工制作的"标

238

准化"大理石部件和木结构构架已得到广泛的采用。

预制件使建筑的速度提高很多，如果把某些预制件尺寸放大，如楼板由十几块合并成一大块，墙壁也可做成完整的一块墙板。建造房屋时，先把钢或钢筋混凝土框架筑好，再把墙板、楼板吊装固定上去，就能很快地造起一座建筑。

建筑师很快就想到了，把整个房间作为一个预制件来处理，在工厂里就制作完成，然后只要运到工地上吊装叠加起来，这样不是更快更方便吗?! 这就是"盒子建筑"，不仅房间的"外壳"可以预先做好，连内部的装潢和设备管线都可以事先安排好。这样的建筑物可以在工厂里大批量地生产，这就是建筑的工业化进程。

早在17世纪，就已出现预制木框架板墙的整座建筑，并

大量生产。第二次世界大战后，许多受到战争严重破坏的城市需要重建大批住宅，这大大刺激了建筑的工业化进程。1947年，法国著名建筑师勒·柯布西埃就设想在工厂中预制好一个个房间，然后运到工地上吊装或叠加起来。这种"抽屉式"或"插挂式"住宅，就是现代盒子建筑的初始概念。

1967年，在加拿大蒙特利尔召开的国际博览会上，加拿大著名建筑师赛弗第等设计的"蒙特利尔—67"盒子住宅引起了极大轰动。这座别名"栖所"的住宅，共有158套住房，15种房型，每套住房由2～3只"盒子"组成。几百只"盒子"像假山一般堆叠起来，组成12层高的住宅楼。所有住房都是用354种可互相搭配的"零件"组装而成的，然后再把它们吊装叠合起来。为了避免远距离运输，"零件"也是在工地现场制作的。这就是"装配式盒子建筑"。

另一种"整体式盒子建筑"，则是在工厂中制造好自成单元的整个房间，运到工地后直接吊装到塔架上去，真正做到了柯布西埃抽屉式住宅的设想。1972年建成的日本东京"中银舱体楼"，就是由140个规格一致的"舱体"组成的。舱体单元是受宇宙空间舱启发而来的，它们像平放的饼干箱，金属的外壳内有电冰箱似的隔热保温层，卫生间、厨房设施也布置得十分紧凑合理。

盒子建筑的最大优点就是建造速度快，但它的缺点也很明显，那就是形式比较单调，难以满足现代社会人们对居住环境的个性化追求。随着科学技术的发展，人们希望看到具有多样性和灵活性的盒子建筑。

☞ 关键词：盒子建筑

为什么要研制"无化学住宅"

住宅是人们生活、工作和学习的主要场所。据统计,绝大多数人约有 90% 的时间是在室内度过的,因此,住宅内部的清洁状况与人体健康息息相关。可是,不少现代化的建筑虽然装潢得舒适豪华,但其室内空气质量却相当差。调查发现,在室内空气中可检测出 500 多种有毒、有害物质,比室外高出数十倍。与此同时,还发现人们普遍患有各种症状,如眼、鼻、咽喉感到干燥不适,头痛乏力等,究其原因,建筑和装修的材料是室内空气污染的主要根源。

家具和地板上的油漆,墙壁上的涂料,以及地毯、壁纸、塑料天花板等,都会释放出挥发性的有机化合物,从而影响人体健康。脲醛树脂是一种用来覆盖墙壁的化工产品,它能使居室具有良好的隔热性能。可是,这种树脂在受热后会产生甲醛气体,其浓度达到 0.00001% 时,人的肺部就会感到不适。另外,以往的混凝土等建筑材料中,常常含有自然放射性元素氡和它的裂变物铅-218 等,它们会使人在不知不觉中受到辐射的威胁,造成免疫力下降,表现为咳嗽、头昏和恶心等症状。

在全球性环境保护运动的影响下,"绿色技术"也渐渐地渗入到住宅建筑当中。科学家经过不断研究,研制出一种新型的、对人体健康无害的"无化学住宅":在加工楼板材料时,有机磷等防白蚁的化学药物被取消,代之以具有天然防虫效果的桧叶油、干馏木和蜜蜡;用涩柿子汁和米糖调和后配制成的新型"生态涂料",则取代了原来的石油化工产品;在建筑材料的选择上,不仅采用无害的天然木材和石材,而且注重选用可再生的材料和用废弃物制成的复合材料。这样的"无化学住宅"从宏观上符合可持续发展的思想,在微观上又使居住者能感受到向自然的回归,因而具有非常实际的应用前景。

☞ 关键词: 无化学住宅　环境保护

为什么芳香建筑会令人轻松愉快

芳香建筑是指建筑物本身的组成材料能散发香味,或通过在建筑物内堆放花卉、喷洒香料而使之充满香味。科学家预计,在不久的未来,将会逐步出现各种芳香住宅、芳香候机楼、芳香博物馆等,就连火车、飞机和轮船内,也会处处香气四溢、芬芳异常,人们在芳香建筑里会感到身心舒畅、疲劳顿失。那么,芳香建筑为什么会使人轻松愉快呢?

现代医学认为,香味能影响人的心理和情绪。譬如,丁香和茉莉花的香味会使人产生一种轻松安静的心情,水仙花的香味能使人变得性情温和,而紫罗兰和玫瑰花的香味则会让人兴奋起来。美国气味疗法专家经过实验发现,苹果的香味对人体肾上腺素的分泌有调节作用,能使激动、焦虑和发怒等情绪得到控制;柠檬香味则会使人头脑清醒、困倦消失,它能使在高速公路上驱车急驶的司机保持清醒的头脑,还有助于提高免疫系统的抗病能力,它因此被称为"抗抑郁"气味。

芳香建筑里的香味还可以用来调节人的食欲,一些强刺激性的香味如硫磺和樟脑气味等,会使人的饥饿感得到缓解;相反地,桂皮香味却能激起人的食欲。更有趣的是,芳香气味还具有治病功效,香味分子会刺激人的大脑,如天竺花的香味有镇静作用,可治疗失眠症;薰衣草的香味能治疗哮喘;而菊花的香味则可治感冒。

因此,在芳香建筑内工作和生活,将使人们普遍感到愉快和舒适,头脑清醒,心情舒畅,工作效率明显提高。

☞ 关键词: 芳香建筑

什么是"向日葵"式的住房

太阳能是一种廉价而又干净的可再生能源,它取之不尽,用之不竭。假如能将太阳能收集起来供人们日常生活使用,那样不仅能节约大量不可再生的能源,而且也避免了其他能源形式可能造成的污染,保护了自然环境。"向日葵"式的住房就是一种能利用太阳能的住宅。

这种新颖的住房最特别的地方，就是能像向日葵一样，"追随"着太阳旋转，因而能最大限度地利用太阳能。"向日葵"式住房的外形有点类似金字塔，整座房子重约 1080 吨。它建造在一个钢筋水泥的平台上，而水泥平台则安置在能转动的转向架上。转向架的基座位于地下室内，由 6 根支撑的柱子组成环形轨道。6 个驱动头使整幢住宅每天随太阳转动 180°，晚上又返回到初始位置。这种住房的设计，不仅使房间能始终充满阳光，而且，安装在房顶上的太阳能电池和聚光镜，也能均匀地受到太阳光的照射。呈 45°倾斜的房顶是整个房屋的"中枢"：成排的太阳能电池板上的光电池，会将太阳能转变成电能；另外，屋顶上还开有一个由电力驱动的玻璃窗，它可以随意启闭，其内层则装有自来水和空气循环系统及太阳能蓄电池。这种能"跟踪"太阳的住房由电子计算机来操纵控制，整座房屋的驱动和电脑操纵所需的能源，以及照明、供暖和生活用电，也都是由太阳能提供的。

　　科学家是从向日性植物上，获得设计"向日葵"式住房的灵感的。有趣的是，人们又借鉴了车前草类植物调节日光辐射的原理，设计了一种"车前草"式楼房：这种住宅的外形呈螺旋状排列，这样就使每间房间都能充分地利用到太阳能了。

　　☞ 关键词："向日葵"式住房　太阳能

为什么要造地下建筑

　　说起地下建筑，很多人立刻会联想到那是为了战争的需要。的确，大量地下人防工程的产生，起因于战事要求，尤其是第二次世界大战和核武器出现以后，很多国家都把重要的军事工业、通讯指挥中心、重要的经济工程如发电厂、自来水厂等，有条件地建到了地下深处。

随着经济的迅速发展，现代"城市化"的过程也在加速之中。城市数量迅速增长，城市范围迅速扩大，城市人口急剧膨胀，从而造成生活空间拥挤、交通阻塞、基础设施落后等矛盾，进而导致环境恶化。城市中可以利用的土地是有限的，这就需要向城市的上部空间和地下空间发展。上部空间的利用是发展高层建筑、高架道路系统等，而地下空间的利用就是把建筑造到地下去。1981 年 5 月，联合国自然资源委员会已确定，地下空间是一项重要的自然资源，开发利用地下空间能够有效地缓解土地资源的矛盾。

除了出于军事目的的地下设施，适宜于利用地下空间的

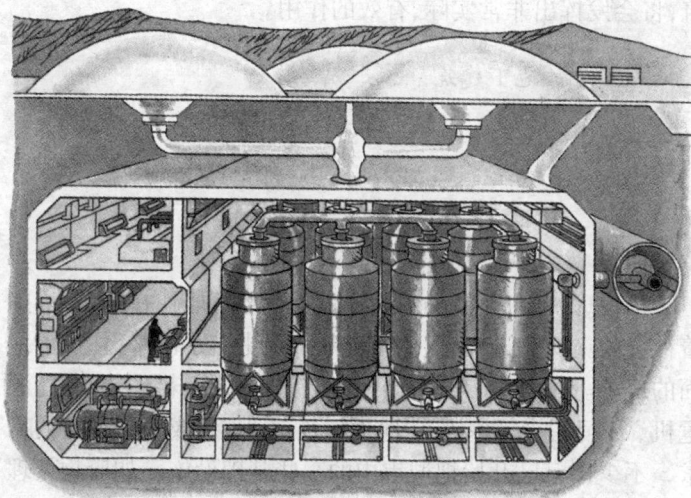

建筑还有很多，如高层建筑的多层地下室，不仅可作大型车库、仓库、变配电中心，也适宜于用作地下商业中心，甚至成片联通为地下城。

地下铁道的容量大、速度快、以电力为动力，因而污染较少，是解决大城市繁忙交通的有效途径，可以大量减少地面汽车废气排放量，有利于环境保护。

地下是个宁静的世界，很少有噪声污染，而且冬暖夏凉，既适宜于居住，也比较节约能源。但是，大量的住宅要建在地下，在目前还有困难，因为地下建筑的造价较高、施工困难，还需要依靠科技进步来逐渐发展。有些国家为节约能源，建造了试验性的地下和半地下的住宅、学校、图书馆等建筑，有些地下建筑可节约能源达 70%，有些还装有太阳能利用设备，对人工能源的需要就会更少了。

我国人口众多，人均居住面积较少，有效地发展地下建筑，将会发挥出非常实际、有效的作用。

关键词：地下建筑

地底下的建筑有何奇妙之处

早在远古时代，我们的祖先世世代代都居住在山洞里。随着社会的文明和进步，人们渐渐从穴居中走了出来，住进了地面的房子。然而近年来，由于地球上人口膨胀、耕地短缺、能源危机、环境污染等原因，"地下建筑"又重新成为一种新的需求，不少国家已开始把城市中的一些基础设施，如废物处理站、垃圾焚化炉、高速铁路和能源储存中心等，转向大规模的地下建设。

"地下建筑"不仅仅是供人们生活、办公的场所，它还包括交通、娱乐等其他与人类活动息息相关的地下设施，这是一个日益成为人类活动中心、具有很大潜力的未来空间。其实，"地下建筑"具有很多优点：一是可以节约大量的建筑用地，缓和住宅用地大量蚕食耕地的矛盾；二是地下住宅冬暖夏凉，不受气候影响，可节约冬季采暖和夏季降温所花费的电能，缓和能源危机；三是可节省一半以上的建筑材料，还具有良好的防震、抗震的性能。此外，地下居室幽雅、宁静，可避免大气污染和噪声的危害，并能比地上设施更好地防止可能发生的灾难性事故。

1994年，日本在海平面40米以下，建造了3座大型地下贮油罐；他们在规划中还有17项较大的地下交通运输项目，其中包括一条造价120亿美元的横穿东京湾的高速公路；日本的新宿已建成了一个巨大的地下城，地下住宅星罗棋布，地下交通四通八达，有按文艺复兴时期建筑风格建造的意大利城堡，有花木繁茂、虫歌鸟鸣的森林公园，有琳琅满目的购物中心，还有宽广豪华的地下广场呢！

在日本人"深挖洞"的同时，美国人和欧洲人也在较浅的土层上挖掘着。据不完全统计，美国明尼苏达、得克萨斯、洛杉矶等地，已约有1万多户人家穴居于地下；瑞典首都斯德哥尔摩已有了一个地下音乐厅和一个正在建造的地下水库，该市的污水处理厂也被迁到地下；20世纪80年代中期，法国巴黎已建成了一座巨大的地下商业区，并兼作公园，而华裔建筑师贝聿铭则在卢浮宫前建成了著名的玻璃"金字塔"，把这座博物馆的入口也搬到了地下。

几个世纪以来，欧洲人一直就没有停止过挖掘山洞、隧道和修建城市地铁系统。但是今天，他们在地下挖掘的深度和长度都超过以往任何时候。英吉利海峡隧道刚开通不久，德国和丹麦就开始商讨在费马恩海峡下面挖掘隧道，用铁路将汉堡和哥本哈根联系起来；西班牙和摩洛哥也讨论过在直布罗陀附近建造一条海底隧道的可能性；而瑞士工程人员正在研究在阿尔卑斯山下建造城市间地铁的可行性，这一工程将能使瑞士各大城市间的旅程缩短好几个小时。

当然，地下建筑的发展还存在着许多实际问题，如地表水的压力问题，如何使地下的空气保持新鲜、宜于呼吸等。此外，人们还需要足够的时间，来逐渐适应生活在见不到自然光线的地下带给心理和生理上的影响。尽管如此，人们还是愿意相信：生活在美妙的地下世界，将变得越来越方便舒适，越来越精彩丰富。

☞ 关键词：地下建筑

未来的"超级大楼"有些什么功能

近年来，世界各国的一些大城市，都面临着地价高涨、人口密集、住房紧张的重大压力，简直到了寸土寸金的程度。为了缓解这些矛盾，人们提出了各种设想。

20世纪90年代初，日本的一家公司推出了建造"超级大楼"——"TRY2004"的宏伟计划。这种建筑不像是一幢大楼，而更像是一座城市：它的占地面积约 800 公顷，高 2004 米，从底层到顶部分为八级，一至四级为住宅和办公大楼等，五至八级为研究机构和休闲场所等。这一庞大的建筑物的总使用面积为 8800 公顷，其中 55% 用于居民住宅，可建成 24 万套住房，居住 70 万居民；32% 用于办公和商业大楼，可供 80 万人从事工作；13% 用于研究机构、旅馆和休闲场所。因此，它是一座融多层住宅、办公大楼、文化与商业设施、空间花园、公园、研究机构、旅馆和休闲场所于一体的综合性现代城。

　　这座"超级大楼"的巨大支撑架，以直径为 10 米的圆柱管为基材，圆柱管内部用作运送人员和货物的通道。整个建筑由三维构造的许多个八面体所构成，每个八面体的周长为 350 米，楼、亭、馆、所都建在框架之间，包括高 100 层的办公大楼。超高结构的用料都是坚固而轻盈的新型材料，如碳与玻璃纤维增强塑料等。新

颖而先进的连续循环运送电梯，从底层到 2004 米高的顶部只需 7 分钟，另外还有水平通道内的线性感应运送车；金字塔形的建筑中采用封闭式供能网络系统，通过生物反应装置使废水、废料和余热循环产生新能源，并利用风能或太阳能等天然能源进行发电；建筑内还安装了先进的信息与通信系统，并配有共用天线电视，通信系统中还有一种个人信息卡系统，无论是居民、工作人员或旅游者，都可以使用信息卡咨询所要了解的事情，这样就没有人会在这座纵横交错的"超级大楼"中迷路了。

但是，建造这种"超级大楼"也存在一些实际问题。首先，楼层越高，地震和大风对它的影响就越大；其次，防火安全是所有摩天大楼的又一难题；最后是居住问题，1000 米的高处要比地面温度低好几度，那里空气较稀薄，大气压为地面的 88%，水的沸点为 95℃。这些差异所带来的各种各样的实际问题，看来还需要设计者进行全面细致的考虑和研究。

☞ 关键词：未来超级大楼

为什么展览厅和体育馆的
屋顶大多很奇特

展览厅、体育馆、影剧院都是容纳观众人数较多的大型公共建筑，它们的特点是空间跨度很大，但又不能在内部空间中设有用以支撑的柱子，以免阻挡观众的视线，影响观赏。特别是体育馆，观众的规模常要达到数万人之多，建筑的跨度常需

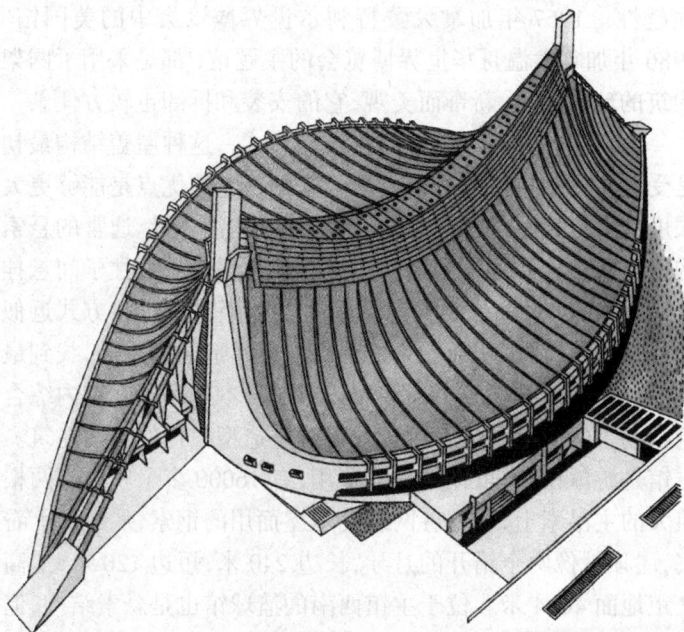

　　要一二百米，通常的屋架结构难以达到要求，同时，这些大型
公共建筑，也常常作为城市建设中的标志性建筑，在设计风格
上，需要特殊的建筑造型来引人注目。

　　目前，网架结构和悬索结构较多地应用在大跨度永久性
建筑上。网架结构采用较小规格的型钢如角钢或钢管，互相联
接起来形成立体网格形的大跨度屋盖结构。由于钢管的性能
较角钢好，因此常常使用钢管做网架，采用多种联接方式，方
便地组成各种形状的屋盖，跨度常在 100～200 米之间。特别
是在建造球形建筑时，网架结构显示出其他结构难以匹敌的

优越性。1967年加拿大蒙特利尔世界博览会中的美国馆、1986年加拿大温哥华世界博览会的主题馆，都是采用了网架构筑的球体建筑，新奇而美观，它的安装和拆卸也较方便。

悬索结构是另一类大跨度结构形式，这种屋盖结构最初是受悬索桥结构的启发而发展起来的，它的优点是能够更大限度地发挥钢材的优越特性，减少钢材的消耗量。通常的悬索构造方式也像悬索桥的塔架一样，在两根竖立的柱子间悬挂主钢索，再在钢索上悬挂一组屋面支承用钢索。这种方式近似于一顶帐篷，可以从原始人用藤蔓绳索建造的棚屋上，找到最早的悬索建筑的渊源。1964年建成的日本东京国立室内综合竞技场，又称代代木体育馆，就是两座造型独特的悬索建筑。主馆是游泳馆，也可作其他比赛用，有16000多个座位。两根粗大的主吊索上，悬挂着两组支承屋面用的钢索，从平面上看去，屋顶就像两个错开的月牙，长边240米，短边120米，最高处距地面40.4米。位于主馆西南的篮球馆也是悬索结构，但只有中间一根柱子，平面呈圆形，柱子上的悬索逐渐扭转，形成造型优美的海螺形屋盖。

关键词：网架结构　悬索结构

为什么说上海体育场的建筑设施
具有国际先进水平

1997年，盛大的第八届全国运动会在上海市举行，开幕式被安排在新建成的上海体育场。来自全国各地的运动员、工作人员和观众，都对这座新颖、宏大的建筑赞不绝口，认为它具有国际一流的建筑水准，是我国在 20 世纪末最具标志性的综合性体育设施。

上海体育场整个建筑面积约为 15 万平方米，可容纳约 8 万名观众，因此，它又被称为"八万人体育场"。体育场的外形远观像一匹马鞍，最高处离地近 70 米。它最让人赏心悦目之处，是那片高低起伏的白色看台顶篷，其造型宛如一座座白雪皑皑的小山峰，看上去十分美观而特色鲜明。其实，这片雪山状的顶篷，在建筑工程上却具有异乎寻常的难度。看台顶篷采用了国际流行的球型节点钢管网架，选用了最优质的新型薄壁无缝钢管。设计师还突破常规，设计成长达 70 多米的悬挑桁架，其长度在世界上也是绝无仅有的。而难度最大的是，要把最大的一个桁架（重达 80 吨）举升到 70 多米的高空进行安装！与之相比，在建筑物顶部铺置能遮阳光、避风雨的薄膜，则显得十分轻巧柔和。这是一种新颖的软质玻璃纤维薄膜，上面涂有合成树脂，虽然它的厚度仅为 0.8 毫米，但其强度却远远

高于普通建筑的玻璃门窗。

上海体育场的地下建筑部分是由 4000 多根混凝土方桩承载着的，每根方桩长约 30 米。特别是环绕地下室承台支承的 96 根斜向支柱，它们的外倾角极大，各根支柱的高度又不同，柱子的截面也很不规则，因此对支承柱的强度要求之高以及施工难度之大，也就可想而知了。通过精心的建筑设计，体育场的看台被分为上、中、下三层，每层看台的坡度均设计成波浪形，使每位观众都能获得最佳的视觉享受。除此之外，上海体育场的地下建筑部分还设计了宽大的停车库，可停放约 600 辆小轿车。

作为一座综合性的现代化体育场，运动场地的质量是最重要的衡量标准之一。上海体育场拥有可适合各种体育比赛的露天大草坪球场。其表层为一片绿油油的优质草皮，草皮下层由细碎均匀的卵石和掺有有机肥料的黄砂组成，在砂石层下还铺设了人字形的 PVC 塑料排水沟。这样的铺设方式，不仅有利于草籽和草茎的生长，也保证了球场具有极好的渗水性，一改普通球场逢大雨时积水而影响比赛的面貌。此外，体育场的优质塑胶跑道和其他比赛、训练场地也十分平整、标准，安装的各类比赛装置和设施均达到了国际先进水平。

作为一个综合性的体育建筑，上海体育场还附设了宾馆、餐厅、娱乐中心、展示厅，形成了一个集体育、娱乐、休闲为一体的规模，难怪去过那里的人都对它的迷人风采赞不绝口呢！

关键词：上海体育场　建筑特色

为什么香港中国银行外表
有很多三角形

香港湾仔到中环沿岸一带，是香港商业金融机构集中的地区之一。这里林立的高楼风格各异，但从几个方向都能看到一座尤为突出的超高层建筑，它就是建成于 1990 年 3 月的香港中国银行，由著名建筑师贝聿铭设计，其最大的特点就是外表上的许多三角形结构。

这座建筑因四周受高架道路的限制，可使用的场地面积比较小。为了达到所需要的建筑面积，大楼要建得很高，达到 315 米。但是香港地区每年夏秋季要刮强台风，这使高大建筑物的抗风成了突出问题。

设计师从两个方面来解决高楼抗风的难题。一是外形采用下面大上面小的有利抗风的形式。正方形的大楼平面，被从对角线上划分为四个三角形，愈往上三角形逐步减少，在 20 层时减少一个三角形，38 层时又减少一个，到 51 层时再少一个，最后一个到顶。

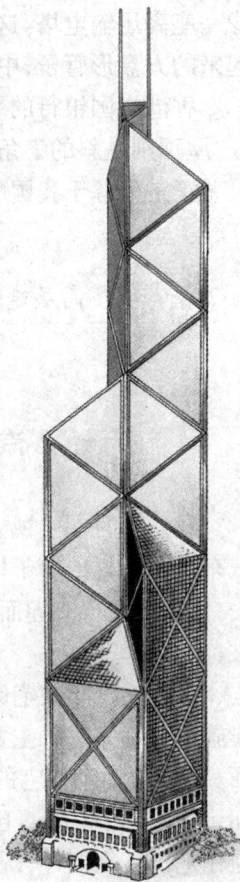

同时采用的另一个方法是"筒体"都用桁架的形式。"桁架"是指杆体以三角形组合起来的结构形式,例如高压输电塔就相当于竖直的桁架,有些桥梁、屋架则是水平的桁架。桁架形式的筒体称为"桁架筒",是十分优越而经济的抗风结构。如果把香港中国银行的外表玻璃都拿走,它的"骨架"看起来就像一座高压输电塔。这些组成三角形的"骨架",是用钢材组合起来的方盒形管子,中间浇灌混凝土,强度很高。

香港中国银行的平面用三角形组成,外表也由三角形组成,屋顶则是斜的三角形。它的外形很像一支竹笋,建筑师的灵感正是来源于我国的民谚:"青竹节节高",象征着银行的兴旺、发达。

☞ 关键词: 高层建筑 桁架

为什么汽车住宅很受人们欢迎

我们有时在电视上,可以看到国外有些居民生活在一幢汽车车厢一样的房子里,人们可以开着它四处旅行,随遇而安,使生活显得有趣而新鲜。这就是可以活动的汽车住宅,常被称为"房车"。

最早的汽车住宅诞生于 1933 年。当时,它的功能和内部设施还很不完善,主要用于军事领域和偏远的地矿工作等方面。后来,活动住宅的设计受到了更多的重视,到 20 世纪中期,房车上已装备了卫生间、浴室和厨房,其内部设施已和普通住宅没什么两样,既方便又舒适,而且由于它是大批量工厂化生产的，因而价格比一般住宅便宜，所以很受人们欢迎。

　　汽车住宅由钢制骨架支撑，为了降低整体重量，墙面采用了以夹心胶合板内衬泡沫材料为主的结构，既牢固又保温。屋顶和墙面材料还具有防水、耐高温等特点，这使房车不怕雨淋日晒，适合各种气候条件。室内配有各式家具和设备，能保证基本的生活条件。通常情况下，汽车住宅每到一地，其上下水装置需与当地的水管系统相连通，照明和电话系统也需分别连接。当然，先进的房车有自备发电机和大容量蓄电池，并有独立的贮水和排水装置，可维持短期的生活所需。

　　除了汽车住宅，人们还根据需要，设计出火车车厢式房屋，设有驾驶室的拖斗式房屋，以及可以通过起重机吊上平板卡车搬运的集装箱式房屋等。这些活动房屋的诞生，大大缩短了房屋的建设周期，迎合了不同居住者的爱好和需求，还解决了许多特殊场合的居住问题，因而具有非常实用和适于发展的前景。

☞ 关键词：汽车住宅　房车

为什么摩天大楼最怕火灾

摩天大楼遇到的灾害中,火灾造成的人员伤亡较大,财物损失也极为严重,是仅次于地震的"高楼杀手"。据统计,1961～1964年间,日本旅馆每年发生火灾400次以上,美国则多达1.18万～1.24万次,如著名的世界贸易中心,仅1974年就发生了40次火灾。高楼失火原因的统计表明:因吸烟引起的占35%,电气线路事故占22%,其余为取暖、炊事、煤气等。由于在建筑布置上,大楼底部几层大多是厨房餐厅、地下室、车库、仓库、变压配电室等易于引起火灾的用房,加上通风条件较差,失火后因氧气不足造成燃烧不充分,从而产生大量刺激性和有毒的烟雾,并随着火焰产生的热空气,通过各种管道迅速

向上扩散蔓延，造成高楼内的居住者因窒息而死亡。

高层建筑中竖直的井道就像生炉子时的拔气管，管子愈长拔气作用越强烈。一座摩天大楼仅电梯井通常就有几处到几十处之多，另外还有楼梯间、垃圾管道、污衣投递管、卫生管道间、电缆井等，它们数量多、截面大，分布各处，又贯穿大楼上下，常常有几十米到几百米之长，因而会形成抽吸力强大的拔气管束，后果十分可怕。如日本某旅馆因旅客把烟头丢进垃圾管道引起火灾，结果烧毁 7 ~ 10 层；韩国一幢 22 层旅馆在二楼失火，通过未封闭的楼梯间向上蔓延，使上部客房全部烧毁，死亡 163 人。

有些高楼设计不合理，走廊布置不是环形而是尽端式的"死胡同"。当发生火灾时，慌乱的人流在能见度很差的烟雾中，因眼睛受刺激或缺氧，而难于找到出口处，造成人员的重大伤亡。

消防困难是摩天大楼"害怕"火灾的又一个重要原因。多数摩天大楼楼底周围有二三层称作"裙房"的建筑，布置公共服务设施，如商店、购物中心、邮电、银行、餐饮娱乐等。一旦中间的高楼失火，消防车到达后也难以靠近，从而妨碍云梯的架设。而云梯的高度也有限，一般在 50 ~ 60 米，对付摩天大楼高层的火灾常常望尘莫及。另外，摩天大楼交通主要靠电梯，失火后往往因切断电源而停开，使疏散通道减少；而疏散人流的方向又和消防人员的方向相反，常常会造成拥挤阻塞。

可见，摩天大楼发生火灾确实是很可怕的事。

☞ 关键词：火灾　摩天大楼

为什么要造"承重幕墙"建筑

高层建筑,特别是超高层建筑,常用内外二套筒体结构的方法来抗风和抗地震。内部是利用许多电梯井组成的筒体,外部是框架或者桁架形式的筒体。但是在用桁架建造时,建筑物外表可以看到许多交叉的钢架,这显然不够美观。

美国匹茨堡国际商业机器公司的办公楼,四周整片外墙都是交叉的小格子,这些小格子是用规格一样的 X 形钢筋混凝土构件组合起来的,看上去像建筑物外面挂了一幅格子形的幕帘。这种构造除了起抗风和抗地震作用外,主要是用来承受楼板传来的重。每层楼板都联结搁置在格子形幕帘上,它起到承重外墙的作用,有人称它为"新式承重墙"或"承重幕墙"。传统的建筑方式是承受重量的框架柱子在内部,采光的玻璃幕墙在外部,但承重幕墙正好相反:承重的结构在外部,玻璃幕墙在内部,有时玻璃幕墙离开承重幕墙达 0.7 ~ 1 米。

比利时布鲁塞尔的兰伯特银行大厦,承重幕墙是用十字形格子的形式,每个十字形钢筋混凝土构件宽 6.4 米,高度和一个楼层高度相同。

采用承重幕墙的建筑物,外观比用巨大的交叉桁架显得精致、新颖而美观,而且承重结构搬到外部以后,内部除了有电梯井、柱子以外,视觉空间十分宽敞,使用时布置灵活、分隔自由。另外,承重用的钢柱子或钢筋混凝土柱子搬到室外后,建筑物的防火安全性也相应地得到了提高。

☞ 关键词: 承重幕墙

为什么设计建筑物前必须
先做地质勘探

设计一座建筑物，无论它是一二层的小型建筑，或是数十层楼的大厦，都要计算出这座建筑物的总重，目的是为了设计基础。建筑物的总重在设计上称为"荷载"，它分为两大部分：一部分是建筑本身的重，像屋顶、楼板、墙、梁、柱子、楼梯等，这些几乎固定不变的重称为"恒载"；而屋顶的积雪、房间里的东西和人的重等，常常会发生变动，所以被称为"活载"。在设计基础时，恒载和活载都要分别计算出来，这样就能知道建筑底层的墙脚上每米有多少荷载。如果每个柱子底部有 150 吨荷载，那么基础要做多大、多深呢？

这时就要依靠地质勘探了。

地质勘探的目的是要搞清楚建筑物底下土层的情况，如地面下的土有多少层，每层土有多少厚，它是"硬"的还是"软"的，是"紧"的还是"松"的，每平方米能够承受多少荷载等。如果每平方米硬土层能够承受 1.5×10^5 牛的重压，用它来除柱子底部的荷载，就知道基础需要面积 10 平方米。当然，这是简化的情况，实际上还要复杂一些。

地质勘探除了了解土层的软、硬程度以外，更重要的是还要了解地下有没有"危险"的情况。譬如说地下有没有"流砂层"：当砂土层很松时，其中的砂子能随地下水流动而形成流砂层，基础造在上面就很"危险"了。还有那些过去是河流而后填平形成的土地，由于河道中有很软的"淤泥"土层，基础造在上面也是靠不住的。这些都要靠地质勘探才能查清楚。古代没有地质勘探，所以建造房屋时常会出问题。著名的意大利的比萨斜塔，是为纪念公元 1063 年比萨人在巴勒摩海战中打败撒拉森人而建造的。该塔建于 1174 年，当建到第三层时塔开始倾斜了，因为塔的基础正好在河谷的冲积层上。比萨斜塔曾停建了一个世纪，再建时尽管减轻塔重并取消了塔顶，但塔体还是不断倾斜，成了著名的斜塔。该塔现在已向一侧倾斜达 4.60 米，许多国家的建筑专家都在想各种加固方案，以使塔体的倾斜状况稳定下来。

设计前需要地质勘探的并不只有建筑物，其他像铁路、桥梁、水利工程等也一样离不开地质勘探。

☞ 关键词：**地质勘探　荷载**

为什么高层建筑能越造越高

一百多年前,美国芝加哥出现了一座 10 层楼高的住宅保险公司大楼。谁能想到,这座今天看来是微不足道的楼房,竟是现代城市高层建筑的第一个标志。从此开始,高层建筑如雨后春笋般地在世界各地竞相建成,还出现了 100 多层、高度超过 400 米的超级摩天大楼。

高层建筑为什么能越造越高呢?这和建筑结构力学、建筑材料科学以及机电设备等方面的迅速发展是分不开的。

建造高层建筑,最重要的一条是楼体的稳定性,而楼体的稳定性与楼底基础的大小和深浅有密切关系。据测算,楼体高度和它的基底宽度的比率越小,大楼的稳定性越大。在建筑学上,这个比率称为"高宽比"。一般高层建筑的高宽比都是 6∶1 到 8∶1, 而要建造超级摩天大楼就不得不突破这个高宽比的限制。因为大城市的地价昂贵,房屋密集,为了充分发挥土地单位面积利用率,只能占天不占地,采取多加楼层的办法,这就是人们设计建造超高层建筑的由来。然而在这种远离安全系数的超高宽比的条件下,要保证超级摩天楼绝对的稳定性,不采用新技术显然是不行的。

建筑师敢于设计一二百层的超级摩天大楼, 土木工程师敢于承担建造这样的摩天大楼, 在于他们手中掌握的两大绝招:超高强度钢骨架结构系统和超高强度复合墙体材料。

高层建筑传统的结构是在基础上一层层竖起钢质框架,再用钢筋混凝土预制板、钢板或者钢化玻璃幕墙系连在框架上作为墙体。这种结构用在高宽比特大的超级摩天楼上,无论强度或硬度都显得不够。比较理想的结构是管状构架，就是将一根根钢管像柱子一样，紧凑地围成楼体的外墙框架，使其整体看起来，好像是一个位于中心的竖井。这种管状构架的优异之处是，可以把建筑物的重量和应力移到四周外墙管柱上，能够承受楼体的垂直重力和由大风、地震产生的水平推力。另外，还有一种称为外部桁梁骨架的结构系统，也适合应用于超高层建筑。

楼越高，风对楼体的横向推力也越大。摩天大楼高层部分受的风力比低层部分要高几倍，风的冲击力是根据建筑物的高度呈几何级数增加的，如100层的高楼顶部受风的冲击力是50层大楼顶部所受风力的4倍。所以，必须考虑增加大楼墙体材料的硬度，使它有较强的抗弯曲性能。但是，用增加墙体厚度来提高建筑物强度并不是一个可行的办法，因为墙体增厚将使建筑物总重大大增加，影响其高度建设。新的办法是，将一种弹性极大的轻质塑性材料夹在两块薄钢板中间，加压成为整体复合板材。采用这种既轻又硬又具韧性的新材料作为墙体，摩天大楼就具备了非常良好的抗弯曲和抗震能力，减少顶部的晃动幅度，使建筑物坚如磐石。

建造高层建筑的基础当然是来自各个科学领域的知识和信息，而建筑设计师往往具有超过常人的想像力和挑战新高度的勇气。美国一位天才建筑师弗·罗·赖特提出的一项设计是要在芝加哥建一幢528层、1609米高的摩天大楼。这座巨厦落成后，有效居住面积达170万平方米，可以容纳13万人居住。但这座"庞然巨楼"还不是摩天大楼的绝对高度，英国工程师威廉斯·弗里施曼又提出一个叫做"塔城"的建筑设计方案，它有850层，高达3200米，可住50万人，这样一座房屋,就相当于一个中等城市。可见,建筑科学的发展也像其他一切科学技术一样,是永无止境的。

关键词: 高层建筑　建筑高度

为什么建高楼时要打很深的桩

在建筑工地上,我们经常可以看到,高高的打桩机用沉重的铁气锤,把十几米长的钢筋混凝土柱子"嘭、嘭"地打到地下去。有时,建一幢高楼,常常要在地下打几十根这样的柱子,这就是建高楼时非常重要的打桩过程。

建高楼时为什么要打桩呢?原来,土地表面看上去很坚实耐压,但如果在上面建起房子,沉重的房子便会压得地面向下沉,这会造成房屋建筑变形、倾斜甚至倒塌。著名的意大利比萨斜塔,就是因为基础不稳,才变得越来越倾斜。

有什么办法能使松软的地基变得结实呢? 建筑工程师在造高楼前,都要对土层的地下结构进行调查。他们通过钻探等手段, 可以了解到地下深层处是否有足以承受高楼重压的地层, 然后就把很长的钢筋混凝土桩打到地下的这层坚实的地层上。又粗又结实的桩,能把高楼的重传到桩底的地层,这样,高楼就像有了"落脚点",牢固的基础使它不仅非常平稳,而且能抵御大风和地震的影响。

有些很长的桩柱, 是靠粗糙的桩柱表面与地下土层的摩擦力来支撑建筑物重压的。如果遇到很松软的土层结构,还可以把空心管一样的桩柱打到地下, 再向地下土层中注入特别的化学物质,使松软的泥土结成坚实的整体,这样也能大大加固高楼的地下基础。

用打桩来加强建筑物的基础,这种方法在我国古代就早已使用了,只是过去用的是木桩,它比较容易腐烂。现在广泛使用的钢筋混凝土桩,成本低,牢度强,真正成了高大建筑不可缺少的"基础"。

关键词: 高楼　打桩　房屋基础

为什么高层建筑修建了地下室就可以代替打桩

建造房屋都要先造基础,基础必须建造得十分结实,造起来的房子才会非常稳固。所以"打好基础"的含义又常常被引申到学习、工作等许多方面。

建筑的基础有很多种形式。一般来说,二三层高的建筑,其基础只是一条沟槽;房屋高度达到五六层楼时,如果用的是柱子和梁的结构,则要在两个方向都挖基础槽,柱子的基础在槽的交叉点上;如果建筑层数再增加或地基的土质很差,有时就要把建筑物的下面整片地做成基础;而在建造高层建筑时,建筑物总重大大增加,这时就需要"打桩"这种基础形式了。

建筑物有时候需要建造地下室,以设置一些辅助用房,如车库、库房、修理间、配电间等。特别是高层建筑,通常都向地下建造一二层甚至三层以上的地下室,因为它不仅可以增加建筑面积,同时还对基础十分有利,可以减少高层建筑打桩的数量。对于那些不太高的大楼（10 层到 12 层），地下室甚至还可以代替打桩。这是为什么呢？

原来，地下室的底部、顶部和四周的墙，都是用钢筋混凝土建造的，相当于在建筑物的下面，放了一只空的钢筋混凝土"箱子"。在建造地下室时，先要把许多泥土挖去，假定这些土重 10^7 牛，而形如"空箱"的地下室只重 2×10^6 牛，这就等于土层上的压力减少了 8×10^6 牛。如果地面建筑物重 7×10^6 牛，在不做地下室时，土层上压的重力是 10^7 牛（土重）加 7×10^6 牛（建筑重），共计 1.7×10^7 牛，土层承受不了时就需要采用打桩的办法解决了。如果做成地下室，那么，2×10^6 牛的"空箱"重加上 7×10^6 牛的建筑重，几乎只有原来总重的一半，这样就不必再打桩了。

所以，地下室箱形基础的作用，可替代一部分桩基础的作用，或者说可以补偿一部分

建筑总重所需要的基础,因而它又被称为"补偿基础"。

高层建筑怎样抗风

俗话说:树大招风。高层建筑就像一棵极其高大的树,风的压力对它的影响是很大的, 对于 50 层以上的高层建筑来说,其抗风能力成为设计中的主要难题之一。据统计,在采用钢结构时,建筑物为抵抗风力而耗用的钢材,约占整个钢材消耗量的一半。可见,在建筑上选择合理的抗风造型和结构方式有着重要的经济意义, 高楼抵抗风力正是从这两方面来加以解决的。

高层建筑的造型非常丰富,通常有一字形、方柱形、圆柱形、三角形、梭形、风车形、三叶形等等。最常见的一字形建筑又被称为板式建筑, 它就像一块长方形的积木,受风面较宽大,不利于抗风,所以不宜建得很高。为改善板式建筑的抗风性能,可以将其中部厚度增加形成梭形,也有把平面弯曲成圆弧,这样就大大增加了抗风能力。著名的例子如加拿大多伦多市政厅就是两座弧形建筑。

圆柱形比方柱形有更好的抗风能力, 它可以降低风的压力约 40%, 采用圆柱形的著名建筑有美国亚特兰大桃树中心广场饭店, 它是世界最高的旅馆, 还有上海的锦江饭店新楼等。另外,草叶形、风车形、十字形等造型,都仿照照相机三脚架撑开的方式,显然能使建筑的抗风能力大大增强。

建筑造型中抗风性能最好的是锥形，就像金字塔一样。圆锥形当然是最好的，但施工比较复杂，因而多数采用角锥形，如旧金山的泛美大厦是瘦长的金字塔形，芝加哥的汉考克大厦是没有尖顶的角锥形。它的变化形式就是曾为世界最高建筑的西尔斯大厦，后者采用 9 个方柱体组合，愈到上面柱体愈少，最后形成两个方筒体到顶，既避免了角锥形在施工上的困难，又达到角锥形对抗风有利的目的。

建筑物除了采用有利于抗风的造型，还可以采用适当的抗风结构方式。20～30 层的建筑，用柱子和梁组合而成的框架结构就足以抗风了。40～50 层的高楼常采用"框架—剪力墙"结构。什么是剪力墙呢？比如说一块木板宽的一面对着风，很容易被风吹弯，但转 90°后用薄的一面对着风，它就不会弯曲了。同样道理，在混凝土或钢柱之间做一片从上到下的墙，用薄的一面对着风，就能增强整个建筑的抗风能力。这种墙在结构上主要受到剪力，所以称为"剪力墙"。

超过 50 层的摩天大楼，一般要采用"筒体"结构。筒体就像一个封闭的管子，或者像放大的烟囱，它有很优越的抗风能力。实际上，它就是 4 片剪力墙组合在一起，摩天大楼中有许多电梯井，把它们组合在一起就成了很好的抗风筒体。当建筑高度达到 70～80 层甚至 100 层时，一个筒体就不够了，要做两个筒，一个在中间称"核心筒"，一个套在外面，这种方式称"筒中筒"结构。如果不用筒套筒的办法，也可以把许多筒联合起来，像一捆竹竿一样，称为"成束筒"，著名的西尔斯大厦就是用这种结构方式，同样具有极好的抗风能力。

关键词：**高层建筑　造型　结构　剪力墙**

高层建筑如何抗震

1995 年 1 月 17 日清晨 5 时 46 分，日本兵库县南部的阪神地区发生了一次 7.2 级的大地震。距震中最近的神户市，有 1 万多幢房屋倒塌，几乎整个震区断电、停水、煤气管道破裂，并造成 300 多起重大火灾。然而，在如此严重的震灾面前，人们却惊奇地发现，许多低层的旧屋不是被整体震倒，就是化为一片瓦砾，而一幢幢现代化的高层建筑，却能昂然屹立于废墟之中。这难道是一种奇迹吗？

日本是一个多地震的国家，历次震灾造成了巨大的生命和

财产损失。人们从地震中得到了深刻的教训——建筑物不能太高，日本政府也在 1963 年明文规定，一般建筑物不得超过 31 米。但是，日本的建筑专家经过长期的分析和研究后，发现地震时水平冲击波占主导地位，而对付这种巨大的自然力，"硬性"抵抗不如"顺势"化解。以新的抗震理论建造的摩天大楼，能将震动的能量加以吸收，这样，地震的冲击波在沿着建筑物自下而上传播时，虽然能引起一阵波动，却不会使钢筋混凝土结构遭到破坏。科学的论断促使政府改变了原来的规定，于是，近 20 年以来，日本的高层建筑如雨后春笋般地拔地而起、直耸云端。

高层建筑抗震的关键在于设计。旧的观念认为，只有沉重牢固的低层建筑才能经受住猛烈的地震冲击，而实际上，这些有着沉重的钢筋混凝土底座、越往上体积越小的老式楼房，在强震中将遭到猛烈的"回甩力"，甚至建筑物会被齐根折断。而现代高层建筑则改变了旧式楼房既"硬"又"脆"的致命弱点。它采用毛细裂缝极少的高强度钢材，制造出密度较大的桁梁结构，从而大大提高了钢架的抗震能力；特制的混凝土壁板则加强了钢架随冲击波产生的应力；新的焊接技术又进一步增强了高层建筑的整体抗震能力，使摩天大楼变得刚中有柔。在阪神大地震中，当一个又一个冲击波沿着高楼上传时，尽管建筑物顶部摆动幅度达到 1 米，大厦的整体结构却依旧安然无恙。这表明，高层建筑在居住的舒适性和安全防震性方面，都将有着广阔的前景。

> 关键词： **高层建筑　抗震**

为什么弹性建筑能抵抗地震影响

地震是一种严重的自然灾害，尤其是对于高楼林立的现代化城市来说，如何使建筑物具有良好的抗震性能，是现代建筑中的一个难题。近年来，国外建筑科学家采用了一系列高新科技成果，设计出一种"弹性建筑"，其防震效果极佳，应用前景广阔。

日本是一个多地震的国家。在日本东京，建有 12 座弹性防震大楼。这种新型建筑物的建筑结构不是直接建造在地面上的，而是承压在一种特别的弹性隔离体上，隔离体由分层橡胶、硬钢板和阻尼器等组成。阻尼器由螺旋体钢板组成，能大大缓冲楼体垂直方向的震动作用，就好像给大楼装上了"弹簧脚"，其减震效果达到 60% ~ 75%。在东京地区里氏 6.6 级的地震中，这些弹性建筑经受了考验，减震效果十分明显。日本科学家又在建筑物"弹簧"的设计应用方面大动脑筋，使建筑物主体与地基分离。地震时，无论地基如何摇晃，强力弹簧都能吸收大量地震冲击力，保证建筑物的稳定。在平时，一些大型车辆行驶时给地面带来的震动，也会在建筑"弹簧"的缓冲区消失得无影无踪，弹性建筑里的居民丝毫感觉不到地面上的震动。

美国加州著名的硅谷，也兴建起一座特别的电子工厂大厦。这座高大建筑物的每根柱子和承重墙体下，都安放了大量不锈钢滚珠，由这些滚珠来支撑整个大楼的重量，而纵横交错的钢梁则同地基紧固地结合在一起。当地震发生时，富有弹性的钢梁能略微伸缩，起到弹性防震作用；而整座建筑则会在密密的滚珠上,轻微而平衡地前后左右滑动,从而使地震波的破坏力大大减弱。

随着材料技术和其他高新技术的发展,新型的抗震建筑将会越来越多,以抵抗地震灾害,保障人们的安居乐业。

☞ 关键词: 抗震　弹性建筑

摩天大楼怎样防火

摩天大楼失火造成的重大损失和伤亡,已经引起人们的关注。各国政府都制订了有关防火的建筑法规,摩天大楼的设计在初步方案阶段,必须送交有关消防安全部门审批。

目前,摩天大楼的防火措施主要有以下方面:

每层楼面划分为若干个防火区域,它们相对独立,并能用防火实体墙分隔开来,各区域间的联系采用防火门,火灾发生时可以关闭,使火焰不能蔓延或延长蔓延的时间,以便疏散人群。

内部的走廊要布置成连通的环形,使火灾时慌乱的人群较容易找到疏散通道。环形走廊在方形、圆形、椭圆形等比较"厚"的摩天大楼中较易设计,如果是较"扁"的板式摩天大楼、风车形高层建筑就难以做到了,在不能避免尽端式走廊时,必须在走廊底部设置消防疏散楼梯。

下层和地下室的锅炉房、汽车库、油浸式变压器房、电焊气焊修理车间、厨房等容易引起火灾的房间,必须做防火隔墙。煤气管应该从外部直接进到厨房,而不应经过其他房间。

尽可能避免用煤炭、油料、液化气或煤气作动力燃料或采暖燃料,应采用比较安全且符合环保要求的电气设备。

建筑结构部分应严格按照规定的耐火等级,采用非燃烧体材料如钢筋混凝土或钢材,必要时还要用防火涂料保护,使之达到要求的耐火程度,满足疏散时间的要求。装饰性材料也应尽可能避免使用木材或塑料。高楼内还应设置有效的消防设备,如烟气警报器、消防喷淋龙头等,遇火灾时能自动报警、自动喷水灭火,以防火势蔓延。

专供消防人员使用的电梯,必须与疏散楼梯、电梯分开,以免火灾时消防人员与疏散人流的方向相反产生拥挤矛盾,影响消防及疏散。

除摩天大楼本身的防火能力外,国外已有调用空中救火直升机的先例。它既能在高空灭火,也能救援高楼中的人们,以弥补救火云梯高度有限的不足。

可见,在采取了一系列防范和救援措施后,摩天大楼的火灾还是可以控制和减少损失的。

☞ 关键词: 防火 摩天大楼

为什么摩天大楼中的电梯
只能分段设置

住宅建筑的层数超过 6~7 层时,通常需要设置电梯。一些大中型公共建筑,如办公商务楼、文体展览设施、医疗机构等,因人数众多和为了方便服务,也需设置电梯。

高层建筑层数愈多时，容纳的人数也多，设置电梯的数量也相应增多。如美国纽约的世界贸易中心双塔，高达 110 层，每天在大楼里工作的人员就有 5 万多人，外来客户和观光的游客每天多达 8 万～10 万人，加在一起几乎相当于一座小城市的人口。整座大楼完全依靠电梯上下交通，每一座楼设置了多达 100 余部的客用电梯和 4 部货用电梯。即使如此，在上下班高峰时间，所有电梯还是很拥挤，乘电梯花费的时间有时长达半小时。在摩天大楼中，上下交通所占用的面积，常常要占总建筑面积的 1/5～1/4。

　　摩天大楼布置电梯的特点不但是数量多，电梯停层的方法也与一般电梯不一样。试想一般电梯的载客量大约 15～20 人，每停靠一层，包括开门关门、电梯运行以及乘客进出的时间，就算仅花费 15～20 秒钟，那么运行 100 层就要 1500～2000 秒，即半个小时左右，一上一下要 1 个小时。这种直通上下的电梯，显然不适合现代生活节奏的需要。

　　用分段设置的办法，可以解决摩天大楼电梯运行的时效问题。仍以世界贸易中心为例：110 层楼分为 3 个区段，第一段从底层到 44 层，第二段从 44 层到 78 层，第三段从 78 层到 110 层。从底层大厅分别有 10 余部高速电梯直达 44 层、78 层和 110 层的高空门厅，在高空门厅中再换乘各区段的电梯。区段内的电梯也不是每层都停，它再分 4 个小区段运行，每个小区段大约 7～8 层。例如电梯可以先高速到达第 3 个小区段后再每层都停，这种形式很像公共交通中的"大站车"。这样设置以后，乘坐电梯包括转换电梯最多不超过两分钟。

　　电梯分段的好处还在于它可以在同一个电梯井内布置 3 部电梯，各自行驶在自己的区段里，节约了垂直交通的面积。

世界贸易中心每幢大楼只有 47 个电梯井,但却布置了 104 部电梯。

为了增加电梯容量,也有采用双层电梯的,好像双层公共汽车一样,可多乘一倍乘客,但要分单数、双数层停层。

为缩短乘电梯的时间,电梯速度也在不断提高。一般电梯速度为 200~350 米/分,高速电梯可达到约 500 米/分,正在研制中的电梯甚至能达到 750 米/分。

关键词: 摩天大楼　电梯

屋顶的旋转餐厅为什么会旋转

如果你走进一些现代化的宾馆饭店,如上海的锦江饭店、北京的西苑饭店等,乘电梯到顶楼餐厅用餐,就会获得一次奇妙的享受。原来,这儿的餐厅并不是静止固定的,而是在不停地转动着,这样,你只要坐在餐桌前,就可以通过四周玻璃窗户,鸟瞰到整个城市的景色。正因为它有如此特色,因此人们就将它称为"旋转餐厅"。

餐厅会旋转,难道整幢大楼也会旋转吗?当然不是。

实际上,餐厅的中央大圆柱、平顶和四周的墙面,都是固定在建筑物的基架上的,根本不能活动。而旋转餐厅之所以能旋转,关键是地面下的滚珠轴承在起作用。如果你仔细观察旋转餐厅的每个角落就会发现,餐厅内只有中央大圆柱与墙面之间的圆环部分能够转动。这是因为在圆环部分的地面下,均匀地安装了几十个滚珠轴承,使可转动的圆环部分均衡地支撑在建筑物顶层楼板的环形轨道上。

除了滚珠轴承外，餐厅中还有两个大功率马达，由它们驱动转动装置，带动圆环形的地面极缓慢地转动，通常每转一圈需要 1~2 小时。

☞ 关键词：*旋转餐厅　滚珠轴承*

建筑物能"搬家"吗

在城市改造过程中，新的建设规划常常与原有的建筑物相矛盾。通常人们所说的"拆迁"，实际上指房屋拆毁，居住者搬迁到新建住宅中。这一拆一建，使得建设费用大大增加，而且不少具有重要纪念意义或文物保存价值的老建筑也因此而毁于一旦。能不能不拆除建筑物，而使它完整地"搬"到一个新的地方呢？

早在 20 世纪 30 年代，前苏联的建筑学家就成功地将一幢两层的楼房完整地搬移了 250 米，还把一幢 5 层高的楼房移动了 7 米多。在房屋搬移的过程中，大楼的结构和内部设施完好无损。那么，建筑物又是如何"搬家"的呢？

首先，建筑物必须脱离原有的地面基础，在其底部垫入由型钢组成的台架。台架为平行于迁移方向的一系列很长的工字钢，每一堵墙的下面都设置了工字钢，既用于承受建筑物的重量，又作为移动的梁。整个台架与建筑物的墙体紧密结合在一起，加强建筑物在移动中的整体稳定性。在工字钢下铺有钢轨，一直延伸到搬迁的目的地。在工字钢台架与钢轨之间，插入用以滚动的钢管，或由高强度的滚轮小车来代替。准备工作完成后，就由牵引力极强的卷扬机，通过滑轮组来牵动钢制台架，载着沉重的建筑物平稳地移动。

通常情况下，房屋的迁移过程十分缓慢，速度被控制在8～10米/时的范围内。在这样低速而均衡的状态下，房屋一般不需要在整体上用钢材进行加固。据测定，房屋在迁移过程中所受到的震动，比一辆汽车从房前驶过造成的震动还要小得多呢！建筑物在被牵引到目的地后，还需要通过复杂的调节、平衡过程，才能逐步移置到事先准备好的新基础上，并加以固定。这样，建筑物就完成了"搬家"过程。

☞ 关键词：建筑物迁移

建筑物怎样利用太阳能

你看到过太阳灶吗？那大大的像雨伞一样的玩意儿就是用来收集太阳能的装置，只要将它对着太阳，便可烧水煮饭了。那么，建筑物能不能像太阳灶一样来吸收太阳能呢？

将太阳能集热板安装在建筑物的外面，利用收集到的太阳能为建筑物内的设施和人员所利用，这就是新型的"太阳能建筑"。世界各国对"太阳能建筑"都充满了期盼，尤其是那些能源紧缺而阳光充沛的国家。

德国在建造"太阳能建筑"方面走在了前面。该国正在实施一个宏大的计划：到 21 世纪初，全国城市住宅有 30% 以上主要依靠太阳能来供电。德国每年将在建筑物上新增 15 万平方米的太阳能集热板,仅在 1994 年,德国就有 12 个城镇对安装太阳能集热板的住宅实施优惠政策。例如,亚琛市政府规定,凡积极利用太阳能的居民,政府负责其太阳能集热设备费用的一半,而且由政府免费安装;波恩市政府也公布了一个"千户家庭太阳能电站计划",对拥有太阳能发电设备的住宅,由政府安装与公共电网相连的线路,对住宅多余的太阳能电力,政府全部收购,而且免收税金。由于这些举措深得人心,居民对使用太阳能建筑表现出很大的热情。

　　90 年代以后,光电池研制有了突破性的进展,其光电转换率由原先的 5% 左右提高到 10% 以上,这就给光电池大规模

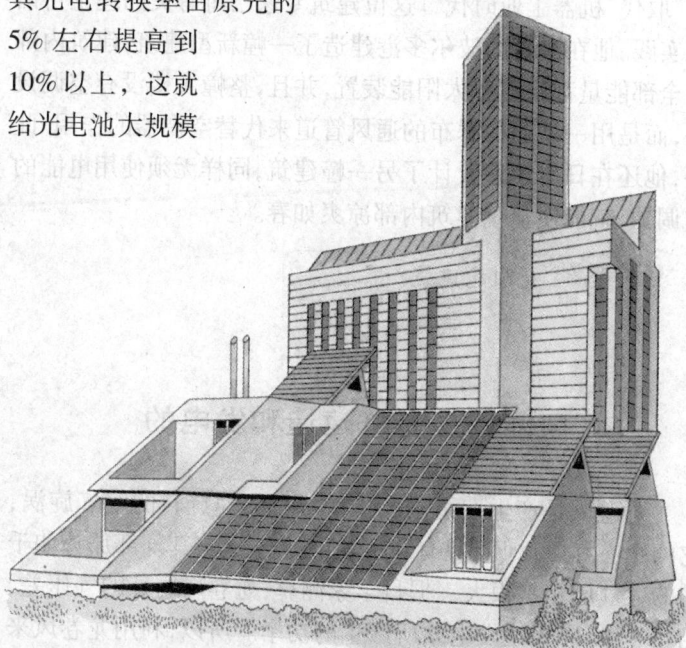

生产和推广创造了极为有利的条件。1993 年 12 月,德国弗登堡市建成了一座造型独特的"太阳能建筑":屋顶上共安装了 50 平方米的太阳能集热板,足以为住宅供应所需的全部电能,包括照明、热水、取暖、空调和其他家用电器用电。该住宅面积为 100 平方米,造价 150 万马克,考虑到政府的补贴和优惠,一般市民就买得起这种住宅了。

英国一位建筑学家提出了一种称为"21 世纪太阳城市"的构想。他认为,要想为日后的人类和动植物留下未受污染的土地、空气、水以及各种自然资源,人类必须最大限度地利用清洁的太阳能来建造"太阳城市"和"太阳建筑",用"太阳时代"取代"机器工业时代"。这位建筑专家已将有关的理论付诸于实践。他在法国的波尔多港建造了一幢新型建筑,建筑内部的全部能量都来自于太阳能装置,并且,整幢大楼没有空调设备,而是用一条通往瀑布的通风管道来代替空调器的作用。此外,他还在日本东京设计了另一幢建筑,同样无须使用电能的空调器,就能使整个建筑内部凉爽如春。

关键词:太阳能建筑

风能塔是怎样建造和发电的

龙卷风是产生在雷雨云中的一种急速旋转的空气旋涡,它的中心气压很低,只有 20~40 千帕,这与其外部那势如千钧的大气压相差很大。据科学家测算,龙卷风内外的气压差,相当于 10 座大型发电站所产生的功率。所以,利用龙卷风来发电就成为一项利益巨大的研究课题。

由于自然的龙卷风较难直接利用,因此,科学家设想用人造龙卷风来发电。研究人员研制出一种新颖的风能塔建筑,其四周用条板间隔成方格形小窗,朝风的小窗洞开,背风的小窗则关闭。风吹进塔后便开始旋转,形成"小型龙卷风"。风能塔底部装有螺旋形的风车转叶轮,当"小型龙卷风"在塔内形成并将下方空气向上吸时,叶轮转动,带动发电机发电。

科学家还尝试用太阳能制造龙卷风来发电:在风能塔的底部建造一座面积很大的圆形大棚,棚顶是透明的塑料膜,大棚的四周向中央逐渐升高,与中心的烟筒状风能塔相连。当大棚内的空气被太阳加热后,便流向高高的风能塔;气流的迅速流动带动塔中的叶轮转动,由此而产生的发电功率可达到70万~100万千瓦。

在辽阔的海面上,太阳的照射使热空气上升、冷空气下沉,形成上下流动的强劲海风。科学家仿照风能塔的原理,设计了一种巨大的筒状物,并让它飘浮在海洋上空。然后用人工方式引导气流在筒内上升下降,从而驱动涡轮机进行风力发电。

在利用风能塔发电的领域里,以色列科学家走在前沿。他们在气候干热的地区,竖立起高度至少为1000米的风能塔,并将海水泵到风能塔的顶端,再喷出后使之汽化,蒸发的气体使周围的干热空气迅速降温,生成的湿冷空气沿风能塔迅速下降,强大的空气流驱动安装在风能塔底部的风力涡轮机,并带动发电机发电。

可以预见,到21世纪,风能塔将成为一种重要的无污染能源开发方式。人类在利用人造龙卷风的过程中,还将会积累起足够的经验和技术，用以化解自然龙卷风的破坏力，并开始尝试如何利用自然龙卷风来为人类造福。

> ☞ 关键词：风能塔　龙卷风

为什么控制爆破既快速又安全

1995 年，上海市因建设高架道路的需要，必须拆除一座数十米高的大型图书馆。爆破在凌晨进行，仅仅在数秒钟内，只见庞大的建筑物就慢慢地塌下，成为一堆废墟。而相距十来米远的居民住宅，竟然连窗户玻璃都没被震碎。当附近居民从梦中醒来走出家门时，发现熟悉的建筑已在不知不觉中消失了身影……

原来,这次拆除工程使用了先进的控制爆破方法。在高楼林立、人群密集的大城市中,要拆除一些旧的大型建筑,曾经是一件很棘手的事:如果用人工一点一点拆除,时间长,效率低;但用一般的爆破方法,大面积的倒塌和飞沙走石,又给周围建筑和居民带来很大的安全问题。而控制爆破却能使这个矛盾迎刃而解。

在爆破以前,先在建筑物的一些关键部位安放好炸药,目前通常采用铝热剂炸药。埋放炸药的小孔,其位置、大小和数量,均事先经过精密的计算和设计。炸药埋好后,接上电动的引爆导线,这样就使各个部位的炸药能几乎同时起爆。起爆时,铝热剂剧烈反应,在一瞬间放出巨大能量,能使局部温度骤然上升到2000℃以上,并同时产生数万兆帕的高压,造成钢筋、砖石等迅速熔化、破裂。同时,这种爆破方法不会产生巨大的冲击波,所以,碎裂的建筑材料不会飞出很远,整幢建筑常常是在无声无息之中就坍塌下来了。

在通常情况下,埋在建筑中央的炸药总是比周围的炸药略微先起爆,这样就能使建筑的中央部分先坍塌,而周围部分顺势向中间倒去,从而减小倒塌时对周围建筑物的影响。有时,为了使建筑物能倾倒在周围指定的地方,还可以采用延时起爆技术,将各个爆炸点起爆的时间差控制在几毫秒间,使建筑物各局部先后倒塌,从而控制其倾斜的方向。

随着城市建设的高速发展和建筑密度的大大增加,控制爆破技术将会被越来越广泛地应用。

关键词: 控制爆破　建筑物拆除

为什么激光能为建筑物"美容"

在世界各地的许多城市中，尤其是在欧美国家的街道小巷两边，经常会看见一种不文明的现象，那就是在公共建筑的墙面上，甚至在古迹和雕像上，有许多影响美观的乱涂乱画。

由于这些图案常常是用油漆或油性颜料涂抹上去的，如何将它清除干净，实在是一件大伤脑筋的事情。

不久前，科学家研究出一种迷你型激光器，在为建筑物"美容"方面大显身手。这种激光器在1小时内，能将180米长、1.5米宽范围内的涂抹物清除干净。不管是普通颜料，还是各种油漆，只要涂抹在光滑的水泥面、大理石墙面或塑料贴面上，激光器的光波所到之处，建筑物表面的污物便一扫而光，不留下任何痕迹。

为什么激光器能为建筑物"美容"呢？

有人以为这与除去脸上黑痣的激光仪的原理差不多，其实两者完全不同。为建筑物去污的激光器并非通过灼烧方法，而是依靠光波和声波来工作的。它所发出的1000赫兹的绿色光波，照射到需要清洁的建筑物表面时，其中部分能量转化成声波。声波接触到建筑物坚硬的外表面时将被反射回来，这部分反射的声波与激光器光波转化成的声波，会与建筑物表面的附着物产生碰撞，并导致力量微小的"爆炸"，从而将建筑物表面的污物与建筑物本身分离剥落，达到清洁的目的。

☞ 关键词：激光去污

为什么梁的跨度越大，梁要越厚

建筑物像人的身体一样，要依靠骨架才能竖立起来，建筑的骨架称为"结构"，它的作用是承受重力，把房屋内的人和物的全部重，以及建筑物自身的重，都传递到地下的基础上去。

古代建筑的结构较简单，大量采用"梁柱结构"的方式，就是用两根木条或石条竖立起来作为柱子，下端埋在土中，在柱顶上横放一根称为"梁"的木条或石条，一排排柱子顶着一排排梁，再在上面架起屋顶，就完成了建筑过程。古代埃及和希腊的一些著名的神庙多以石料来建造，我国的宫殿、寺庙则常采用木料结构。一般居民的房屋要简单一些，常用砖或土坯代替柱子做成直立的墙架，但上面还是要有横梁来支承屋顶。

柱子和柱子之间的距离对梁来说就称"跨度"，即梁所跨越的长度。

每个人都有这样的经验：一根矩形的木条架空后，跨度增大到一定程度，木条中间会渐渐下垂；如果换作矩形木条的短边来架空，增加"立"起的木条的厚度（或高度），木条就不容易下垂了。在建筑中，梁的厚度与它的跨度的关系，正像木条的情况一样，虽然其中蕴含着复杂的力学原理（梁的上方受到压力，下方要承受拉力），但增厚的梁能够承受更大的压力和拉力，却是显而易见的。当梁的跨度逐渐增大时，它原来的厚度就不足以承受设计所需的重量，只有加粗加厚才不会断裂。我们在一些宽大的建筑里，常常可以看见上方有许多很粗的横梁，就是这个道理。

在一般条件下,设计一根钢筋混凝土梁,梁的厚度应是跨度的 $1/12 \sim 1/10$,也就是说,如果跨度是 6 米,梁的厚度应为 $50 \sim 60$ 厘米。

☞ 关键词:梁 建筑结构 跨度

为什么用拱券比用梁容易跨过更大的距离

梁在跨度很大时,常常要做得又厚又粗,但这样一来,梁本身的重量又会大大增加。一根截面为 1 平方米的石梁,如果要跨越 30 米的距离,本身就将近重 300 吨。石料是一种很耐压的材料,每平方厘米可承受二三千牛的重力,但承受拉力却很差(每平方厘米几百牛),而且石料本身还有许多裂隙和纹理。所以,一根 30 米长、300 吨重的石梁尽管很粗,但架空时即使不加重,自己也会断掉。

几十米的跨度,对现代建筑中的薄壳结构、网架结构、悬索结构等来说,是轻而易举就能解决的,甚至一二百米跨度也非难事,但对古代建筑的梁柱结构来说却是不可能的。然而,古代还是有许多跨度很大的建筑屋顶,像古罗马的万神庙,圆顶跨度达到 43 米(直径),它是怎样建造的呢?

在过去的建筑上,常常能看到有些窗或门洞的上面,是用砖块或石块砌成半圆形、扁圆形和尖圆形的形状,这就是“拱券”。拱券结构在古代的石桥上常有应用,还有一些如庙宇、教堂的顶呈半圆球形,这也是一种拱券,建筑上称之为“穹顶”。

为什么拱券可以跨过几十米的跨度呢？原来，拱券可以用一块一块砖块或石块拼接而成，不像梁一定要用整根的石料或木料。原因在于拱券受到重力后，它的内部并不产生拉力，主要产生的是压力，石块和砖块都是承受压力能力很强的材料，这样就能扬长避短，小块材料只要一块压住一块不松动，就不会分散开来，这就是拱券比梁容易跨过更大距离的原因。当然，在拱券的底部会产生向外的推力，拱券愈"扁"推力愈大，这就像人叉开两腿站立时，会有一种向外滑动的感觉，所以拱券结构的底部，要做牢固的厚墙或基础以抵抗推力。

现代建筑中的薄壳结构，其原理也和拱券相似，所以薄壳结构虽然很薄，还是可以跨过很大距离。

关键词：拱券结构　梁

为什么有些充气建筑有门
却不怕漏气

气承式充气建筑是靠鼓风机不断地送风充气，来维持整座建筑外形不变的。有人会问，充气建筑开着许多门，难道不会漏气吗？

其实，开门漏气是不可避免的，因而不能让它一直开着。充气建筑所使用的一些大门，都会在人进出后靠内外气压差自行封闭，在开门时虽然难免漏气，但其漏气程度远不足以影响充气建筑的造型。一只气球一漏气就会瘪掉，而气承式充气建筑的内外压差是很小的，日本东京竞技馆的内外气压差为

0.3%大气压，相当于9层楼和1层楼之间的气压差，进出时几乎没有异样的感觉。气承式充气建筑的内压不是固定不变的，它将依照外部气候情况而变化，比如在有强风时，内部压力要高一些，以抵抗风的压力。

充气建筑的防漏气门有许多种形式，小型的有活扳门、薄膜垂帘门、"悄悄通过"式门、唇门、气垫门等，它们的共同特点是靠室内气压稍高来压紧"门扇"，人进出后，门扇能自动密闭。这些门的形状大多是竖直起来的椭圆形，有些门扇是单层的，有些是两只气囊，靠气囊内稍高的气压紧贴在一起，进出时要稍稍用力推开气囊，人走过后气囊又自动紧贴封闭，气垫门即是如此。"悄悄通过"式门由两层薄膜"门扇"组成，靠室内外压力差贴在一起，进出时就在这两层薄膜间推开走过，很像在舞台上报幕的人在两层叠合的幕布间进出一样。

大一些的门常用"转门"和"气闸门"等形式。充气建筑的"转门"和一般的转门很像，只是密封性能更高，门扇有4扇或4扇以上，无人进出时密不漏气，有人进出而转动时，漏气量也很少，是使用较多的一种大门。

为运送物品、方便车辆进出的大门，通常"开口"要更大，开门的时间更长，这时就需要用"气闸门"。"气闸门"的作用和船闸相仿：在充气建筑的门口处有一间容量较小的过渡门道，称为"气闸"，气闸外还有一道能密闭的外门，把物品先运送到气闸内，然后关上外门，再用小型风机在气闸内充气，当气闸内压力和建筑内部压力相等时，再打开内部的门，物品就可以送进去了。气闸门也有用双层转门的，进出更方便。

关键词：充气建筑　门

288

为什么砖墙中还要做
钢筋混凝土柱子

在住宅建筑施工场地上，可以看到用砖砌墙时会留出一道竖直的方槽，然后放入钢筋网，挡上模板，再浇混凝土，成为一根钢筋混凝土柱子。但是，这种柱子并不承受重压，因为楼板是搁置在墙上的。其实，这种柱子的名称叫"构造柱"，它通常布置在住宅建筑的四角和突出部分的墙角上，以及每隔一个开间的墙和墙交接的地方，其高度要从基础做起，一直到屋顶为止。构造柱的作用只是抵抗地震，因此也称为"抗震柱"。

构造柱为什么能抵抗地震呢？原来，砖墙是用一小块一小块的砖砌起来的，从建筑来讲它的整体性不是很强，而构造柱可以增加墙的整体性能，弥补砖墙的不足。在住宅建筑的每一层楼板下面，也有一道水平的钢筋混凝土梁，它的粗细和构造柱大体一样。现在我们可以想像一下，如果把所有的砖墙都取消，剩下的就是竖直的构造柱和水平的梁，它们组成了一只巨大的钢筋混凝土"笼子"，非常坚实，它们和砖墙牢固地结合在一起，就能很有效地抵抗地震了。

当然，除了住宅建筑外，其他凡是用砖、石块或混凝土块砌成的承重用的墙，都要求做构造柱，这样才能非常牢固。

关键词： 构造柱　抗震柱

建筑设计是如何模仿生物结构的

大自然中的许多生物，常常具有一些令人叹为观止的天然结构，能极好地适应环境。如蜜蜂的巢是一种六角形的棱柱，多孔的结构使其显得既轻巧又牢固；蜘蛛网看上去又细又软，却具有极强的韧性；鸡蛋壳又薄又脆，实际上，蛋壳却能很好地使外力沿整个表面均匀分散；还有一种浮在水中的植物——王莲，它有一片直径约 2 米的大圆叶，薄薄的叶片竟然能托起一个小孩子，轻巧地在水面上漂来荡去……

生物界的这些奇妙现象，给建筑设计师很多启迪，制造出

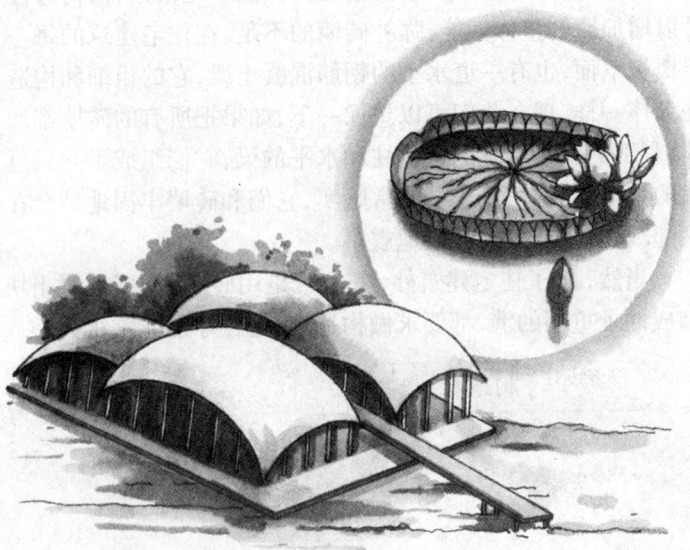

了许多仿生建筑。例如，人们发现，王莲的叶子背面有许多粗大的叶脉，形成一种网状的骨架，使叶面能承受很大的压力。而且，王莲的叶片还有许多孔道，这能使王莲具有很大的浮力。建筑师便模仿王莲的叶脉结构，在跨度约100米的屋顶纵肋之间，设计了波纹形的横隔，形如网状，使大厅顶面结构牢度大大加强。

蜂窝状的多孔结构也引起了建筑学家的兴趣。英国试制成功了一种蜂窝墙壁，中间填充着树脂和硬化剂合成的六角形泡沫状物质。这种墙壁不但大大减轻了整个建筑的重，而且具有很好的保暖性能，使住宅变得冬暖夏凉。

在建筑学家的眼里，蜘蛛网简直就是一个精妙无比的悬索结构，模仿蜘蛛网建造的大跨度桥梁和屋顶，将建筑的几何形状和力学特性结合得非常完美。而同样是从轻巧省料、牢固安全的观点出发，蛋壳结构给科学家以启发，建造出一大批薄壳建筑。薄壳建筑常见于一些大跨度的体育馆、展览厅，根据精确计算和精心施工而成的薄壳屋顶，厚度虽然仅数厘米，却能承受风吹雨打和积雪的压力，这不得不归功于蛋壳的奇妙特性。

除此之外，人们还根据鱼鳔的功能造出了充气建筑；模仿螺旋状排列的车前草叶片，建造出能最大限度获得阳光的楼房；仿照韧性十足的玉米叶，造出了外观奇特、结构牢固的玉米叶桥梁……可见，大自然中的许多奇妙现象，将会给仿生建筑设计注入具有创造性的灵感。

☞ 关键词：**仿生建筑**

什么是张力结构

张力结构是近 30 年来发展起来的最轻便、灵活、经济的屋盖结构，它是在悬索结构的基础上演变而来的，用撑杆或撑架拉上一系列钢索，再覆盖固定上篷布，就组成了各种造型奇特新颖、千姿百态的屋盖，所用篷布也因各种鲜艳的颜色，使整个建筑显得十分吸引人。

张力结构十分轻巧，而且施工方便，所以很适合于快速建造临时急需的建筑。1967 年加拿大蒙特利尔世界博览会上的西德馆，就是大面积采用张力结构的建筑范例。张力结构看起来和搭帐篷很相似，却要经受住自然界严酷气候条件的考验，如狂风暴雨和冬季的积雪，尤其是在建造永久性建筑时。所以，采用张力结构的建筑，篷布需采用质轻、强度高、耐高温低温、防火防尘和防紫外线的合成纤维、玻璃纤维、金属纤维以及各种新型涂料。由于篷布自身没有刚度，不能像梁、拱那样耐受一定压力，而只能承受拉力，因此必须在设计中使它一直处在被拉紧的状态，这样才能经受风雪的重压。通过计算机可以测定钢索形成稳定的曲面形所需的拉力，同时用计算机调整张力结构的曲面形状，使可能积水和积雪的区域大大减少。美国在迈阿密海滨建造的因特拉玛剧场，其篷布屋顶采用蒂夫隆玻璃纤维，强度达到每平方厘米可承受约 1000 牛的拉力，这种张力结构足以承受从佛罗里达海岸吹来的时速高达200 千米的强飓风。

此外，沙特阿拉伯著名的吉达国际航空港和首都利亚得的法赫德国王国际体育场、1972 年德国慕尼黑奥运会运动场等,都是用张力结构建造的大型永久性建筑的实例。

吉达国际航空港是为每年去麦加朝圣的穆斯林而建造的,高峰时每小时有 5000 多人到达机场。机场设计了 210 个 45×45 米的圆锥形张力结构屋盖,整个屋盖占地 405000 平方米,面积有 80 个足球场大小,被认为是世界上最大的候机厅。这一工程设计,由于技术先进、形式新颖,并能结合环境特点,因而获得 1983 年的阿卡·汗建筑奖。可见,张力结构完全能胜任大型永久性建筑的要求。

☞ 关键词: **张力结构**

为什么我国古代建筑的屋顶,
常常有翘曲的飞檐

我国古代有许多著名的古建筑,雕梁画栋,金碧辉煌,尤其是那瑰丽的大屋顶,屋脊带着柔和的曲线微微向四角翘起,彩色的琉璃瓦在阳光下闪烁,美丽极了!

可是,那些翘曲的飞檐难道只是为了装饰和美观吗?牢固、经济而适用,是房屋建筑的最基本要求。我们的祖先在建造各种类型房屋的实践中,大量采用木材做柱子和栋梁,构成能承受屋顶和上层重量的框架结构,并用来建造房屋,它具有室内布置灵活、隔间位置不受拘束、能随意开窗等优点。这种建筑技术早在3000年以前就已被我们的祖先所熟练掌握了。

但是,木构架建筑最大的缺点就是木料易于腐朽。我们的祖先想出在柱子的外侧包以较厚的墙壁,既能阻挡风雨寒流,使太阳热度不侵入室内，又可使梁柱不因风压发生偏斜而影响整个房屋的安全。然而，黏土筑成的墙坯外面仍经不起长期风雨的剥蚀，于是，人们又将屋檐做得向外挺出，以便更好地保护周围的墙壁。随着房屋的规模越来越大，墙身越来越高，屋檐也挑出更长。又宽又长的屋檐虽然保护了墙身，但也妨碍了室内的光线。另外，为了便于屋面排除雨水，就得把屋顶做成很陡的坡形。可是陡屋顶会使急泻下来的雨水溅得很高，这对墙脚、柱基都是不利的。

为了解决这些矛盾，古人设计出当时最理想的屋面：上部坡度大，下部较平坦，而中部略呈凹陷形状。这种悬挑出来向上反曲的屋面，不但采光好，也便于泄水缓冲，保护房脚。如果采取四面泄水的方式，它的四角自然而然地形成反翘，结果就

产生了斗拱飞檐的屋顶,从而成为一种美丽庄严的建筑。

关键词: **古建筑　飞檐**

中国传统的园林建筑有哪些特色

公园是节假日人们游玩休闲的好去处,人们在公园里观花赏鱼,小朋友还可以在儿童乐园尽情玩耍。公园对你来说可能很熟悉,但并不是每一个人都去过承德的避暑山庄、北京的颐和园,或者是苏州的拙政园,而这些才是中国最著名的传统园林,其园林艺术闻名世界。

在众多的园林艺术中,园林建筑是表现不同国家、不同城市和不同时代建筑特色的一个重要方面。那么,中国的传统园林建筑又有哪些特色呢?

中国的园林建筑,早在3000多年前的殷周时代就开始兴建了,当时称为囿。后来,在囿的基础上发展成以宫室建筑为主的宫苑。到了唐宋时期,民间的园林也有了很大发展,并在建筑形式和技巧上越来越精细完美,逐渐形成了中国园林最显著的特点——山水园。

中国园林少不了山和水,而且尽可能借用自然的山丘、河湖,如承德热河原来就有山石溪流,苏州拙政园则以天然的水源为基本条件。但更多的时候,则要通过一系列的建筑规划,才能建造出观赏效果最佳的园林来。例如在造园时,通过开凿池渠,挖掘出来的土石可以用来堆砌山坡,起到一举两得的效果。更何况,园林与天然的名山大川不同,园林中有了美丽的景物,还要有方便行走观赏和休息的场所,这就需要在山水之间,修建各种各样的建筑物。古代园林中,常常依山傍水修建了形式不同的亭台楼榭,以便文人墨客弹琴弈棋、赏景吟诗;在绿树花草的掩映中,设置了高低错落的轩斋堂屋,使游客在赏园之余可安居休养;还根据园内景点,布置了曲径通幽的回廊、小桥。这些建筑物既是为游览服务的,本身往往也成了意趣盎然的园林景物,与四周的山石水体、树木花草等自然景色配置精妙,相得益彰。

园林中的建筑物,除了一些亭榭之外,一般由多个建筑组合成群,并有种种样式的变化,如口字形、工字形、曲尺形、偃月形等。它们和园中的一些构筑物如码头、桥梁、墙廊、棚架等一起,构成了园景的构图中心。

中国的传统园林建筑风格,还因不同时期和不同地区有

所不同。秦汉时的园林称为宫苑，以豪华宏伟的宫室建筑为苑的主题，苑中有宫，宫中有苑，建筑布局虽然错落曲折，但往往有明显的轴线。而到了宋朝，宫室建筑已被淡化，而更着重于山水景色的和谐搭配，建筑物也根据景色来相应布置，所谓"小中见大"，"虽由人作，宛自天开"。这种风格延续下来，并逐渐形成了闻名于世的中国园林特色。此外，属于皇家行宫性质的园林，如颐和园、避暑山庄等，建筑气势宏伟、大气；而以苏州园林为代表的江南园林，则以小巧精致的建筑著称，仅仅是园中之墙，就有式样众多、透空灵巧的漏窗和观赏效果奇趣微妙的对景洞门等设计形式。

　　中国的传统园林建筑有很高的艺术价值和科学价值，这使它能流传百世、影响巨大。

☞ 关键词：中国园林　园林建筑　山水园

如何让城市建筑融合人与自然

　　现代城市建筑是自然能源的主要消耗者。据联合国统计，与建筑有关的能源消耗，占全球能耗的 50%，其中，建筑物取暖、降温和采光的能耗占全球能耗的 45%，建筑施工的能耗占 5%。我国建筑能耗占全国能耗的 25% 左右，随着城市建设和住宅发展，能耗也在逐年增加。

　　目前，城市中兴建的一些建筑，过于追求形式美观和空间效果，十分讲究室内装饰、灯光效果和恒温条件，营造封闭式环境，却忽视了对自然光线、温度以及通风的利用，加剧了居室能源消耗，也使人与自然隔离开来。而明智的建筑师对这种现象深感忧虑，他们认为，应提倡以"人与自然和谐相处"的精

神,充分利用太阳能、风能等可再生性资源,因势利导地利用当地气候、地势、水域以及植被等自然条件,合理地从事建筑设计,减少对人工能源的依赖,从而营造出与自然融合为一体的建筑环境。

例如,在布置建筑群体组合时,应尽量利用绿地、大小道路以及河流,采用点线结合方式,以减少对夏季凉风、冬季日照的遮蔽,尤其应避免在旧城区盲目建造高楼。就住宅单体而言,应设计便于形成自然通风的结构,屋顶应有隔热设施,外墙以淡色为主,起居室、客厅、厨房和卫生间尽量都能采集到充足的自然光,从而减少人工照明。对一些公共建筑设施而言,也应本着人与自然相互交融的精神,将娱乐、餐饮等场所设计成半开放式的室内环境。

建设街区也是营造融合自然的人居环境的重要组成部分。设计街区园林,要注意改善当地的小气候,注重绿色植物和水域的布局,不宜过多地铺砌硬地和设置建筑小品,以充分发挥绿地和水体的遮阴、调温、减尘等功能。通过巧妙地规划室外场地,来为居民提供舒适的休息和交往场所。

从可持续发展的观点来看,城市建筑融合人与自然,应当是城市建筑业的至高境界。

👉 关键词:城市建筑　建筑环境

为什么建筑物也要有"生命"

在人们的概念中,建筑从来都是用砖块、石料、泥土、混凝土、钢材、木料等没有生命的材料建造起来的，而科学家却正在设想，未来的建筑应该具有"生命"功能。1994年，15个国家的科学家在美国聚会，提出运用新材料和新技术，建造与生物界相仿的、能感受外界和自身变化并作出反应的建筑物，这就是崭新的生命建筑的构想。

生命建筑有哪些特别的功能呢？

首先，生命建筑有能获得"感觉"的"神经"。加拿大和美国科学家将光纤维或压电聚合物制成厚仅200～300微米的压力感应薄膜，并把这种"神经"埋在房屋、道路、桥梁中。这种"建筑神经"不仅能"感觉"到整座建筑或桥梁内部的受力变化，甚至能感应检测到一辆汽车开过时，桥梁所受的震动和桥的变形。如果桥梁产生裂缝，"神经"信号就会中止，从而便于预防，并能及时查出建筑的隐患所在。

其次，生命建筑还具有"肌肉"，对外界变化能很快作出反应。桥梁损坏的主要原因，是车辆在行驶中产生的共振，损坏的薄弱环节是用不同材料合成的梁。而用能自动收缩和舒张的智能材料，如电热控制的记忆合金，就可改变梁内部的力和形状，使梁的振动频率变化，使桥梁承受振动的能力增高10倍。正在研究中的其他"肌肉"材料还有压电陶瓷、磁致伸缩材料、电磁流变液体等，它们已经在一些建筑上试验成功。

生命建筑要有能自动调节控制的"大脑"。在一座大型生命建筑或桥梁内，会有许许多多的"神经"和"肌肉"材料埋在关键部位，它们之间的相互作用也十分繁复，需要有一个控制和协调的中心，这就是生命建筑的"大脑"——一台大型计算机，它具有能判断、决策并进行协调的程序，对重要程度不同的部位所传递的信息，作出迅速的反应和处理。

生命建筑可以减少质量事故,降低自然灾害的损害,延长建筑的使用期限,保护生命财产,节约能源,是继航天事业后又一重要的系统工程。

关键词：生命建筑

为什么说建筑能反映城市的个性

一个城市犹如一个人,它也应该有它自己独特的个性。"君到姑苏见,人家尽枕河。古宫闲地少,水港小桥多。"这首诗将"水乡城市"苏州的城市风貌和特色作了生动的描写。

由于地理环境、自然条件以及风俗习惯、文化修养、宗教信仰的差异,人类创造了不同形式、不同风格的建筑和城市,呈现出千姿百态、各具风采的个性。古希腊和古罗马雄伟的柱式、哥特式建筑的飞扶壁,有流动跳跃感的巴洛克建筑,以教堂尖顶为中心呈放射状道路的城市格局,给人们留下了深刻印象;由400多座桥梁沟通了整座城市的意大利威尼斯城,以其独特的交通方式和著名的圣马可广场使世人为之倾倒;以黄昏美景著称的伊斯坦布尔,其拜占庭风格的清真寺尖顶组成了起伏多变的城市轮廓线;金碧辉煌、如火炬般跳跃的屋顶和葱头式尖塔,则构成了古老的俄罗斯城市特色;巴黎和伦敦以风格统一协调的美闻名于世;北京则是以一片蓝灰色的居民屋顶和千顷碧树衬托着红墙黄瓦的宫殿建筑群,构成了东方城市的辉煌和大气;而上海则以外滩的"万国建筑博览"著称于世……

与这些富有特色的古老城市相比，现代城市形象正在趋向千篇一律，这不能不说是一个遗憾。如何保持城市的个性，成了城市规划师和建筑师首先必须考虑的一大课题。

在城市交通日益高速化的情况下，建筑群的动观和静观对于决定城市的风貌特色，起着日益显著的作用。历史遗存下来的优美的古建筑群和壮观秀美的新建筑群，常常给城市特色的

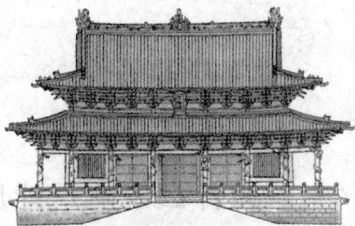

形成绘出了基调。欧洲的许多著名城市都精心保护着历史建筑群所形成的城市轮廓线，以此作为城市的骄傲。即使在其中插入一些新建筑，人们也总是千方百计在色彩、形式或材料等方面，把它们设计得与古建筑协调一致。

此外，许多名城还拥有自己杰出的雕塑和标志性的个体建筑，它们几乎成了该城市的城徽。如哥本哈根的"海的女儿"、华沙的"美人鱼"、平壤的"千里马"、广州的"五羊"等。在法国和意大利的一些城市，雕塑几乎把城市变成了艺术博物馆，使来自世界各地的游人感到心旷神怡。当然，标志性建筑也是城市形象塑造的点睛之笔，如北京的天安门、悉尼的歌剧院、多伦多的市政厅、巴西利亚的三权广场建筑、布加勒斯特的洲际旅馆等，这些标志性的建筑，使城市和市民之间建立了感情上的某种联系，这正是现代城市所追求的精神功能。

☞ 关键词：建筑　城市个性

为什么不同国家的建筑
有不同的色彩特征

不同的国家和城市，其建筑常有不同的色彩偏爱。意大利的罗马有很多橘黄色建筑，这种色彩使城市显得深远；英国的城市色彩大多是茶色；而西班牙南部地区的城市建筑大多用白色；日本则喜欢灰色调。

不同气候的国家，城市色彩各不相同。热带国家的城市建筑，一般喜欢用色彩较鲜明的冷色调，如几内亚、赞比亚、坦桑尼亚的一些城市建筑，多用天蓝、白色等光度较高的淡色调；而寒带气候的国家，城市建筑色彩习惯用黄、橙等庄重深沉的暖色调。

不同宗教信仰的国家，城市色彩亦各不相同。信仰基督教的希腊，用色彩去加强城市中大理石神庙的视觉效果，把用碑像雕塑装饰的山墙正面，涂成浅蓝色或赭石色，给城市增添了幽深的感觉。而我国古代以黄色为尊，都城的色彩以黄、红为主，北京故宫用金黄色琉璃瓦做成宫殿屋顶，并配以朱红色的大柱子，烘托出封建帝王至高无上的尊严。

城市色彩是构成城市建筑美学的主要因素之一，也是改善城市环境功能的一个重要手段，它对城市建筑物的造型起着装饰美化的作用。在城市建筑中，由于色调不同，使建筑物之间的空间距离和视觉感受发生了变化，建筑物本身的着色，以及它与周围建筑色彩的协调，对城市环境和人的心理都有一定的影响。

建筑色彩的选择，在局部上要考虑与周围道路、地形、绿化协调统一，使建筑物在环境中显得完整自然，配置得当。而从整个城市的角度来看，建筑的色彩一方面要注意与所在城市的气候、地理和自然景观的色彩协调统一，更要重视与城市的历史和文化背景相吻合，在建筑色彩上体现出城市的气质和特色。因此，一座城市应制订长远的景观色彩规划，并在这一整体规划的指导下去安排局部建筑物的色彩。只有这样，才能使城市景观色彩富有层次和韵律，并体现出具有浓郁感情色彩的城市美。

关键词：**建筑色彩**

为什么要保护城市中的古建筑

城市中的古建筑是一笔财富、一种象征、一段历史,它记载着这个城市的文化背景和精神渊源。

第二次世界大战中,波兰首都华沙 70% 的地区遭到战争重创,绝大部分古老的历史建筑毁于一旦,而波兰人民把这些文化遗产看做是国家和民族的精神支柱。所幸的是,二次大战前,华沙工科大学建筑系毕业设计的题目,就是"绘制华沙城的历史建筑"。学校的老师把这些图纸珍藏到战后,结果,这些图纸在重建华沙城时,起到了很大的作用。

1962 年,日本正处于推行高速的经济发展政策时期。有人想将建于 8 世纪的日本古都奈良的古城市平城京,改建为铁路公司的车库。平城京是模仿中国唐代古都长安而建造的一座古城,是一份具有相当价值的历史文化遗产。当时,日本

许多有识之士坚决反对，最后终于制止了这场大规模的破坏古迹的活动。

那么，保护城市的古迹具有什么意义呢？1976年，联合国教科文组织第19次全会上，对历史环境问题提出了五个观点：一、历史环境是人类日常生活环境的一部分；二、历史环境是过去存在的表现；三、历史环境给我们的生活带来了多样性；四、历史环境能将文化、宗教、社会活动的丰富性和多样性最准确如实地传给后人；五、保护、保存历史环境与现代生活的统一，是城市规划、国土开发方面的基本要素。

意大利是世界上旅游观光最发达的国家之一，意大利政府曾计划把那些古老城市整个儿送进历史博物馆去。当然，现在他们认识到，古代建筑是全体人民的遗产，只有把居民居住与保护历史城市结合起来，才能使之成为真正的观光资源，没有人的生活就没有文化的存在。而英国的《历史环境保护法》中的一些做法，现在也正成为世界上大多数国家的共识。他们规定：在历史城市周围，应该完备汽车道路、停车场，不能让任何汽车进入保护地区内；保护地区内一定要有人居住，并以不损害历史环境为前提，积极地使每个建筑物具有新的使用功能；要注重古建筑外表修复和保护；应该建立具有半官方、半民间性质的组织，负责保护、整修方面的计划和管理工作。

保护城市古迹，使城市更具有文化的意味，这是城市风格中最浓重的一笔。

关键词：**古建筑　历史环境**

现代建筑和后现代建筑有什么区别

建筑的历史几乎和人类的历史一样久远。原始人类的建筑是用树枝、泥土、树叶、兽皮等搭建起来的棚屋,外形、结构十分简陋,只为躲避风霜雨雪,防御野兽的侵袭,谈不上什么造型和艺术。

后来,各国各朝的帝王为了炫耀权势和享受,以及出于宗教的需要,大量营造陵墓宫殿,这些建筑常常外观宏伟,布满各种装饰和雕刻,建筑本身开始表现出各个民族、国家和时代的艺术性和建筑风格。

到了现代社会,人们之间的交往日益频繁,随着科学技术迅速发展,生产和生活节奏加速,人口大量增加,快速、大量地建造公共建筑成为必然趋势,古代建筑上那种花时费工的装饰、雕刻因此被简略掉了,并从而产生了一种称为"国际化"的现代建筑:线条简洁、大玻璃窗、外观呈盒子状等。比如,一段时期盛行的"玻璃盒子"建筑,其外观十分接近,常常只是屋顶形式略有区别,以至于有人说,现代建筑只要设计屋顶就可以了。

但是,建筑的潮流也和服装一样,随着时间的推移,建筑的风格便会发生变化。在单调的现代建筑风行了一段时间后,出现了一种"后现代建筑",它并不是现代建筑的后期或晚期,而是现代建筑的对立派。

"后现代"是十分广泛的思想潮流,在绘画、雕塑、诗歌、文学和哲学等领域同样存在。"后现代建筑"在表现形式上可以分为较多的代表派别,但其精髓就是把"装饰性"的内容仍搬回到现代建筑单调的造型上，让建筑更富有个性和特色。例如，把古希腊、古罗马的柱子和柱饰，用来装饰"玻璃盒子"的大门口，或者在屋顶上面布置些柱廊、圆顶等；在我国，则有将牌坊和大红柱子与现代建筑结合在一起的实例，甚至在新建筑上故意设计一些断墙、残壁、倾斜的柱子等，以营造一种"古迹"的氛围。后现代派认为，建筑应当是一种艺术文化，不只是以物质需求的满足为目的。

☞ 关键词：现代建筑　后现代建筑

为什么蓬皮杜艺术文化中心
造得像工厂一样

建成于 1977 年的蓬皮杜艺术文化中心，位于法国巴黎市中心区的浦堡广场，建筑面积达 10.3 万平方米，地上 6 层，地下 4 层。建筑内部有现代艺术博物馆、公共图书馆、工业和艺术设计中心、音乐和声学研究中心以及夜总会、餐馆等，广场上还有花市、马戏场和画廊。无疑，这里是巴黎的一个重要的公共游览场所。

到过"蓬皮杜"的人都会对它的建筑风格留下深刻印象：它就像一座巨大的工厂，每层宽 48 米，长 168 米，巨大的空间相当于 2 个足球场大，而中间居然没有一根柱子。"蓬皮杜"主要由钢铁和玻璃组成，钢铁的支架、柱子和管线都布置在外面，丝毫不加掩饰，而且为了区分它们，还用强烈的色彩加以涂饰；玻璃管道状的自动扶梯上下穿梭，游客在其中既可看到蓝天白云,也能清楚地看到整个层面中的情况。

巴黎中心区很少有高大的现代建筑,都是低层而风格优美的古典建筑,在这样的艺术氛围中,风格特异的"蓬皮杜"显得特别引人注目,对比强烈。与传统的文化艺术中心不同,"蓬皮杜"空空荡荡的内部在要举办展览时,才根据需要临时布置隔断和框架;展厅内没有固定的参观路线,图书馆也完全开放;在展厅内看电视、打字、显微阅读时会互相干扰;行政办公、咖啡座、自动扶梯换乘处人流不息……难怪有人称它为"文化市场"。

"蓬皮杜"的设计方案是从681个国际竞标方案中脱颖而出的,由意大利的皮阿诺和英国的罗杰斯两位青年建筑师合

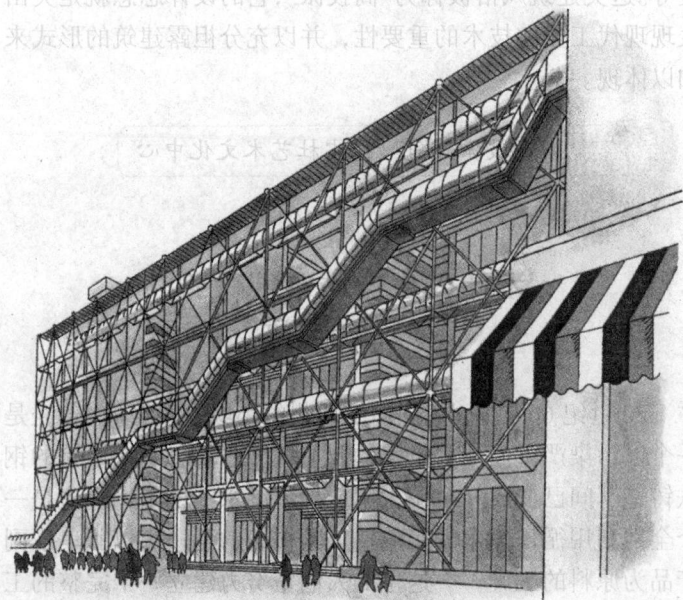

作设计。他们认为,建筑物是像城市一样灵活和可变的框子,人们在其中应该有按自我方式行事的自由,而自由和变动性就是建筑的艺术性……这座建筑物像条货船,又像是个图解,人们能很自然地看懂它,它的"内脏"外露,表露得一清二楚。

对此,有人表示不屑,更有因其反传统的建筑形式而大声咒骂者,当然,热情赞美者也很多。但无论如何,"蓬皮杜"开幕后因丰富多彩的内容吸引了大批参观者,其盛况超过当年埃菲尔铁塔落成的庆典。人们在透明的管道中随电梯悠闲地移动,观看着广场上精彩的马戏表演,更多的人则把这里当成是开眼界、长见识和玩乐的好去处。

与"蓬皮杜"相似的建筑还有位于柏林的国际会议中心大厦等。这类建筑风格被称为"高技派",它的设计思想就是突出表现现代工业和技术的重要性,并以充分袒露建筑的形式来加以体现。

> 关键词: **高技派建筑　蓬皮杜艺术文化中心**

为什么生态城市能做到 "零废物排放"

20 世纪 60 年代,美国田纳西州的小城查塔努加,曾经是一个以污染严重而闻名全美的制造业中心。而如今,原有的钢铁铸造车间已变成一个用太阳能处理废水的工厂,旁边是一个全部利用循环废水的肥皂厂,紧挨着的是一家以肥皂厂副产品为原料的工厂……这里的人们正努力建立一个完整的工厂网络，其中每家厂如同自然界中生物链上的每一种生物一样，都能有效地利用另一工厂的副产品，从而完全消除废物，避免环境污染。

无独有偶的是，丹麦沿海城市卡伦特堡的工业布局，也利用了生态学的原理：烧煤的发电厂将热蒸汽由管道输送给炼油厂和药厂，余热供给附近的养鱼场；发电厂擦洗器产生的石膏，售给当地的泥石板制造厂，后者还利用油厂的废气烧炉烘干泥石板；炼油厂则把冷水用水泵送到发电厂，作为清洗和锅炉用水；养鱼场和药厂的有机污泥中富含微生物，则被用作农田肥料……

在美国得克萨斯州的布朗斯尔，工业生态系统的策划者从50家本地企业和100家其他工厂，收集了有关原材料、副产品、能源、工业用水和废热等方面的信息，并将它们输入计算机程序，弄清当地资源和产品的余缺情况，从而确定合作伙伴。专家们认为，一个正在形成中的工业生态系统，既需要昂贵的新技术，但更需要的是信息。因此，"零废物排放"也就成了许多发展中国家可能达到的目标。在斐济和纳米比亚，有2个城市已制订规划，要将啤酒厂的变质麦粒、发酵沉积物和废水等副产品喂养家畜、鱼类和肥田，用于生产沼气和用作蘑菇的培养基；而巴西、印尼、坦桑尼亚等国已开始研究棕榈油、波罗麻加工业和制糖、造纸业的"零废物排放"生产了。

"零废物排放"的理论基础是工业生态学。在自然生态中，一切物质都是在生物之间不断循环利用的，因而没有"废物"的概念。工业生态学家由此获得启发，认为通过循环方式可消除工业生产中的废物。而要做到这一点，则需要充分利用原材料，尽可能地回收生产中的副产品，以系统的观念将其作为生

311

产过程中的中间产物来加以转化、应用。可以预见，以"零废物排放"为目标，向生态城市发展的方向，将给国家和城市带来持久发展的生命力。

☞ 关键词：生态城市　工业生态系统　零废物排放

什么是田园城市

在许多现代大都市，高楼越来越多，人口越来越密集，交通越来越拥挤，并由此带来了严重的能源和环保问题。其实，这种典型的"城市病"，早在19世纪的英国伦敦就初见端倪了。当时，伦敦城终日大雾弥漫，泰晤士河黑臭无比，整个大都市就像是免疫系统出了大问题。100多年前，一个名叫霍华德的英国人，认识到了大城市盲目膨胀的悲剧性后果，并提出了"田园城市"这一崭新的概念。

"田园城市"又称为"花园城"，由1个中心城和6个卫星城共同组成。中心城人口约5.8万，卫星城人口约3.2万。中心城有6条放射性干道向四周辐射，与卫星城相连。每座城市内部由一系列同心圆组成，中央是一个占地约20公顷的公园，外围分布着市政厅、音乐厅、剧场、图书馆、会场等公共建筑，再外围则为商业设施。从商业街朝外是一条宽128米的林阴道，其间有学校、教堂、花园住宅等。花园和绿地将城市按不同功能分开，使城市如同一个大花园，城市中心及周围都在绿色的环抱之中。

然而，一个世纪以来，霍华德的"田园城市"理想，从来没有在任何一个城市的规划中实现过，因为它完美得有些脱离实际。不过，这一设想中的合理成分，还是受到了人们的重视。建筑专家提出一种被称为"未来紧凑城市"的设想，就很有些"田园城市"的影子。

在专家们的眼中，未来的"紧凑城市"是由很多个中心构成的。每一个中心就像"田园城市"中的卫星城，住宅、工作场所、商业区、娱乐区及花园绿地等结合在一起，这样，在每个中心内，居民只要步行或者骑自行车就可以满足日常的生活需要了，从而大大减少了汽车废气的污染。随着新技术的不断投入，未来城市的交通模式可能会发生较大的改观。联合国人居中心的布赖恩·威廉斯介绍说，在不少国家，能大量载客的有轨电车正日益发挥重要作用；另外，目前还出现了一种铁路、公路两用车，这种车既能在铁轨上行驶，又能开上公路，兼具火车和汽车的优点，使各个城市、各个居住中心之间的交通确实变得很"紧凑"了。

这种"紧凑城市"的布局将能最大限度地利用城市空间，并可以将对汽车的依赖减小到最低程度，从而达到减少污染、保护环境的目的。

☞ 关键词：田园城市　紧凑城市

为什么要建立数字化城市

前不久，欧盟宣布了一项大胆的计划：在欧洲建立 10 个或更多的"数字化城市"，荷兰首都阿姆斯特丹成了计划中的首选。

　　"数字化城市"是什么样的呢？这是一个在现有电话线基础上建立起来的全市范围的计算机网络，人们可以通过电子方式获得公用文献，并且能在互联网络上与立法者一起讨论从最低工资到城市建设等各种各样的问题。除了阿姆斯特丹，其他一些城市如纽卡斯尔、斯图加特、安特卫普和斯德哥尔摩等也开始自行进入了计算机网络空间。

　　然而，仅仅只有城市的数字化是不够的，它还需要每个"小单元"都与之相适应，否则就如同有了高速公路但没有汽车一样。因此，诸如数字传呼机、数字移动电话、数字电视、数字广播，甚至数字化家庭、数字化的人等都将出现，并与数字化城市建设相匹配。例如，数字化的多媒体电脑将取代普通的电视机，它不但可以接收电视节目，也可打电话、看电子杂志等；它管理着家庭能源消耗，主人可适时监视家用能源的消耗量；当主人在路上驾车时，可以通过电脑联网遥控家中的电脑，用于"电视购物"；当主人将一盘录像带放入录像机，电脑就会自己调到一定的频道，立体声音响也自动打开；当门铃或电铃响起来时，真空吸尘器会自动停下来；当主人外出度假时，家中的电灯则处于半随时开关状态……总之，在数字化技术的统一调度下，家庭中的所有电器都处在一种同步协调的状态。

　　在这个庞大而严密的"数字化"计划中，城市中的每一个单元、每一个人都被打上了数字化的"印记"，如居民身份证号码、电话号码、传呼机号码、单位或家庭的门牌号码、银行信用卡号码、汽车驾驶证号码等等，少一样都不行。这样的举措既便于管理，又十分安全。

未来学家指出，人类步入信息化社会面临的第一场革命，就是数字技术的革命，21 世纪将是"数字化"的天下。

☞ 关键词：数字化城市　计算机网络

未来城市的地底下将会是怎样的

1863 年，在英国伦敦建成了世界上第一条地下铁道。当时的地铁客车是靠蒸汽机牵引的，它在隧道里一边行驶，一边突突地冒着黑烟，熏得地铁车站周围和乘客们的脸上都是黑黝黝的。到了今天，世界上已经有 30 多个国家的 60 多座城市建成了地铁，我国北京、上海、广州等大城市都已修建了地铁，不久，深圳、青岛、南京和重庆等许多城市也都将有自己的地铁。现在的地铁大都采用电动机车，不但空气干净多了，速度也比原来快得多了。

其实，地铁只是城市地下空间开发和利用的一个方面。我们知道，城市居民每天使用后的污水，都是通过地下水管道排放到集水管中的，而集水管不仅汇集了来自各个家庭的污水，还有大量从工厂里排出的废水。所以，集水管通常要造得很大很粗，世界上最大的污水管足有两三个人那么高！大大小小的下水管和集水管连在一起，在地下形成了一条条长长的管线，分布到城市的每个角落。这些管线由于是和人们的日常生活密切相关的，所以也就最早在城市的地下出现。今天的城市地下，除了排水管线外，还有自来水、煤气以及通信和动力电缆等各种各样地下管线。

那么,未来的城市地下会是什么样子呢?

未来的地铁将不再是几条简单的线路了,它将在地下形成四通八达的交通网络,并与地面上的铁路、高速公路和高架道路纵横连接起来。而如果从地铁车站乘坐电梯下行,就可以到达地下更深层的地方,那里将开辟成一片片的地下商场、地

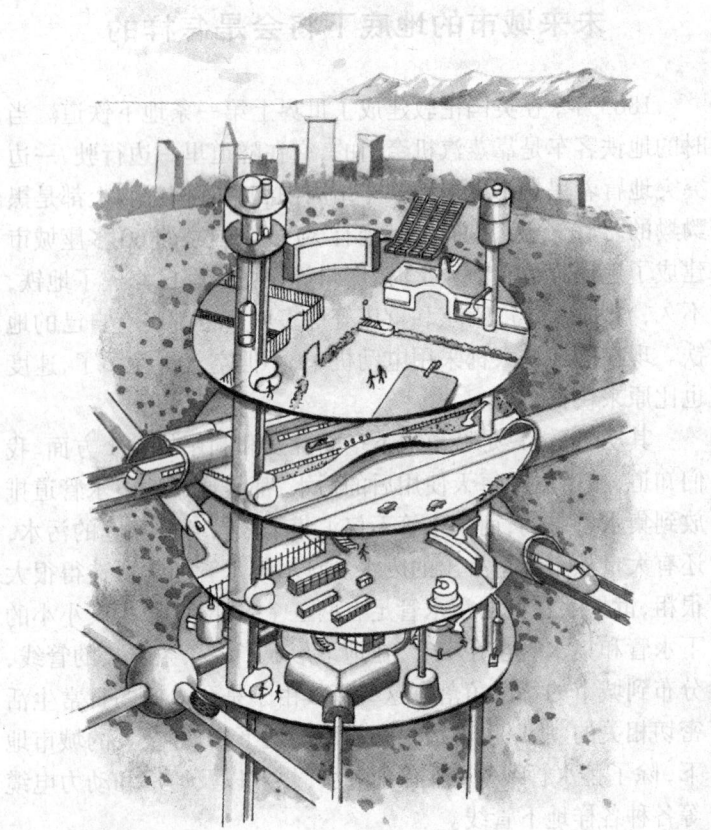

下餐厅、地下娱乐城、地下影院、地下歌舞厅和地下体育馆等，这些地下设施由宽敞的地下马路连接，人们在地下城中漫步，感觉和在地面上完全一样。

除了商业和公共娱乐设施外，未来的地底下还将建成重要的厂区、地下仓库和地下停车场。例如，大型污水处理池就将被搬到地下，使流入排水管道的污水直接在处理池中进行曝气和沉淀，通过微生物降解使之净化；同时，即使城市遇到特大暴雨，也可以通过地下水渠用大功率水泵排放，使下水道中的污水再也不会泛起，以免污染地面上的河流。此外，未来城市的许多工厂也将搬迁到地下，从而形成城市的地下工业区。这样不仅减少了地面的污染，而且通过在原来的厂区建设大片绿地和公园，从根本上改善了城市居民的生活环境。

👉 关键词：地下城市

未来的海洋城市会是怎样的

海洋是一座巨大的资源宝库，随着陆地资源的枯竭及陆地空间占有率的加大，人类社会将向海面和海底发展，"海洋城市"的出现只是时间问题了。

日本现已建成了一座人工岛海上城市，位于神户南3千米、水深12米的海面上。该岛长3千米、宽2千米，岛的中心区建有可供4500户2万人居住的中高层住宅，拥有商业网、中小学、医院、邮电局等设施，还修建了3个公园和1座体育馆，以及1个可以同时停泊28艘万吨巨轮的深水码头。

日本著名建筑师丹下健三还提出了"海上东京城"的设计方案。他的构想是,先在海上造出漂浮的"月台",其稳定性已被证明完全可行;然后再在"月台"上铺设人造土地,并在上面建房修路。此外,他还建议,将城市居住区与管理和商业部分布置在东京湾上,以桥梁与"海上东京城"相连。"海上东京城"计划既保留了海湾的航行功能,又利用了海上空间,使东京城向海上延伸。

　　"海上机场"不仅能减轻地面的空运压力,减少飞机噪声和废气对城市的影响,而且还可以使飞行员视野开阔,保证了起飞和降落时的安全。现已建成的"海上机场"有日本的长崎

机场、英国伦敦第三机场、美国纽约拉瓜迪亚机场等。日本海洋开发建设协会还提出了面向 21 世纪的"海上机场城市"的设想。他们计划在距陆地约 40 千米的海面上建造一个用支柱支撑的双层大型结构体：上层是具有 4000 米长跑道的飞机场，可以 24 小时起落超音速飞机，其面积与东京国际机场、伦敦希斯洛机场相仿；下层建有国际会议厅、国际金融中心、旅馆、饭店等建筑，构成一个可以进行经济、文化交流的"海上城市"。

海底的开发和利用也正在为人们所重视。为了沟通海港和海峡两岸的交通和联络，许多国家修建了海底隧道、海底管

道。如日本青函海底隧道，全长约 54 千米，是目前世界上最长的海底隧道。有些国家还在开发建造海底军事基地，因为海底是人造卫星的盲区，更符合军事上保密的要求。

☞ 关键词：海洋城市

未来的立体城市会是什么样子

未来的立体城市会是什么样子？科学家们对此有多种设想。

英国建筑师提出了别具风格的设计方案：建筑的中心是钢筋混凝土井筒，其中放置着电梯，每一层楼都有 2 条末端带有挂钩的悬臂，上面悬挂着塑料的壳式居住单位，远看上去就像悬挂在树上的鸟笼。

美国建筑师设想的未来大楼像一个大书柜，但是，"架子"上放的不是书籍，而是盒子状的住宅单元。这些住宅单元是预制好的，由直升机进行运输和吊装，用"旧"了的住宅还可以像换家具一样地更新。还有一种塔式"蜂窝楼房"，在每个"蜂窝"里装进一个住宅单元，好像是一个独立的小院，较好地解决了楼层内居民的相互干扰问题。房屋可以根据住户的需要进行选择和更换，解决了城市人口密度大、用地紧张的矛盾。

悬浮建筑是一种高空悬挂房屋，在地面上架起高大的立柱，上面绷紧着坚固的缆网，住宅就悬挂在半空中的缆网上，下面的空地上可以布置公园、树林和湖泊。人们既可以生活在高高的空中，也可以到地面上散步活动。与此相似的悬拉结构房屋也是一种构思新颖的建筑。它由 6 个多层结构排列成一圈,倾斜结构由设置在不同高度上的坚固金属网联结着,悬拉部分为公共设施,如饮食店、体育馆、电影院、俱乐部等。

倾斜式房屋方案是又一种奇特的未来立体建筑:在很长的地段上,伸展着一系列用坚固而轻巧的材料制造的房屋;倾斜的建筑中间是多层金属网,网上挂着多层的街道;由透明材料制作而成的屋顶,使室内既明亮又保温;在其中间设置了为该小区服务的公共机构和生活设施,还有室内庭院和花园。

☞ 关键词:立体城市

在 21 世纪末将会出现什么样的建筑

在即将到来的 21 世纪中,人类居住的建筑将会变得更舒适实用、更多样化和更富有想像力。

当大多数人展望 21 世纪时,一些建筑科学家已经把目光瞄向遥远的 22 世纪。他们根据科学发展的速度、人口的变化、环境的影响等多种因素,提出了种种大胆的推测。

大约在 21 世纪末,我们周围那些常见的固定建筑将会被淘汰,取而代之的是各种各样的活动住房。由于活动住房具有可变性,因此在设计时应考虑到怎样使住房形状很容易地发生变化。例如,采用铰链和滑板可以重新安排和连接墙壁与楼顶,使楼房形状变化无穷,楼房内的房间也可扩大或缩小,或长方形,或多边形,甚至可移动到楼房中的不同地方。

与此类似,屋顶也将会改变原来永久不变的形状,能按程序变化出各类设计好的外形。楼房内装置的计算机系统可根据预先确定的命令模式来控制用于运动的动力系统，使许多楼房发生转动，让具有太阳能电池板的一边总能面对太阳。

随着21世纪的结束，全世界将出现更为丰富多彩的建筑形式。此时，建筑师们已把他们的挑战目标逐渐转向地球之外的区域。宇宙空间已成为国际公有的领土，在那里，一些主要的工业强国都有了一座或多座空间站，并将在月球上也建立一大批永久性的居住地。

对于月球这样的几乎不受地球引力的地带，传统的建筑思想将会被推翻，科学家将提出全新的建筑构造思想。在月球上，质量和比例的概念与地球上完全不同。而且，它因为处于强烈的阳光和无边无际的黑暗这一对比鲜明的环境之中，甚至连色彩也不同于地球。原先在月球上的空间居留地，仅仅只是一种基本的工程庇护场所，那里配备的也只是一些生存必需品。但到了21世纪末，月球上也会出现与地球上有些相似的建筑物。

☞ 关键词：未来建筑

海上钻井平台是如何经受住海浪冲击的

辽阔的海洋蕴藏着无数的石油能源和矿物宝藏，开发海洋已成为现代高新技术发展的一个很重要的领域。海上钻井平台，就是一种进行海上作业的基地。它屹立在海面上，通常有几千平方米的甲板，上面有各种大型机械设备，如巨型吊车、高高的钻探井架、各种采矿机器，还有存放仪器和供工作人员生活的房屋等。

许多人以为，钻井平台的下部一定是牢牢地建筑在海底岩石上，否则它怎么能稳稳地挺立在波涛汹涌的海面上呢？

其实，海上钻井平台有很多种，它们的固定方式也各不一样。最早的驳船式钻井平台诞生于 1937 年，驳船上安装着钻井设备，作业时将驳船底"坐"到海底，但船体并不全部沉到水下；开采结束后，驳船连同设备上浮，再航移到另一个井位。显

然,这种钻井平台只能在浅水处作业。后来出现了沉浮式钻井平台,它由立柱支撑在海底,钻井设备可上下沉浮,因此能适应在几米到几十米深的海洋中钻探。而浮动式钻井平台实际是一种特殊的船体,它完全是靠巨型船锚来固定位置(后来又发展成动力定位)。不过,这种完全漂浮在海面上作业的平台形式,不太可能在气候易变、风浪强烈的远海海面进行有效的作业,很容易受风浪影响而停工。

为了克服以往钻井平台抗风浪性差的弱点,人们自然而然地想到了在海上建造固定的钻井平台。1947 年,在墨西哥湾建成了世界上第一座钢导管架固定式平台。固定式平台虽然稳定性良好,但其耗资巨大,所用材料也十分惊人。目前最大的固定式钢结构平台,建在水深 312 米处,重达 59000 吨,耗资 2.75 亿美元;而最大的钢筋混凝土平台总高度达 271 米,总重达到 36.7 万吨,耗资将近 20 亿美元! 而且,这种钻井平台被固定在一个地点钻探,利用率受到根本性的限制。此外,固定式钻井平台如要向更深的海底进军,消耗的资金、材料将成倍增加。

有没有一种更好的钻井平台形式,既具有良好的抗风浪性能,又能转移钻探地点以提高使用效率呢?钻井平台设计师的目光又回到了活动式平台上,并设计制造出性能优异的半潜式钻井平台。

半潜式钻井平台的最大优点就是稳定性好。它由数根立柱将巨大的平台支撑出水面,长长的立柱深入海水中,下方有浮力很大的巨型浮箱,通过调节浮箱内海水的容量来控制整个平台的深潜程度,这和潜水艇的原理极为相似。由于浮箱所处的深度位置海水动荡较小, 而近海面部分冲击力较大的海浪对立柱的影响又相当有限，因此大跨度的半潜式钻井平台稳定性非常好，足以承受12级以上的大风和20～30米高的海浪。

随着海上钻井平台技术的不断发展，一种更新型的张力腿式平台又出现了。这种平台在半潜式平台的基础上，利用特有的张力腿结构，将平台临时锚固在海底基础上，并充分发挥了钢制垂直构件耐拉性好的特点，更好地限制了钻井平台横向漂移的倾向，能在近千米水深的海上钻探。可以预见，海上钻井平台的不断发展，将为人类开发海洋作出更大的贡献。

关键词：钻井平台　半潜式钻井平台　抗风浪性

人类真的能在宇宙中建城市吗

随着地球上人口的日益增长和航天技术的迅速发展，走出地球、建立"宇宙城市"，将不再是"痴人说梦"的事情。

宇宙空间站是人类建立宇宙城市的第一步。目前，由欧洲和美国、加拿大、日本等国联合研制的一座永久性民用载人空间站，耗资数百亿美元，预计于21世纪初投入使用，它的寿命为20～30年。利用这个空间站可以进行多学科的探测和研究，对太阳系乃至宇宙进行进一步的观测，还可以把它作为飞向其他星球的载人飞船的中转站。这种宇宙空间站是人类征服太空的一项宏伟工程，它既体现了当今世界高度发展的科学技术，又是人类向新的科技领域迈进的一个重要里程碑。

月球基地是人类建立宇宙城市的另一个方面。首先，在月

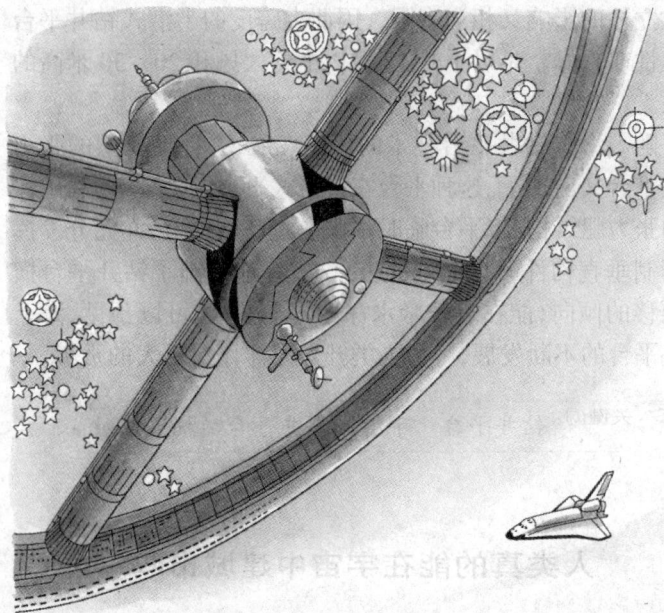

球自动探测器和"阿波罗"载人登月飞行的基础上,发射月球多用途基地舱,建立月球基地前哨站,对月球进行探测、研究和实验,并利用月面飞行器对前哨站周围地区进行探索;利用小型实验装置从月球土壤中提取水、氢、氧;利用各种小型观测台开发天文学和对地球的观察;在月球上试验液体状食物的生产和月球资源的开发技术等。第二步是在月球上建立半永久性基地,建造多用途基地舱、专用设备舱、大型观测台、科学实验室和工厂等,用火箭推进的大型月球飞行器对整个月球进行全面观测。第三步是建立永久性月球基地,它除具有半永久性基地的各种功能外,还能进行金属和非金属矿物资源的开采和冶炼。基地还将建造设备制造厂、植物工厂、医院、学校、图书馆、旅馆等多种设施，逐步发展为"月球城市"。

美国普林斯顿大学的奥尼鲁教授还对悬浮在宇宙空间的宇宙城市作了这样的描绘：这是一个直径和长度分别为数千米的巨大环形体，通过自转对其内部壁面产生压力，其内部拥有空气和河流，具有与地球相似的环境，有一面壁是巨大的透明窗，用来调节太阳光……

关键词：宇宙城市

建筑物和构筑物有什么不同

我们对建筑物非常熟悉，住宅、电影院、电视塔、办公楼、生产厂房等都属此类。但是，构筑物这个名字就不常听说了，它和建筑物有什么区别呢？

其实，构筑物也是很常见的，像烟囱、自来水塔、高压线塔、工厂中的冷却塔、自来水厂的过滤池、污水处理厂的污水池等等，都属于构筑物。

建筑物和构筑物之间的区别是，人们可以在内部进行生产或生活活动的称为建筑物，而人们不能在其内部进行生产或生活活动的，就称为构筑物。

不过，在现代建筑中，常常出现多功能性质的构筑物，这使它们和建筑物难以区别。比如，作为构筑物的水塔是蓄水用的，但是在科威特首都的海岸上，修建了三座造型独特的水塔，不但能用于蓄水，其中的一座大型水塔上部，还有游览观光室和旋转餐厅,这显然已经具备了建筑物的特点。

水坝本来属于构筑物,但是有些大中型水坝的水力发电厂房,直接建造在大坝的内部,因而也具有了建筑物的性质。

☞ 关键词:建筑物　构筑物

互通式立交有什么特点

交叉路口是交通的要点,它一方面方便了车辆和行人调整行进的方向,另一方面,又由于路口的红绿灯的管理,或多或少地降低了道路的通行能力。

环形交叉的方式虽然可以缓解路口交通滞塞的问题,但在交叉路口车流量极大时,环形交叉仍显得无能为力。据分析,当交叉路口的车流量达到每小时 4000～6000 辆时,就需要采用"立体交叉"的形式来解决了,这就是我们常说的"立交桥"。它的最大优越性,就在于避免了红绿灯的时间限制,不同方向的车流可以各行其道,互不影响。

在众多的立交形式中,互通式立交的通行能力和功能相对比较完善。互通式立交又称立体枢纽,它与各条道路间用匝道互相连通,车辆可以方便地通过匝道,在不同高度和方向的道路上变换行进的方向。互通式立交的通行能力很大,但占地较多,投资也多。有时可以根据实际交通特点,如限制某一方向转弯车辆,以保证主要道路的车辆畅通;或减少一至数条转弯用的匝道,建成不完全互通式立交。

互通式立交在设计形式和功能上,又可分为许多种类。如苜蓿型立交适用于高速公路或市郊环路上；喇叭型立交适用于三岔路口；定向型立交设有多个专用车道，常用于高速公路；迂回型立交常用于延长左转弯车辆行驶路线；环型立交更适合于设在多岔路口，能保证主干道直行车辆的畅通。可见，不同形式的互通式立交功能各不相同，要根据实际交通情况来设置。

1928年，美国的新泽西州建成了世界上第一座互通式立交；1985年，我国天津建成了三层互通式立交。现在，我国许多城市都建造起互通式立交，对解决日益拥挤的城市交通问题起了很大作用。

> 关键词：立交桥　互通式立交　立体枢纽

为什么要修建隧道

自古以来，修路架桥一直被看做为民造福的举措。在现代社会，道路和桥梁也被认为是经济发展的基础，它就像人身上的血管一样重要。可是，人们在修建公路或铁路时，不可避免地会遇到高山、河流的阻挡。在传统的"逢山开路、遇水架桥"都难以实施的情况下，修建隧道可能是一种最实际有效的方法了。

穿山而过的铁路或公路隧道，比起开辟盘山铁路或公路要简捷得多；而当大海挡住去路而又不便架桥时，海底隧道又像孙悟空上天入地的法术，使我们能顺利地到达彼岸。除此之外，隧道还有许多功能，比如用作城市地下排水或给水的隧道，为铺设煤气管道或大型输电线路开通的隧道，地铁隧道，为农业灌溉之需开辟的引水隧道，以及用于国防军事的专用隧道等。

开通海底隧道曾经是天方夜谭般的梦想，但在今天已成为现实，并正夜以继日地为人类服务。例如穿越英吉利海峡的海底隧道，全长50千米，其中有37千米在海底下40米深处的白垩岩上穿过。隧道直径为7.3米，建有两条铁道。英吉利海峡海底隧道于1987年7月动工，1993年竣工，是欧洲最大的土木工程之一。这条隧道的开通，使从巴黎坐火车到伦敦的时间缩短至3小时，对欧洲尤其是英法两国的经济发展起到了重要作用。

世界上已建成的最长海底隧道要数日本青函海底隧道了。它穿越日本津轻海峡，将日本本岛与北海道连接了起来。它全长53.85千米，最深处离海面240米，隧道内径9.6米，

可开通一列高速列车和一列普通列车。整个工程耗资 45 亿美元,参加修建者超过 1000 万人次。同时,工程也获得了 19 项专利技术奖,并刷新了多项世界工程纪录。目前,日本至韩国的海底隧道也正在规划中。这条隧道全长 235 千米,其最深处离海面 300 米,它的建成,又将是人类对自身极限的挑战。

随着社会的发展和现代化的需求,隧道建设已越来越多地影响着人们的生活。我国最早建成的江底隧道——上海打浦路黄浦江隧道,及以后的延安东路黄浦江隧道,已成为浦东高速发展的重要动脉,使人们在很大程度上摆脱了轮船摆渡的麻烦,同时也为今后修建更长、难度更大的海底隧道,打下了良好的基础。

关键词: 隧道　海底隧道

修建水坝时,为什么要
设置筏道和鱼道

水坝又被称为“拦河大坝”,它把河流截断,使水坝上游的河水汇集成水库。水库中的水面高于水坝下游的水面,从几米到百米以上。这一方面可以把洪水期的水汇集在水库内,避免下游洪水泛滥,使农田免受灾害,又能在枯水期把积蓄的水排放到下游灌溉农田或用于养鱼业。另外,还可以利用水坝上下游的水面落差发电,蓄水湖本身也能用于养鱼业,还可以开辟成旅游、休养地等,因而有很多的好处。

但是,建造水坝对河道本身也会产生许多不利影响。比

331

如，原本在河流上通畅行驶的船只，会受到水坝的阻拦；如果河流上游是木材采伐区，大量砍伐后的木材本来可以顺水漂流而下，既方便又节约能源，也因水坝的修建而出现问题。此时，可以通过修建升降船闸，使船只自如地升降航行；还可以修建特别的筏道，以使木材漂流通行无阻。在河坝上用于排放单根或分散木料的通道称为"泻木槽"，而排放成捆木排或木筏的就称为"筏道"。筏道有宽有窄，既可以单独建造，也可以和船只的通道结合考虑。

水坝修建后还会产生一个重要问题，那就是河流中鱼群的洄游线路被阻隔。我们知道，很多鱼都有周期性的洄游习惯，像生活在海洋中的大马哈鱼，总是要到内河上游的支流中去产卵，长成幼鱼后再游回大海；而鳗鱼、鲡鱼等淡水鱼却要游到海洋中产卵，长成幼鱼后再游回淡水河流中。所以，对于在河流中来来往往洄游的鱼群来说，在拦截河流的水坝上开辟"鱼道"是必不可少的。

鱼道的建造并不简单。鱼类有逆水而上的能力和习性，但水流速度过快，鱼就难以游向上游。而且，大鱼小鱼对水流速度的要求不一样，所以，鱼道设置要根据河流中洄游鱼类的种类和大小来确定水流速度，有时要分别建造大小鱼道，或在同一鱼道中用有孔隔板形成不同水流速度来解决。鱼道的进口还要使鱼容易找到，鱼类常喜欢在河流靠岸边处生活，鱼道一般就应设在水坝的边孔或靠岸边处。此外，水位的变化、流量大小、进口位置高低等因素也都要考虑周到，这样才能使鱼道发挥积极的作用。

☞ 关键词：**水坝　筏道　鱼道**

为什么河堤要筑得下宽上窄

汹涌澎湃的浪潮日日夜夜不停地冲击着河堤，但是河堤依旧屹立着。

不错，浪潮老是用力推呀推呀，一心要把河堤推倒，让它自由自在地泛滥。这种河水横向的压力，是与河水的深度成正比的。也就是说，河堤底部受到河水的压力，要比上部受到的河水压力大得多。由于河堤的重力是竖直向下的，它与浪潮横向的推力会产生出斜向的合力。如果把河堤建造成上下一样宽的形状，浪潮的横向推力与河堤的重力的合力就很有可能越出河堤的底部，河堤就会倾倒；如果把河堤造得非常宽，虽然能挡住河水的冲击，但显然要花费更多的人力和建筑材料。因此，把河堤筑得下宽上窄，正是适应河水压力的变化，不仅节约了材料，并且使合力不致越出河堤的底部，因此，可以使河堤站得更稳。

另外，把河堤筑成坡度，也能防止泥土倒坍下来。河堤造得下宽上窄还有一个好处，就是使堤底地基单位面积承载的重压比较小，减轻了堤底的负担，使堤坝能站得更牢固。

👉 关键词：河堤

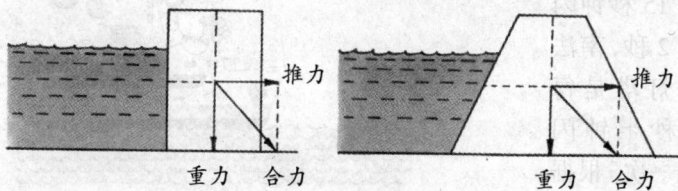

为什么灯塔上的光要一闪一闪

灯塔有着很悠久的历史，古埃及亚历山大港的法洛斯岛上的灯塔，就曾被列为古代世界七大奇迹之一。引导船只航向的灯塔，通常建在沿岸的高处，或矗立在凸起于海浪中的岩礁上，它那明亮的灯光引导着无数船只避开险恶的礁石，沿着正确的航向行驶。

有趣的是，灯塔发光并不是一直亮在那里，而是很有规律一亮一灭地闪动。这是为什么呢？

显然，明灭闪动的灯光更容易引起航船的注意，这是灯塔光间隙闪动的根本原因。不过除此之外，每座重要的灯塔闪灭的频率是不一样的，例如西利群岛瓦尔夫灯塔的闪光是每隔15秒钟闪光2秒，南法楞灯塔是每2秒半钟闪光一次。根据

334

闪光间隙的特征，航行者就可以从航海图上查到这是什么灯塔，它所处位置的经度和纬度是多少，灯塔附近海域有什么暗礁等情况，便于航船及时采取措施，找到安全航道。

有时候，海面上的大雾会限制灯塔的光芒，这时可以由灯塔发出警报声，来补充或代替灯光导航。虽然在有了无线电导航和更为先进的全球卫星定位系统等导航设备后，航向的控制变得更为精确了，但对于一般的渔船、游艇、驳船、小货轮来说，灯塔的闪光依然还是不可缺少的指路明灯。

关键词：灯塔

人类如何在水下居住

很久以来，神秘的海底世界就一直吸引着人类。人们幻想着，能像鱼儿一样在海里自由地遨游和生活，在珊瑚丛中建造起现代化的建筑，人们可以像在陆地上一样方便地生活和工作……

事实上，科学家已经在海底建造了很多小型的水下居住室，如美国的"西莱布2号"水下居住室，就是在水下62米深处落脚；而法国的"大陆架3号"水下居住室，则更是建造在水深100米的地方。

水下居住室的壳体是采用特殊材料制成的，可承受海洋深处的巨大压力。其顶部呈圆锥形，这样能分散水中的巨大压力；构筑建筑物的所有横梁和支柱，都是高强度的特种钢管；居住室内部的布局呈放射形，客厅居中，其他房间则围绕在四周。

水下居住室的内部完全是干燥的,空气、淡水和食品都通过特种管道从海面上运来,人们在其中吃饭、睡觉、看书、写字,都不需要穿戴任何潜水设备。水下居住室里充满了含氦80%、氮16%和氧4%的变压混合气体,这种气体可在水下居住室内循环使用。为了补充人体消耗的氧气和分解人体排出的二氧化碳,科学家采用锂的氢氧化物对二氧化碳进行分解,并将人体呼出的二氧化碳气体进行冷冻,使之转变成干冰后再去除。

据测算,在水下居住室生活,每人一昼夜需要消耗14650焦耳的热量。为此,水下居住室装备了高能蓄电池,方便人们取暖、照明等生活之用;水下居住室还准备了富含营养而且不污染环境的高蛋白食品,用来避免人体排泄物对水下居住环境的影响。有了这一切,人们才能在水下更好地生活。

关键词:水下居住室

为什么一座桥有几个桥孔

跨越河流的桥梁由桥墩来支撑,桥墩之间的桥孔长度就是桥梁的"跨度"。显然,跨度越大,桥梁上的负荷就越多,所需要的桥梁"强度"也就越高。桥梁的强度,决定于制造桥梁的材料和材料构成的型式。但是,不论用什么材料或什么型式,桥梁的强度都有一定的限度,这就决定了桥梁的最大跨度。如果桥下河流的宽度大过这个最大跨度,也就是大过一个桥孔的最大长度,那么,这座桥就需要有几个桥孔了。

同时,桥墩的强度也是决定桥梁最大跨度的一个因素,因为桥梁上的负荷随着跨度的增加而增加,而这增加出来的负荷是要由桥墩来承担的,这就要求桥墩的强度也要随着加大。桥墩的强度虽然也是由材料和型式来决定的,但它不像桥梁强度有限度,因为桥墩是建筑在土石上面的,它的强度可以用加大宽度(如矩形桥墩)的办法来加大。

很显然的是,跨越同一河流的桥,如果桥孔少,桥梁的跨度就大而桥墩的数目少;桥孔多,那么桥梁的跨度就小而桥墩的数目多。一般说来,桥梁的成本是随着跨度加大而依照跨度的平方比来增加的,而桥墩的成本却是依照桥墩数目和每个桥墩的体积来增加的。所以,一座桥的最合理的桥孔数目,应当使全部桥梁的成本等于全部桥墩的成本。

还有一个特殊问题,是决定桥孔多少的关键,那就是在水流很急的河流中,桥墩数目应当愈少愈好。

此外,桥孔的多少与美观也是有联系的。因为桥孔的多少是由整个桥梁的型式决定的,而桥梁的型式又要和桥梁四周环境相配合。

☞ 关键词:桥梁 桥孔 桥墩

为什么有的桥造得高,有的桥造得矮

桥梁的作用就是要接通河道两岸的道路,但如果桥与两岸道路一样平,虽然行车是方便了,却往往会隔断航路,影响桥下船只的航行;如果把桥造得很高,不但施工难度和成本大大增加,而且桥与两岸坡度也会增加,上下桥面的交通变得不太方便。桥上和桥下的交通矛盾如何解决呢?这就有高桥和矮桥两个方案。高桥是由行船的需要决定的,矮桥是由行车的需要决定的。

在高桥方案里,桥面比河边道路高,这就需要在桥和路之间有个"过渡",把路面逐渐抬高,使路上车辆能够平缓地上桥和下桥。如果桥面和路面的高度相差不多,可把路面逐渐填高,直到与桥面相平为止。如果桥面高得太多,就要用造"引桥"的方法来使岸上的车辆逐渐爬高,直至能平缓地上下江河的正桥。我国的长江大桥就有很长的引桥,它就是水上"正桥"的延长。有时,当桥面与路面高度相差太多的时候,引桥的长度甚至可能超过正桥呢!这样,桥下行船和桥上行车就都方便了。

矮桥的桥面一般与河边道路的高度相差无几,因而在桥

与路之间通常不需要筑引桥。为了方便行船，可以把桥梁中的一孔做成活动式，大船通行时，桥面转动或开启，两岸车辆停止通行，让大船在活动桥孔下通过，这样就能兼顾水陆交通的双重需求了。

☞ 关键词：桥梁　桥面高度

为什么赵州桥能历经千年而十分稳固

赵州桥位于河北赵州，修建于公元 591～599 年的隋代开皇年间，距今已有 1400 年之久。赵州桥不仅建造年代久远，而且它所采用的独特的"敞肩式"石拱桥形式，在我国古代桥梁史上是一项重大的创新技术成就，在世界桥梁史上名声显赫，为中外石拱桥所普遍继承，也被现代钢筋混凝土拱桥所广泛应用。

赵州桥是单孔石拱桥,横跨于洨河上,桥原长 50.82 米,净跨度为 37.02 米。它所采用的"坦拱"形式,使桥的坡度较为平坦,也给上下桥的道路交通带来方便。

赵州桥在桥两端的"肩部",砌有几个空透的小"桥洞",这一形式是赵州桥的设计师李春的创举,欧洲直到 1883 年方才出现类似的敞肩式拱桥。采用敞肩的优越性很多。首先,它使桥的重量减轻了 15.3%,也减少了基础所受的压力和下沉的程度,同时还节省了材料、缩短了工期。其次,敞肩结构可以让洪水通过,减轻了洪水对桥台的冲击压力。这些都是赵州桥千年不倒的重要原因。

赵州桥的整体性也十分稳固,它的主桥孔由 28 道排成拱形的巨大石块紧压砌成,共计用去 1204 块巨石。为加强石拱之间的联系,拱顶用 9 根铁拉杆横向扣牢拱券,拱石之间都用铁榫咬合成整体,并在桥外侧用 6 块"钩联石"拉牢,防止石拱向外倾斜,这样就大大加强了赵州桥的整体稳固性。

在保证桥体稳如磐石的基础上,"坦拱"使桥形显得修长轻灵,"敞肩"使桥整体观感虚实有致,大大增加了赵州桥的艺术性。

赵州桥单孔跨度 37.02 米的纪录保持了 1000 多年,直到 19 世纪中期才被法国诺若大拱桥超过。而 12~15 世纪欧洲建造的几座著名石拱桥,如亚维农拱桥、维埃勒勃里荷特桥等,均晚于赵州桥建造,却早已毁损无遗,唯有赵州桥至今仍巍然挺立。

👉 关键词:赵州桥　敞肩式拱桥

为什么要建造活动桥

活动桥也称为"开启桥"或"开合桥",它因桥面可以活动而得名。活动桥的形式很多,如桥面能够上下移动的称为"升降桥",能够上下开合的称为"立转桥",能够水平转动的称为"平转桥"。

在很多情况下,建造活动桥是因为受地形条件的限制。当河流上有大的船舶要航行通过,建造固定式桥时桥孔下的净空高度要求就很高,如果河岸很低,引桥的坡度就要很大,同时引桥会很长,这时就可以考虑采用活动桥的办法来解决。

"升降桥"是将桥中间通行船舶处的桥面和结构,设计成可以升降的形式,通过船只时升起桥面。升降部分两端有桥塔,顶部装有滑轮,用缆索和等同于桥面总重的钢锭来控制调

节桥面升降。世界上第一座升降桥是美国1894年建成的芝加哥南霍尔斯特德街桥。1959年在美国霍顿建成的一座铁路公路双层升降桥,当通过中型船只时,只需将下层的铁路桥面升到上层公路桥面处即可,这样就能保证公路交通依然通畅;只有通过大型船舶时,两层桥面才全部升到顶部。建成于1985年的我国天津塘沽海门升降桥,中间可升降处的跨度为64米,塔楼则高达45米。

"立转桥"的桥面很像古代城堡中的吊桥,既可以一分为二地向两端翻起,也可以整段桥面向一端开启。立转桥桥面启动的原理和升降桥相似,操作比较容易,速度也较快。建成于1894年的伦敦桥,就是一座著名的立转桥,它跨越泰晤士河,开启部分的跨度达到103.63米。

"平转桥"是在水平方向上开启的活动桥,它很像为航行的船只打开的一扇门。平转桥要求在河道中间建造一座较大的圆形桥墩,桥面和结构能环绕圆形桥墩上的支座转动90°,这样,两旁的河道就可以通过船只了。世界上最大的平转桥是埃及的苏伊士运河桥,主桥墩两边的跨度各为160米。

☞ 关键词:活动桥　升降桥　立转桥　平转桥

斜拉桥在结构上有什么特别之处

斜拉桥是第二次世界大战后发展起来的新型桥梁形式,也称斜张桥。斜拉桥由塔柱、缆索、主梁、桥墩等部分组成:塔柱高高地竖立在桥面上,用来固定缆索;粗大的缆索一端固定在塔柱上，另一端拉牢桥的主梁；主梁的上面铺设有行车道路，也就是桥面；挺立于江河中的桥墩，既有支撑桥梁的作用，更重要的是用来固定塔柱。

斜拉桥的主要特点是，通过许多缆索直接把主梁拉牢在塔柱上，使桥面之重主要由塔柱来承担，这样就充分发挥了钢材的抗拉优越性，同时还有节约材料、施工方便等优点，这比其他结构方式的桥梁所能达到的跨度都要大得多。例如加拿大安纳西斯岛桥的跨度达到465米，上海杨浦大桥的跨度则达到602米。

塔柱是固定缆索的主要结构，用钢材或钢筋混凝土建造，通常和桥墩密切联结，这样整体性较好，也有和桥墩分开而和主梁联结的设计形式。塔柱的形式很多，有双柱式、门式、单柱

343

式、倒 V 形等。

缆索由高强度钢索制成，形状和功能也有很多种。由于缆索承受着牵拉整个桥面的"重担"，它的重要性自然非同一般。而且，一组组粗大的缆索本身就是斜拉桥的标志，缆索的排列方式根据桥梁设计的需要和塔柱形式的不同，形成了各自的特点和风格。

1955 年，瑞典首次建成了钢结构的公路斜拉桥——斯特伦松德桥，主跨 182.6 米。我国在 1975 年首先于四川建成云阳斜拉桥，以后的济南黄河斜拉桥跨度已达 220 米。1992 年和 1993 年相继在上海黄浦江上建成的南浦大桥和杨浦大桥，则成了新一代斜拉桥的代表。其中，南浦大桥塔柱高 154 米，呈 H 形，桥梁跨度达 423 米，缆索排成美观的竖琴形。主桥下净空 46 米，可通航 5 万吨级巨轮。而杨浦大桥塔柱更是高 220 米，跨度达 602 米，是世界上跨度第二的斜拉桥。它的塔柱为倒 V 形，两侧共有 256 条斜拉钢索。主桥上设有宽敞的 6 车道，桥下净空达 48 米。

☞ 关键词：斜拉桥　斜张桥　塔柱

什么叫悬索桥

悬索桥也就是吊桥，它是在河流两岸拉起悬空的缆索，靠缆索把桥面悬吊起来。

吊桥已有很久的历史了，我国古代就有用竹、藤编成吊桥，跨越深谷、河流，至明代时已用铁链建成霁虹桥。现代悬索桥采用高强度钢索，充分利用了钢材的抗拉性能，并因桥梁的跨度大、自重小、材料省、施工方便等优点而颇受欢迎。如目前世界上跨度最大的悬索桥——日本四国岛同本州岛间的明石海峡大桥，跨度达到 1990 米。

现代悬索桥由塔架、缆索、吊杆、锚碇等组成，造桥方式一目了然：河流两岸竖起高高的塔架，塔架上端挂起缆索，缆索两端跨过塔顶后，在两岸的地面上锚固，粗大而坚韧的缆索上垂直挂下许多吊杆，用来悬吊起桥面结构。

塔架已由早期的石塔改为现在的钢塔，有时也用钢筋混凝土来制造塔架，塔的下端固定在桥墩上。

目前通常用钢丝绳组成粗大的缆索。有趣的是，当桥体跨度较大（如超过 750 米）时，钢缆大都采用"空中编缆法"就地制作。这是由于钢缆十分沉重，如果预先编制再起重到高塔上，会给施工带来很大困难。例如建于 1936 年的美国旧金山金门大桥，跨度 1280 米，钢塔高 227 米。它的缆索绞合成以后

的直径达到 92.7 厘米，总重约 11000 吨，要把它架到 200 多米的高空当然十分困难了，而用"空中编缆法"就能解决这个难题。这种方法是由美国早期著名悬索桥设计工程师 J. A. 罗布林发明的。

使用又粗又重的悬索，是为了有足够的承受力来吊起巨大的桥面。缆索并不是固定在高高的塔架上的，而是跨过塔架，固定在桥两侧的地面上。在桥两岸的岩石层中打凿出坑洞或隧道，然后把固定缆索的构件放入隧道后再浇实混凝土；或者在没有岩石层时灌制巨大的混凝土块，依靠其重力和摩擦力来"拉住"缆索。

我国在 1940 年于滇缅公路跨越澜沧江段，建造过跨度 135 米的悬索桥；1985 年又在西藏建成了跨度为 415 米的达孜拉萨河悬索桥。

☞ 关键词：悬索桥　吊桥

什么是闸桥

"水闸"是一种可以开启闭合的闸门，它通常建造在河道或水渠的横剖面上，用来调节水位的高低、控制河水流量的大小，按其在水利工程上所起的不同作用，可以分成很多种。如进水闸、节制闸、排水闸、分洪闸、挡潮闸、冲沙闸等。

水闸是一种低水位构筑物，其底部一般等于或稍高于河床，有些沿海城市，有通过市区流入海洋的河道，由于常受海潮上涨的影响，市内部分地区的河段有水漫两岸的可能而受

损害,故而要修建"挡潮闸";同时可在闸顶面上建造城市道路桥梁,保证交通顺畅,这种水闸和桥的联合体就称为闸桥。

我国第一座闸桥是上海苏州河和黄浦江交界处的吴淞路闸桥。多少年来,它一直控制着黄浦江潮水,使之不会倒涌入苏州河而影响上海市区的陆地。闸桥本身的梁重达1080吨,整体焊接后于1990年12月2日进入施工现场安装;闸桥桥面宽29.8米,包括引桥长838米;全桥共有17扇钢闸门,每扇长10米,宽4米,重14.5吨,在10分钟内就可完成开启或闭合。世界上只有荷兰建造过闸桥,但规模要小于吴淞路闸桥。

其实,我国古代就早已有桥闸结合的先例。湖北江夏县新桥,在桥墩上凿有两条深槽,洪水泛滥时,可向槽中插入木板,并在中间填土,阻止洪水过桥;浙江的石涵桥、青龙桥也都是古代典型的闸桥。

关键词: 闸桥　水闸

347

为什么大桥要造桥头堡

横跨江河的大桥两端接岸处，通常被称为桥头，在桥头位置建造的建筑物就是桥头堡。

桥头堡在古代桥梁建筑中就早已出现，其最初的建造目的是出于军事防御的需要。我们知道，江河险阻易守难攻，桥梁就成为军事上攻和守的要冲，修建桥头堡有明显的防御功能。由于最初的桥头堡只是一座地堡或堡垒，因此而得名。

现在有些大桥修建的桥头堡不再是出于军事的目的，而常常是作为一种建筑的标志。如著名的南京长江大桥，两端桥头都建有高达70米的桥头堡，并配合雕塑群像，形成宏伟壮观的建筑群体，使大桥更具气势。桥头堡内部还安装有观光电梯，方便游人登桥眺望壮丽的长江风光。

除此之外，设置桥头堡还具有有利于大桥的交通管理，方便对其进行日常养护等作用。

关键词：**桥头堡**

关键词汉语拼音索引

图书在版编目(C I P)数据

科技天下/朱照宏,沈福煦主编.—上海:少年儿童出版社,2011.10
(十万个为什么)
ISBN 978-7-5324-8899-5

Ⅰ.①科... Ⅱ.①朱...②沈... Ⅲ.①科学技术—儿童读物
Ⅳ.①N49
中国版本图书馆CIP数据核字 (2011) 第217191号

十万个为什么
科技天下

朱照宏　沈福煦 主编
总策划 李名慈　总监制 周舜培
陆　及　费　嘉 装帧 蔡康非　王厚家　麦荣邦 图

责任编辑 郝思军　美术编辑 赵　奋
责任校对 黄　岚　技术编辑 陆　赟

出版 上海世纪出版股份有限公司少年儿童出版社
地址 200052 上海延安西路 1538 号
发行 上海世纪出版股份有限公司发行中心
地址 200001 上海福建中路 193 号
易文网 www.ewen.cc　少儿网 www.jcph.com
电子邮件 postmaster @ jcph.com

印刷 山东新华印务有限责任公司
开本 787×1092　1/32　印张 11.5　字数 249 千字
2014 年 8 月第 1 版第 4 次印刷
ISBN 978-7-5324-8899-5/N·936
定价 19.50 元